Der Gartenpflanzen-doktor

Der Gartenpflanzen-doktor

Ann Bonar

Gondrom

Aus dem Englischen übersetzt von Dr. H. Demuth
Titel der Originalausgabe „The Garden Plant Survival Manual“, erschienen bei The Hamlyn Publishing Group Limited London, New York, Sydney, Toronto
Astronaut House, Hounslow Road, Feltham, Middlesex, England

Mit 345 Farbfotos von Ian Howes, außer den Aufnahmen auf den Seiten 9(2), 10(1), 14(1), 39(1), 66(2), 67(1), 73(1), 84(1): A–Z Collection; 25(1): A. Arthur;
42(1): Birmid Qualcast Ltd;
10(1), 74(1), 80(2), 81(1), 92(1), 102(2), 155(1), 178(2): Ann Bonar;
36(1), 50(1), 68, 69, 176, 178 (je 1): A. Campbell;
34(1), 41(1), 140(1): E. Kinsey;
49(1), 52(2), 54(1), 55(2), 58, 59, 60, 65 (je 1): Murphy Chemical Ltd;
97(1), 162(2), 179(1): R. H. Osborne;
10(1), 11(1), 12, 27, 42, 47, (je 1), 73(2), 84, 88 (je 1) 98(2), 100, 112, 122 (je 1), 132(2), 145, 153, 164 (je 1): Smith Collection;
13, 20, 22, 23, 25, 32 (je 1), 46(2), 70(1), 72, 85 (je 2), 106, 119, 125, 182 (je 1): Spectrum Colour Library;
159, 176, 177, 183 (je 1): Suttons Seeds Ltd, Torquay;
8, 9 (je 1): The Harry Smith Horticultural Photographic Collection.
50 Farbzeichnungen, 61 SW-Zeichnungen und 12 Symbolzeichnungen von Ray Brown, Richard Phipps und Caroline Pickles
1 Plan von Richard Stones

Lizenzausgabe für Gondrom Verlag GmbH, Bindlach 1996

ISBN 3-8112-1392-X

Der Gartenpflanzendoktor

Einführung	7
Grundsätzliches zur Gartenpflege	15
Gesundheit und Hygiene	45
Der richtige Standort	75
Gartenpflanzen von A–Z	90
Fachwörterverzeichnis	184
Sachregister	186

Einführung

Der Schlüssel zu erfolgreichem Gärtnern liegt im Vorbeugen. Das heißt, wir unternehmen alles denkbar Mögliche, um gesunde, kräftige Pflanzen zu erhalten, die sich gegen Krankheiten, Schädlingsbefall und Witterungsunbilden behaupten.

Pflanzen, die von Anfang an kräftig und gesund heranwachsen, schaffen von vornherein weniger Probleme.
Wenn die Lebensbedingungen für sie gleichbleibend günstig sind, werden die Pflanzen auch weiterhin gut gedeihen. Wichtige Faktoren dafür sind: geeignetes Substrat, ausreichend Wasser, Licht und Luft sowie ein Nährstoffangebot, das ihren Bedürfnissen entspricht, und, wenn nötig, ein geschützter Platz.

Dies alles setzt eine Kenntnis der vorhandenen Gegebenheiten voraus. Danach richten sich Planung und Anlage eines Gartens, vor allem aber die Auswahl der Pflanzen. Werden die Bedürfnisse der Pflanzen weitgehend berücksichtigt, entsteht ein harmonisches Ganzes, das sich ohne besonderen Aufwand erhalten läßt.

Der Abschnitt „Gartenpflanzen von A–Z“ auf den Seiten 90–183 informiert über die wichtigsten Ansprüche der verschiedenen Pflanzenarten und -sorten, aber auch über Schädlinge und Krankheiten, die ihnen drohen und denen sie bei mangelnder Gartenhygiene besonders ausgesetzt sind.

Hochbeete mit Azaleen bereichern den Garten in einer Großstadt. Das Problem des beschränkten Raumes wurde durch Staffelung der Beete und sorgfältige Auswahl der Pflanzen gelöst. Doch Platzmangel ist im Großstadt-Garten nicht das einzige Problem. Oft ist der Boden mager, sind Schädlinge zahlreich vorhanden und gibt es zuviel Schatten. Bei der Anlage eines gesunden, zur Umgebung passenden Gartens kommt es entscheidend auf die Berücksichtigung der örtlichen Gegebenheiten an.

Den richtigen Standort wählen

Vor der Auswahl und dem Kauf der Pflanzen gilt es, sich über die Lage des Gartens, seine Umgebung, den Boden und die klimatischen Verhältnisse eine Übersicht zu verschaffen, denn das Werden und Gedeihen eines Gartens hängt im wesentlichen von den darin wachsenden Pflanzen ab. Es kommt daher auf die Auswahl der richtigen Pflanzen an. Heidekräuter verlangen zum Beispiel saure Böden, sie gedeihen auf sandigen bis moorigen Heiden und auch auf windexponierten steinigen Hängen. Setzt man sie in ein windgeschütztes Beet mit tiefgründiger, nährstoffreicher Erde, entwickeln sich nur dicht belaubte Pflanzen, die kaum blühen und für Pilzkrankheiten anfällig sind. Dagegen gedeihen sie in einem Steingarten mit wenig, gut durchlässiger Erde oder in einem freiliegenden Heidegarten mit sandigem oder steinigem Boden um so besser.

Eine weitere Frage, die zu klären ist: Welche Lage hat der Garten, eine geschützte oder eine exponierte? Ist es windig hier? Gibt es häufig Niederschläge? Wieviel Sonne bekommt der Garten? Welche Stellen im Garten bekommen viel Sonne, welche wenig oder gar keine? Welche Stellen sind windgeschützt, und welche sind Wind und Wetter ausgesetzt? Das Mikroklima und die besonderen Verhältnisse einer bestimmten Lage sind für das Wohlbefinden einer Pflanze ebenso wichtig wie die durch das Großklima bedingten Verhältnisse im Garten.

Es lohnt sich, vor der Planung und dem Erwerb neuer Pflanzen eine gründliche Analyse der Verhältnisse im Garten vorzunehmen. Man erspart dadurch Zeit, Geld und Verdruß.

Den Garten planen

Gleichgültig, ob es sich um die Umgebung eines Neubaus, um einen bereits angelegten, aber vom Vorgänger gepflegten Garten oder um einen Garten handelt, den man selbst schon längere Zeit betreut hat, in jedem Fall lassen sich Gesundheit und Widerstandsfähigkeit der Pflanzen verbessern, wenn man auf ihre Bedürfnisse Rücksicht nimmt. So wie ein Haus mit seinen Räumen verschiedenen Zwecken dient, soll auch ein Garten nicht nur eine Auswahl von Pflanzen aufnehmen, sondern dem Menschen für verschiedene Zwecke dienen: zum Spielen für Kinder, zum Erholen für die ganze Familie oder als Lebensraum für Tiere.

Wer Kinder oder Tiere hat, darf nicht erwarten, daß er-

Ein Garten sollte sein Umfeld widerspiegeln; dabei spielt die sorgfältige Auswahl der Pflanzen eine wichtige Rolle. Dieser subtropische Garten (ganz links) vereint wirkungsvoll Kakteen und andere exotische Gewächse mit einem Rasen und weniger auffälligen Gartenpflanzen.
Klassische Blumenbeete, sorgfältig geschnittene Buchsbaumhecken und eine makellose Rasenfläche bilden eine vollkommene Ergänzung zu der Fassade dieses Hauses (unten).
Im klassischen Bauerngarten (links) wachsen Bauernblumen, Gewürzkräuter und Sträucher zwanglos nebeneinander.

lesene Pflanzen besonders geschont werden. Kinder brauchen Freiraum, wo sie spielen und herumtollen können, ohne ständig auf alle möglichen Pflanzen Rücksicht nehmen zu müssen. Ein Spielgarten muß daher anders angelegt sein als ein reiner Ziergarten. Sträucher sind weniger empfindlich als Sommerblumen und Stauden; Bäume werden wahrscheinlich erklettert oder zerkratzt, überstehen aber solche Angriffe, wenn sie fest im Boden wurzeln. Nur in den ersten Jahren muß man Bäume und Sträucher vor zu viel kindlichem Ungestüm schützen. Stachel- und Dornenhecken schrecken Eindringlinge ab. Wege sollten geradewegs zu freien Stellen führen, um nicht zu Abkürzungen über Beete oder durch neu gepflanzte Hecken zu verleiten.

Viel begangene Stellen etwa im Bereich von Wäschetrockenplatz, Mülltonnen, Geräteschuppen, Komposthaufen, Saatbeeten, Garage, Stellplatz und Zufahrt brauchen selbstverständlich einen strapazierfähigen Rasen oder einen stabilen Steinbelag. Pflanzen zum Verbergen von Nutzflächen sollten schön und robust sein, da sie häufig vernachlässigt werden und meist an zugigen, windigen, auch schattigen und kalten Stellen wachsen.

Besonders wichtig ist das Eingeständnis, wieviel Zeit kann und will man für den Garten aufbringen. Manche Pflanzen beanspruchen einen großen Zeitaufwand, andere zieren den Garten jahraus und jahrein ohne viel zusätzlicher Hilfe. Wer wenig Zeit, aber eine Vorliebe für Blumenrabatten und Rosen oder einen gepflegten Rasen hat, sollte sich auf eine kleine Bepflanzungsfläche beschränken, damit die anfallenden Arbeiten überschaubar sind und nicht als Last empfunden werden. Nutzpflanzen, vor allem Gemüse, erfordern viel Zeit, und Staudenbeete brauchen ständige Pflege. Man muß daher schon vor der Planung wissen, was man will – einen pflegeleichten oder einen zeitaufwendigen Garten.

Steht der Gesamteindruck des Gartens im Vordergrund, sind die Pflanzen nach Wuchshöhe, Blütenfarbe, Blühzeit, Blatt- und Wuchsform sorgfältig auszuwählen. Wer mit verschiedenen Pflanzenarten eine bestimmte Wirkung erzielen möchte, muß unbedingt darauf achten, daß er solche mit sehr ähnlichen Ansprüchen zusammengruppiert.

Blickfang im Garten kann ein Teich, ein sonniger Sitzplatz, ein Gewürzgarten, aber auch eine Laube, ein Steingarten oder eine schön berankte Pergola sein. Schon beim Planen sucht man nach den Arten und Sorten, die

Staudenrabatten sollten aus verschiedenen mehrjährigen Arten mit reizvollen Blüten und Blättern harmonisch zusammengestellt sein (rechts). Bundesgartenschauen zeigen oft in besonderen Mustergärten die Anwendung der neuesten Materialien im Garten (unten). Stadtgärten bieten eine Fülle von Ideen für die Unterpflanzung von Bäumen (Mitte rechts) oder für die wirkungsvolle Anlage einer Teichumgebung.

Rechts. Steht fest, welche Pflanzen und welche Ausstattung für den Garten in Frage kommen, kann man den Plan detailliert ausarbeiten. Die Auswahl der Steingarten- und Rabattenpflanzen erfordert viel Sorgfalt, wenn das ganze Jahr über eine harmonische Farbwirkung erzielt werden soll. Doch nicht nur Stauden machen einen Garten attraktiv, auch Bäume können zum Blickfang werden. Planen Sie von vornherein genügend Freiraum dafür ein und wählen Sie als Unterpflanzung schattenverträgliche Gewächse. Lassen Sie auch Raum für einen offenen Bereich zum Sitzen oder für eine Rasenfläche, damit der Garten nicht überfüllt erscheint. Auch für den Kompost und für ein paar Gemüsebeete sollte ein geeigneter Platz vorgesehen werden.

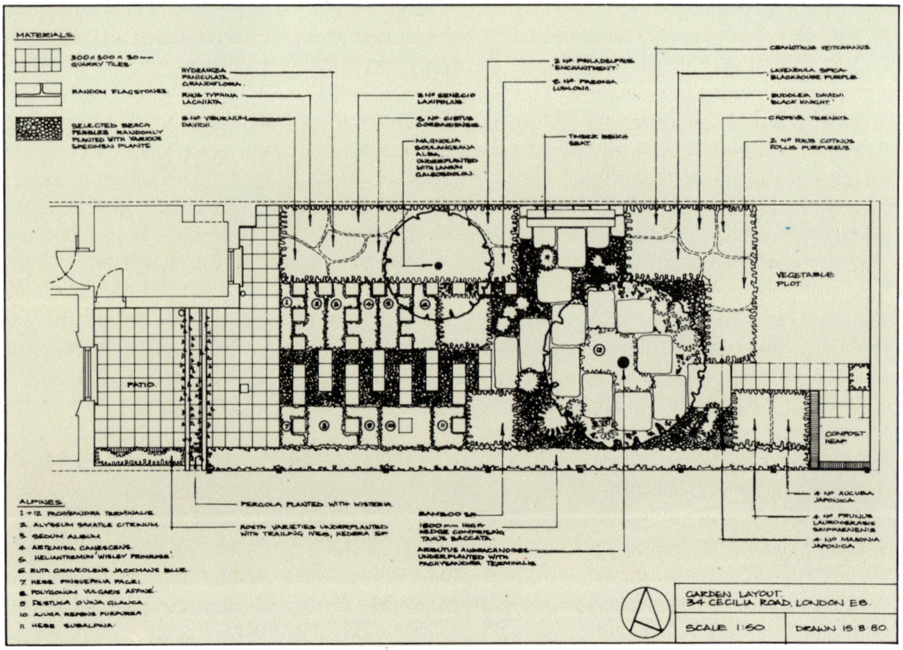

sich für die vorgesehene Situation am besten eignen. Um eine Vorstellung von den Größenverhältnissen, der Farbverteilung und Blühfolge zu bekommen, zeichnet man einen Plan maßstabgerecht auf kariertes Papier.

Mit etwas Geschick kann man aus dem ebenen Plan eine farbige Skizze machen, die einen räumlichen Eindruck vermittelt; sie enthüllt unerwünschte Farbkombinationen und läßt erkennen, wo hohe Pflanzen den Blick aus dem Fenster verdecken und welche Wege unnötig lang sind. Solche Fehler sind nur bei guter Vorausplanung zu entdecken und lassen sich später kaum ohne Nachteile für die eingewachsenen Pflanzen beheben.

Viele Gartenliebhaber möchten ihre Gärten aber „einfach wachsen lassen". Tatsächlich sind die besten Gärten häufig zwanglos und nicht nach einem starren Plan angelegt, sondern den Bedürfnissen und Zwecken entsprechend, wie sie sich ergeben.

Pflanzen, denen solche Bedingungen zusagen, gedeihen und breiten sich aus, standortfremde dagegen können sich nicht behaupten, werden unterdrückt und verschwinden. Sie können sich ohne menschliche Hilfe dem Standort nicht anpassen.

Auswahl der Pflanzen

Es ist sinnvoll, sich vor dem Erwerb der Pflanzen etwas umzutun. Der Besuch von Stadtgärten und Gärtnereien erleichtert nicht nur die geschmackliche Entscheidung, sondern schult auch den Blick für Arten, die den Gegebenheiten im Garten am besten entsprechen.

Der Platzbedarf spielt eine große Rolle. Bäume und Sträucher, die jedes Jahr höher und breiter werden, kümmern, wenn sie zu dicht stehen. Sie blühen und fruchten nur spärlich und sterben früh ab. Nahegelegene Gärtnereien und Gartencenter zeigen die Pflanzen ihres Angebots oft auch in Schaugärten, so daß man eine Vorstellung vom künftigen Erscheinungsbild der Pflanzen bekommt. Im allgemeinen kann man sich dort auch beraten lassen und so die geeigneten Sorten herausfinden. Auch Gartenschauen bieten wertvolle Information hinsichtlich der Gesundheit und Widerstandsfähigkeit der verschiedenen Pflanzensorten. Vor allem Sonderschauen zeigen vielfach Pflanzen, die man selten zu sehen bekommt, die sich aber trotzdem gut für den Garten eignen.

Wer keine Gelegenheit hat, die Pflanzen in einem Schaugarten anzusehen, findet in den Katalogen gut geführter Versandgärtnereien hilfreiche Unterstützung. Viele enthalten zahlreiche farbige originalgetreue Abbildungen, die auch die Form der Blüten zeigen; Größe, Blütezeit und andere Merkmale, sogar Hinweise für die Pflege sind häufig angegeben. Man sollte in Gartenzeitschriften blättern und nicht zuletzt auch in die Gärten der Nachbarn schauen, und sei es nur, um zu entscheiden, was man nicht haben will! Bei der Suche nach Pflanzen nehme man ein alphabetisch geordnetes Notizbuch mit und notiere vor allem die wissenschaftlichen Namen der Pflanzen, die einem gefallen, damit man sie nicht vergißt.

Beschaffung der Pflanzen

Es gibt viele Bezugsquellen; meist kann man die Pflanzen dort, wo sie ausgestellt werden, auch kaufen. Die bekanntesten Pflanzen bekommt man in der Großgärtnerei, im Kaufhaus und im Gartencenter; seltene und ungewöhnliche Pflanzen gibt es bei spezialisierten Gärtnereien; sie bieten auch eine reiche Auswahl an Blumen für Spezialisten – Chrysanthemen, Rittersporn, Nelken, Lilien u. a. Wegen besonderer Wünsche kann man sich auch an entsprechende Vereinigungen und Gesellschaften (z. B. Fuchsiengesellschaft) wenden. Auch befreundete Hobbygärtner kommen als Beschaffungsquellen für Pflanzen, Stecklinge und Samen in Frage.

Woher man die Pflanzen auch beziehen mag – man nehme nur kräftige, gesunde Pflanzen, die weder Schädlingsbefall noch Krankheitssymptome aufweisen. Besonders aufmerksam sollte man Containerpflanzen kaufen; wachsen bereits Wurzeln aus dem Abzugloch heraus, stehen die Pflanzen zu lange im Topf ohne ausreichende Ernährung, da das Wurzelwerk meist den ganzen Topf

Die beste Bezugsquelle für Gartenpflanzen sind anerkannte Versandgärtnereien und Gartencenter. Sie bieten nur gesunde, einwandfreie und vorwiegend widerstandsfähige Pflanzen an. Eine typische Dahlienschau (oben) zeigt die neuesten Sorten. Viele Gärtnereien besitzen große Freilandbeete mit Pflanzen für den Verkauf, z. B. Stiefmütterchen (unten). Manche Gärtnereien haben sich auf bestimmte Pflanzengruppen, z. B. Steingartenpflanzen spezialisiert und bieten eine große Auswahl.

ausfüllt. Meist sind sie im Wachstum beeinträchtigt. Wählen Sie Pflanzen, deren Triebe unbeschädigt und gleichmäßig belaubt sind. Pflanzen, die bereits Blütenknospen angesetzt haben, kann man durchaus kaufen, doch besser wachsen solche an, die noch keine Blütenknospen aufweisen. Eine blühende Pflanze hat es oft schwer, an einem neuen Platz einzuwurzeln, sie braucht erheblich länger dazu, und vielfach fallen die Blüten vorzeitig ab. Möglicherweise blüht sie dann im nächsten Jahr gar nicht und erst im Jahr darauf. In jedem Fall braucht eine solche Pflanze besondere Pflegemaßnahmen hinsichtlich Gießen, Düngen und Schutz vor Sonne, Wind und Kälte.

Pflanzen mit abgebrochenem oder schlecht gewachsenem Stamm, beschädigten Ästen, fehlenden Blättern und welkenden Blüten lehne man ab, ebenso alle Pflanzen, die Anzeichen von Krankheiten oder Schädlingsbefall aufweisen. Ihr Gesamtzustand sollte vielmehr straff und frisch und der Boden, in dem sie wurzeln, sollte feucht und locker sein. Immerhin besteht die Möglichkeit, daß eine Pflanze schon wiederholt ausgetrocknet war und infolgedessen geschwächt ist.

Pflanzen, die von Versandfirmen zugeschickt werden, müssen so verpackt sein, daß sie unterwegs nicht beschädigt werden und die Wurzeln nicht austrocknen; mit angefeuchtetem Material und Plastikfolie läßt sich das verhüten. Da man im voraus nicht weiß, wie die einzelnen Firmen das Pflanzenmaterial verpacken, sollte man sich umhören und nur bei einer zuverlässigen Versandfirma bestellen. Wichtig ist vor allem bei immergrünen Gehölzen, daß die Wurzeln feucht bleiben.

Viele Warenhäuser verkaufen im Winter Pflanzen, auch Rosen, Sträucher und Kletterpflanzen, die sie, in Plastik eingehüllt, anbieten. Die bei kühlen Temperaturen um diese Zeit ruhenden Pflanzen entwickeln in der warmen Luft des Kaufhauses alsbald Blätter und neue Wurzeln. Pflanzt man sie in diesem Zustand bei milder Witterung aus, nehmen sie Schaden und sterben ab, wenn wenig später Kälte und Frost einsetzen. Man kaufe in solchen Geschäften nur ruhende Pflanzen und gewöhne sie im Verlaufe einiger Tage langsam an die niedrigeren Temperaturen im Garten, damit sie auch einem Frosteinbruch widerstehen. Bei geschenkten Pflanzen muß man besonders darauf achten, daß sie gesund und einwandfrei sind. Sie können von Schädlingen, Pilzen oder Viren befallen sein, ohne daß die Gefahr gleich zu erkennen ist, weil sie nur kümmern.

Samen aus Samenhandlungen müssen hinsichtlich Keimung und Sortenechtheit bestimmten Normen entsprechen. Samen aus privater Hand bieten darauf natürlich keine Gewähr. Man muß damit rechnen, daß die Samen nicht keimen oder daß andere Pflanzen aufgehen, als man erwartet hat. Selbstgezogene Samen werden dunkel, kühl (bei 4–7 °C) und unter völligem Luftabschluß aufbewahrt. Man gibt vorher etwas Silicagel, das Feuchtigkeit bindet, in den Behälter und erneuert es, wenn die Samen dazukommen.

Gedeiht trotz aller Sorgfalt die ausgewählte Pflanze wider Erwarten nicht an dem ihr zugewiesenen Platz, zögere man nicht, sie auszugraben und umzusetzen. In den meisten Gärten fehlt es aber an Platz für kranke, kümmernde Pflanzen, und oft bringt das Umsetzen noch zusätzliche Probleme für die Pflanze, ob der neue Platz nun besser ist oder nicht. Nach dem Umsetzen schneidet man kranke und abgestorbene Teile ab, schützt vor Wind und Kälte und sorgt bei Bedarf für eine Stütze. Auf keinen Fall darf eine solche Pflanze gedüngt werden. Nach heftigem Regen sticht man vorsichtig Löcher rings um die Pflanze in den Boden, damit dieser belüftet wird.

Sorgfältige Auswahl der Pflanzen und wohlüberlegte Planung tragen in hohem Maße zum Gedeihen eines Gartens bei. Manche Schwierigkeiten lassen sich dadurch vermeiden oder leichter überwinden.

Grundsätzliches zur Gartenpflege

Die meisten Wohnhäuser sind von einem Garten umgeben, in dem vielerlei Pflanzen wachsen, die ein gewisses Maß an Pflege erfordern. Bei der Gestaltung dieses Bereichs muß man überlegt vorgehen, denn der Garten sollte in Ordnung gehalten werden, damit Krankheiten und Schädlinge wenig Chancen haben. Der dazu notwendige Zeitaufwand ist von vornherein mit einzuberechnen.

Der Garten im Jahreslauf

Der Arbeitsplan des Hobbygärtners hängt vielfach vom Wetter ab; besonders im Winter, wenn gefrorener, durchnäßter oder schneebedeckter Boden die Arbeit behindert. Bei günstiger Witterung können sich die Herbstarbeiten bis November hinziehen; was bis dahin nicht erledigt ist, muß bis zum Frühjahr warten. Da gibt es dann laufend viel zu tun. Während der gleichen Jahreszeit sind die Verhältnisse örtlich oft recht verschieden. In der Innenstadt, in geringem Maß auch in den Außenbezirken, wird das Kleinklima durch umliegende Gebäude unter Umständen erheblich verändert. Bei offener Bauweise dagegen muß man sich nach dem Wetter orientieren. Grundsätzlich lohnt es sich, den Wetterbericht zu hören und die Gartenarbeiten danach einzuteilen. So ist es beispielsweise überaus mühsam, schweren Boden zu bearbeiten, solange er völlig durchnäßt ist. Auch ausgetrockneter Boden bereitet Schwierigkeiten. Man wartet im einen Fall auf trockenes Wetter oder austrocknenden Wind, im anderen Fall auf anhaltenden Regen.

Jahreszeit	Anfallende Arbeiten
Frühjahr	Aussaat, vegetative Vermehrung, Düngen, Mulchen
Sommer	Pflanzung, Heckenschnitt, wiederholtes Gießen
Herbst	Rückschnitt, Ausschnitt kranker und abgestorbener Pflanzenteile, Umgraben, Rasen anlegen, Zwiebeln, Knollen und frostempfindliche Pflanzen ins Haus holen.
Winter	Winterschutz geben, Gehölzschnitt, Bodenbelüftung, Düngung.

Bei Frost und Schneefall sollte man nichts einpflanzen, ebensowenig bei anhaltender Trockenheit. Im Frühjahr ist für die Aussaat beständiges Wetter am geeignetsten. Die Samen keimen bei gleichmäßiger Feuchtigkeit besser, und es gibt weniger Ausfälle. Frostempfindliche Beetstauden, Dahlien und einjährige Sommerblumen sollten erst ab Mitte Mai in den Garten kommen, wenn mit Spätfrösten nicht mehr zu rechnen ist.

Gegen Ende des Sommers muß man dagegen mit Frühfrösten rechnen; frostempfindliche Pflanzen wie Fuchsien und Pelargonien muß man rechtzeitig ins Haus holen.

Je nach Witterung kann die Vegetationszeit sich jährlich etwas verschieben; danach richtet sich die Gartenarbeit. Der Boden muß in einem gut bearbeitbaren Zustand sein, die vorgezogenen Pflanzen müssen gesund und kräftig sein, damit man sie auspflanzen kann.

Ein gut geplanter Garten wirkt zu jeder Jahreszeit schön, weil Beete, Rabatten, Rasenflächen, Bäume und Sträucher harmonisch aufeinander abgestimmt sind und insgesamt einen erfreulichen Anblick bieten. So mancher botanische Garten gibt ein ausgezeichnetes Beispiel für eine wohl durchdachte Bepflanzung – im Frühjahr mit Blütentuffs und frischgrünem Laub in zarten Farbtönen (ganz links), im Sommer mit interessanten Wuchsformen in sattem Grün (Mitte), im Herbst mit Blüten in warmen, kräftigen Farben. Im Winter bilden die immergrünen Gehölze einen reizvollen Kontrast zu den Konturen der laubabwerfenden Bäume.

Den Boden bestimmen

Es bedarf einer gewissen Erfahrung, um zu erkennen, welche Bodenart im Garten vorliegt. Seine Beschaffenheit sollte locker und krümelig sein, so daß Luft gut durchdringen kann und Wasser rasch abläuft. Gleichzeitig sollte der Boden aber eine gewisse Feuchtigkeit festhalten können, damit die Pflanzen in feuchtem Milieu wurzeln.

Einen reinen Sand- oder Lehmboden wird man selten vorfinden, meist sind es Mischböden. Je mehr Sandanteile, desto durchlässiger ist ein Boden, und je mehr Lehmanteile, desto mehr hält er das Wasser.

Humus ist keine eigentliche Bodenart. Er entsteht durch Zersetzung organischer Substanzen pflanzlicher und tierischer Herkunft. Er hat eine krümelige Struktur, ist nährstoffreich und bindet so viel Wasser, daß der Boden feucht, aber nicht naß ist. Auch für die Durchlüftung des Bodens ist seine Beschaffenheit recht günstig. Humusarme Böden lassen sich mit wiederholten Humuszusätzen in durchaus brauchbare Gartenböden verwandeln, vorausgesetzt, man bringt die nötige Geduld dazu auf.

Das Kompostieren der Gartenabfälle ist nichts anderes als eine gezielte Humusbildung, die durch mancherlei Zusätze beschleunigt werden kann. Gut verrotteter Stallmist liefert eine besonders gute Erde, doch besitzt er annähernd Seltenheitswert, weil man ihn kaum mehr bekommt und wenn, dann nur gegen teure Bezahlung. Sammelt man dagegen alle Frischabfälle im Zier- und Nutzgarten und schichtet sie im Wechsel mit Erde und kleingehäckseltem Baumschnitt zu einem Komposthaufen, so verrottet das Material bei guter Durchlüftung ebenfalls zu einer guten Komposterde, die, im Garten verteilt, die Pflanzen kräftigt und zu gesundem Wachstum anregt. Bei Platzmangel wird das Material in einem Behälter gesammelt und kann dort verrotten.

Das Kompostmaterial wird zunächst von Kleintieren weiter zerkleinert und von Pilzen und Bakterien abgebaut. Alle hier beteiligten Organismen benötigen Sauerstoff, Feuchtigkeit und Nährstoffe zum Leben. Das Material muß also so aufgeschichtet werden, daß genügend Luft hindurchtreten kann. Auch in einem Behälter sollte der Kompost direkt auf der Erde liegen, damit Kleintiere aus dem Boden, vor allem Regenwürmer, unmittelbar in das Material einwandern können und die Verrottung möglichst bald beginnt. Etwas Reisig dazwischen fördert die Durchlüftung. Der Haufen darf nicht zu groß angelegt werden, damit keine Faulstellen entstehen. Als Grundfläche rechnet man 120 x 120 cm bei einer Höhe von maximal 150 cm. Höher sollte er auf keinen Fall sein. Der Haufen wird in Schichten angelegt, wobei weiches (z. B. Rasenschnitt) mit sperrigem Material (z. B. Zweighäcksel) wechselt, jeweils eine dünne Erdschicht dazwischen. Das sperrige Material soll die Durchlüftung fördern und verhindern, daß das weiche Material zusammensitzt und unter Luftaus-

Oben. Wer erfolgreich Gärtnern will, muß zunächst wissen, welche Bodenart in seinem Garten vorliegt, denn danach richtet sich die Bepflanzung. Einfaches Testverfahren: Etwas Erde in ein Glas mit Wasser geben, kräftig schütteln und über Nacht stehen lassen. Ist die Sandschicht dicker als die darüber liegenden Schichten, hat man sandigen Boden. Das körnige Material ist Gartenerde; beträgt ihr Anteil etwa 40%, so handelt es sich um gute Erde. Ist die Lehmschicht so dick wie die beiden anderen zusammen, ist der Boden lehmig.

Unten. Für kleine Gärten eignen sich gut die verschiedenen Arten von Kompostbehältern, weil sie das Pflanzenmaterial auf kleinstem Raum ordentlich zusammenhalten. Wichtige Voraussetzung: Die Behälter müssen ringsum Löcher oder Schlitze aufweisen, damit genügend Luft an das Material herankommt und Fäulnis verhindert wird. Es gibt runde Tonnen aus Metall oder Kunststoff mit herausnehmbaren Längsteilen (1), Holzkästen mit Löchern (2) oder Schlitzen und offene Behälter aus Maschendraht (3). Es ist ratsam, den Haufen während des Rotteprozesses oben abzudecken, damit er nicht ausgetrocknet und durch starke Regengüsse nicht beeinträchtigt und verfestigt wird. Ein zweiter Haufen zum Sammeln ist günstiger.

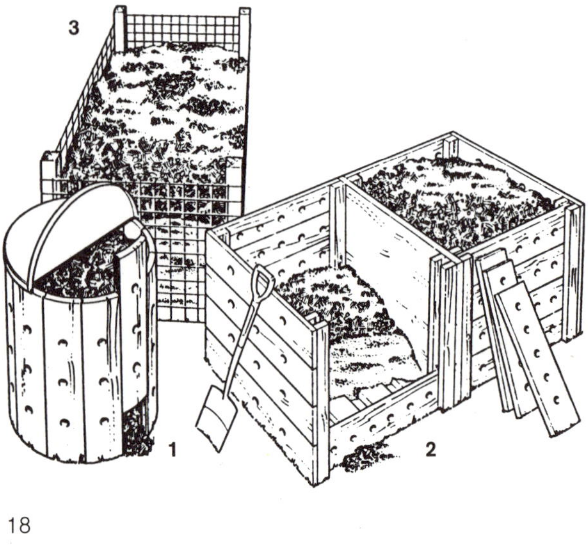

schluß verfault. Käufliche Kompoststarter dazwischengestreut, können die Verrottung beschleunigen.

Je nach Material und Witterung kann der Kompost nach etwa 8 Wochen gebrauchsfertig verrottet sein. Kennzeichen dafür ist seine krümelige Beschaffenheit, seine dunkle, schwarzbraune Farbe und ein angenehm pilzig-erdiger Geruch. Ein im Herbst angelegter Komposthaufen ist im späten Frühjahr gebrauchsfertig.

Der pH-Wert

Der Säuregrad eines Bodens wird durch den pH-Wert ausgedrückt. Er wird mit Hilfe einer Skala ermittelt. Ein pH 7 bedeutet neutrale Reaktion, Werte darunter eine saure und Werte darüber eine alkalische (basische) Reaktion. Die meisten Pflanzen wachsen am besten in schwach saurem Boden, Moorbeetpflanzen verlangen einen stärker sauren Boden (pH 4,5–5) und gedeihen auf kalkhaltigen, also alkalischen Böden nicht oder nur kümmerlich. Im Fachhandel gibt es Geräte zur Ermittlung des pH-Wertes. Die Tests sind mit ihrer Hilfe einfach und schnell durchzuführen. Anhand einer Farbskala läßt sich die Reaktion des Bodens leicht feststellen. Man erhält damit einen groben Überblick über den Säuregrad des Bodens und damit einen Hinweis, welche Pflanzen in Frage kommen.

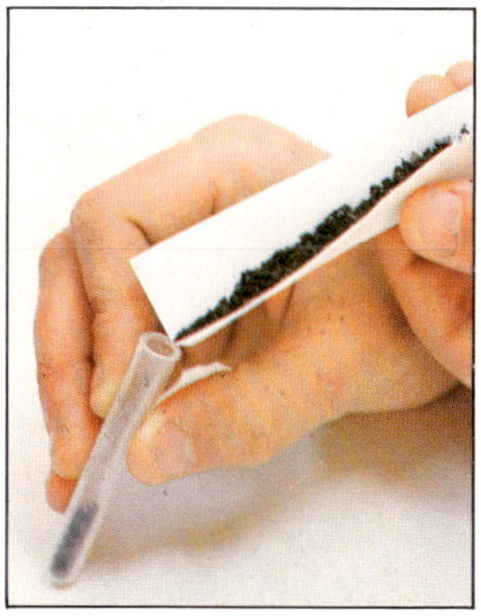

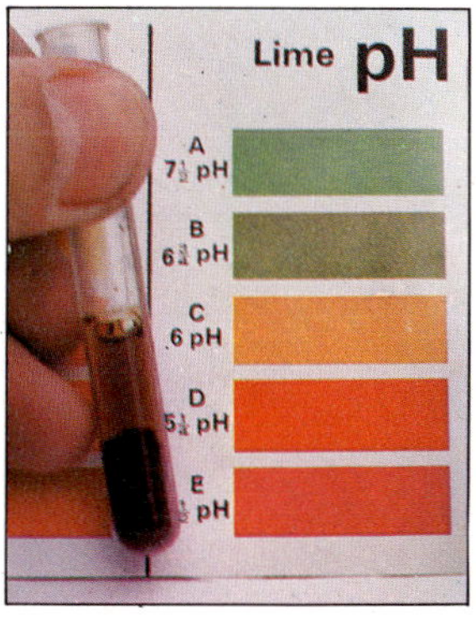

Der Nährstoffgehalt des Bodens läßt sich mit einem Prüfgerät feststellen. Es enthält verschiedene Testlösungen und Farbskalen, wonach der Gehalt bestimmter Nährstoffe im Boden grob bestimmt werden kann (oben). Man sammelt dazu Bodenproben aus allen Teilen des Gartens in etwa 20 cm Tiefe, trocknet sie, entfernt Fremdkörper und zerkrümelt sie mit einem harten Gegenstand. Jedes Röhrchen wird zu einem Viertel mit dem Bodenprobengemisch gefüllt (links Mitte), mit einigen Millilitern der entsprechenden Testlösung versetzt; man wartet bis die Erde sich gesetzt hat und vergleicht den Farbton der überstehenden Lösung mit der Farbskala (links unten). Daraus ergibt sich der Düngerbedarf, um den Nährstoffgehalt im Boden zu verbessern.

Den Garten pflegen

Unentbehrliche Gerätschaften

Für die allgemeine Gartenarbeit ist eine Grundausstattung an Geräten und Zubehörteilen notwendig. Eine Grabegabel und ein scharfes Messer sind unentbehrlich, ein Okuliermesser ist nützlich, aber nur dem, der zum Beispiel Rosen okuliert. Handgabel, Harke, Hacke, Baum- und Rosenschere, Gartenschnur und Gießkanne sind die wichtigsten Handwerkzeuge für den Garten. Für Rasen und Hecke braucht man Rasenmäher und Heckenschere. Mähen mit der Sense ist Schwerarbeit, daher ist ein Motormäher besser, auch weil er sauber schneidet. Die Sense eignet sich nur für hohes Wiesengras. Die Heckenschere muß gut in der Hand liegen und darf nicht zu schwer sein. Sie eignet sich auch zum Schneiden unebener Stellen im Rasen und von Kanten.

Harken oder Rechen sind vielseitig verwendbar, zum Zusammenharken von Laub, Entfernen abgestorbener Pflanzen, zum Abharken des Rasenschnitts, zum Säubern des Teichs von Algen, zum Lockern der Erde für Saatbeete, zum Ebnen von Kieswegen und Auffahrten wie überhaupt zum Ordnungschaffen.

Eine Grabegabel kann wie eine Mistgabel zum Hochheben benutzt werden. Eine Handgabel nützt beim Jäten, aber auch beim Setzen von kleinen Pflanzen wie Sommerblumen, Beetpflanzen und jungen Stauden; Unkrautsämlinge beseitigt man rascher mit der langstieligen Hacke.

Für größere Gärten ist eine Schubkarre erforderlich mit einem gummibereiften Rad und zwei Stützen. Sie ist stabil, und man kann schwere Lasten relativ leicht damit befördern. Nützlich ist auch ein Eimer, ein Sack oder eine Kiste für kleine Gerätschaften, zum Aufnehmen von Unkraut oder Setzlingen und Töpfen.

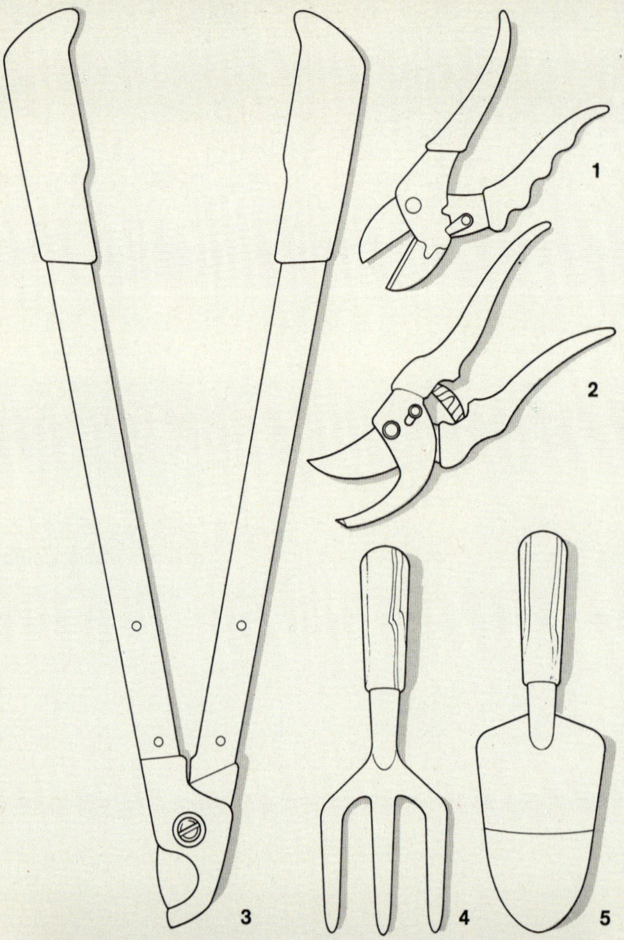

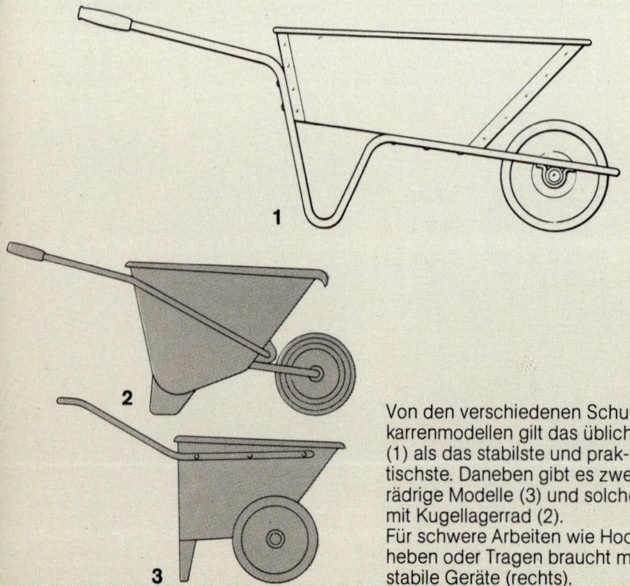

Von den verschiedenen Schubkarrenmodellen gilt das übliche (1) als das stabilste und praktischste. Daneben gibt es zweirädrige Modelle (3) und solche mit Kugellagerrad (2).
Für schwere Arbeiten wie Hochheben oder Tragen braucht man stabile Geräte (rechts).

Links und **unten.** Rosenscheren (1 und 2) und eine Astschere (3) sind nützliche Geräte. Handgabel (4) und Pflanzkelle (5) braucht man für feinere Arbeiten, z. B. beim Säen oder Pflanzen. Die kräftige Grabegabel (6) dient zum Belüften des Rasens, auch zum Umgraben und Beseitigen von Unkraut. Der Kantenstecher (7) dient vor allem zum Begradigen von Rasen- und Beeträndern. Der Spaten (8) ist geradezu ein Symbol für die Gartenarbeit und äußerst praktisch zum Umgraben und Wegheben von Erde. Mit dem Rechen (9) werden Abfälle zusammengeharkt und Saatbeete eingeebnet. Zwei Arten von Hacken, die Holländer Hacke (10) und die Bügelzughacke (11) eignen sich hervorragend zum Jäten, und ihre Anschaffung lohnt sich ebenfalls.

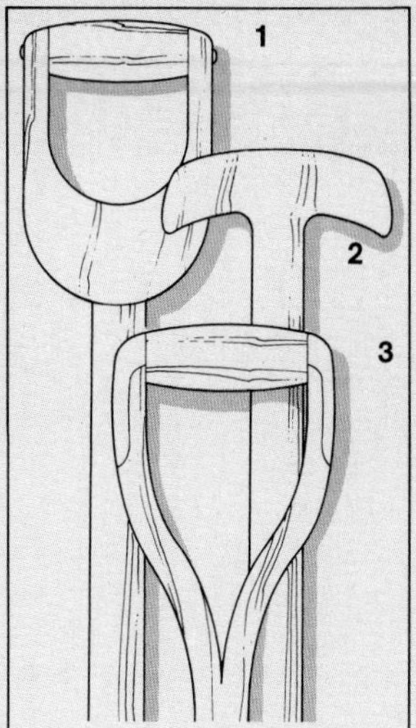

Oben. Für Spaten und Gabeln gibt es drei verschiedene Grundtypen von Griffen: „D" (1), „T" (2) und „YD" (3). Sie können aus Holz, Metall oder Kunststoff sein oder wenigstens mit Kunststoff überzogen sein. Keines der Materialien bietet einen besonderen Vorzug, man sollte sie ausprobieren und den Griff wählen, der einem am meisten zusagt. Auch der Stiel kann aus verschiedenem Material sein. Je nach den Erfordernissen entscheide man sich für ein schweres oder leichtes Material.

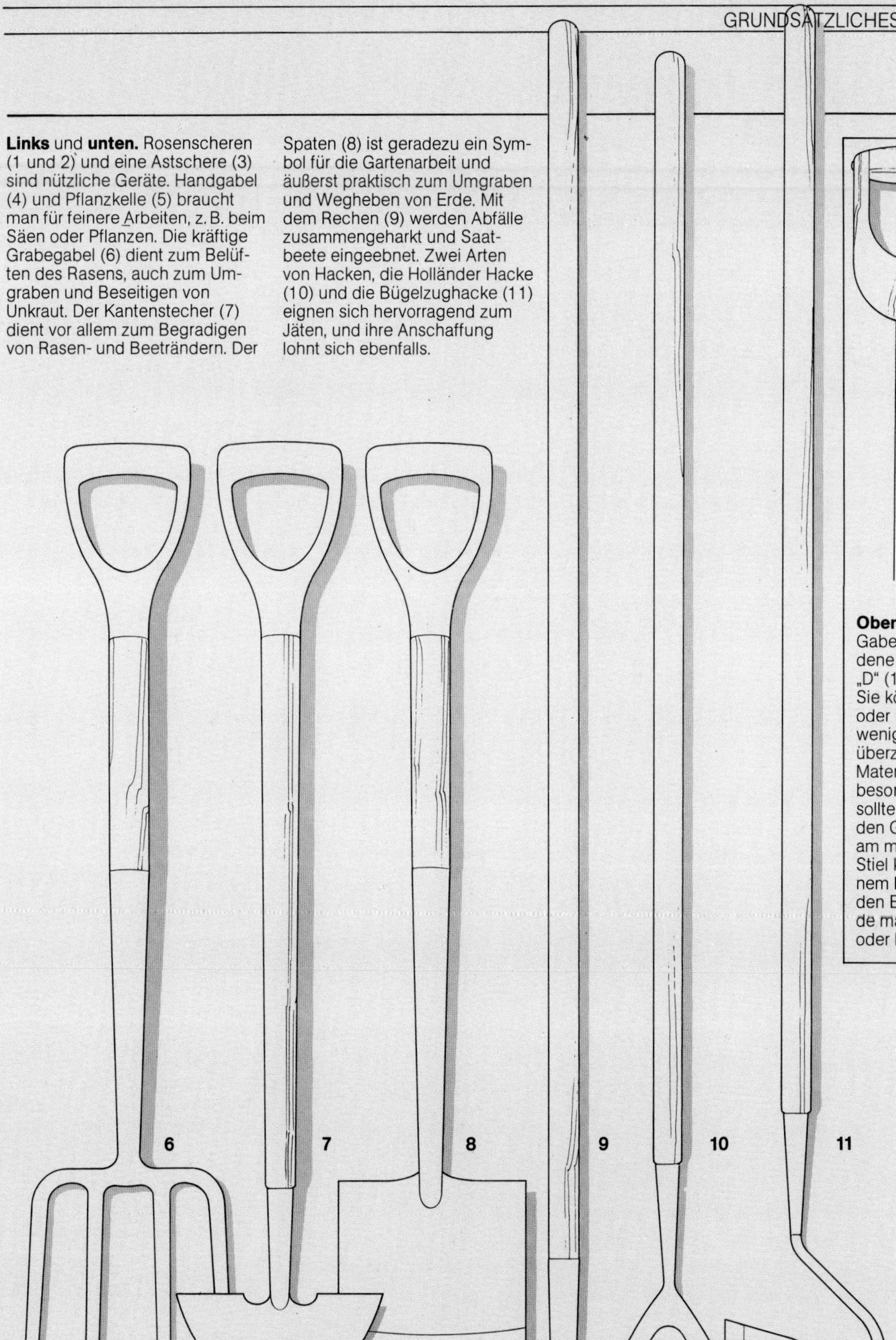

Graben und Düngen

Ist der Garten erst einmal angelegt, beschränkt man sich auf das Bearbeiten der obersten Erdschicht zwischen den Pflanzen zur Bodenlockerung, Unkrautbeseitigung und zum Einarbeiten von Komposterde oder Dünger.

Vor dem Pflanzen von Sträuchern, Rosen oder Bäumen und vor dem Bepflanzen von Staudenbeeten ist tieferes Graben erforderlich. Bei leichten Böden und kleineren Pflanzen genügt ein einfaches spatentiefes Umgraben. Dabei kann man gleichzeitig gut verrottete Komposterde einbringen. Für größere oder tief wurzelnde Pflanzen ist Holländern besser; dabei wird die Erde zwei Spatenstiche tief ausgehoben, die unterste Schicht mit grobem organischem Material vermischt und in die Furche zurückgelegt. Die oberste Schicht wird beiseite gelegt und kommt später wieder obendrauf.

Das Umgraben lockert den Boden und bewirkt eine bessere Durchlüftung, das Wasser sickert hindurch und läuft ab; es entsteht keine Staunässe, die den Wurzeln schaden würde. Durch das Umgraben und den Zusatz von Humus wird der Boden locker und nährstoffreich, so daß die Wurzeln sich gut entwickeln und ihn ohne Beschwernis durchdringen können. Das erste Umgraben sollte einen Monat vor dem Pflanzen möglichst beendet sein; man sollte es im Frühjahr tun, damit Unkrautsamen an die Oberfläche kommen, keimen und entfernt werden können. Das Umgraben erfolgt im Frühjahr oder Herbst. Der Boden wird gelockert, und die Schollen können im Winter durchfrieren, zerfallen und werden krümelig.

Es gibt ein großes Angebot von Düngemitteln, doch ist der Hobbygärtner weit weniger darauf angewiesen als der Erwerbsgärtner oder gar der Landwirt, der sein Land jedes Jahr intensiv bewirtschaftet und den höchstmöglichen Ertrag herausholen möchte. Für den Hobbygärtner genügt es im allgemeinen, bei mittleren bis schweren Böden im späten Frühjahr oder im zeitigen Herbst mit gut verrottetem Kompost oder anderen organischen Substraten zu mulchen. Nach einem nassen Winter benötigen solche Böden manchmal eine zusätzliche Düngung. Leichte Böden dagegen, die viel Sand enthalten, brauchen im Februar eine zweite Düngung mit organischen Substraten sowie regelmäßige Gaben von Volldünger, eine im Frühjahr und eine im Sommer. Bei Verwendung eines langsam wirkenden organischen Volldüngers reicht eine Gabe im Frühjahr für die ganze Wachstumsperiode.

Neben granuliertem Dünger gibt es konzentrierten Flüssigdünger, der mit Wasser verdünnt wird. Solche Dünger müssen während des Pflanzenwachstums mehrmals ausgebracht werden, da sie von der Pflanze sofort aufgenommen werden und der Überschuß bei Regen ausgewaschen wird.

Pflanzen

Das Pflanzen erscheint recht einfach, doch wird selten bedacht, daß Fehler, die hierbei gemacht werden, wahrscheinlich häufiger die Ursache für kümmernde und absterbende Pflanzen sind als sonst etwas. Man darf nicht vergessen, auch Pflanzen sind Lebewesen, die atmen, sich ernähren und Feuchtigkeit aufnehmen. Nimmt man sie aus dem Boden, werden die Wurzeln dabei meist beschädigt.

Die Wurzeln dienen den meisten Pflanzen zur Nahrungsaufnahme und zum Verankern im Boden. Das Ausgraben muß daher sorgfältig geschehen, damit möglichst wenig Wurzeln abbrechen oder beschädigt werden. Wurzeln, die abgebrochen oder verletzt sind, schneidet man oberhalb der Bruchstelle sauber ab. Lange Wurzeln kann man zurückschneiden, sie verzweigen sich und nehmen so mehr Nährstoffe und Feuchtigkeit auf.

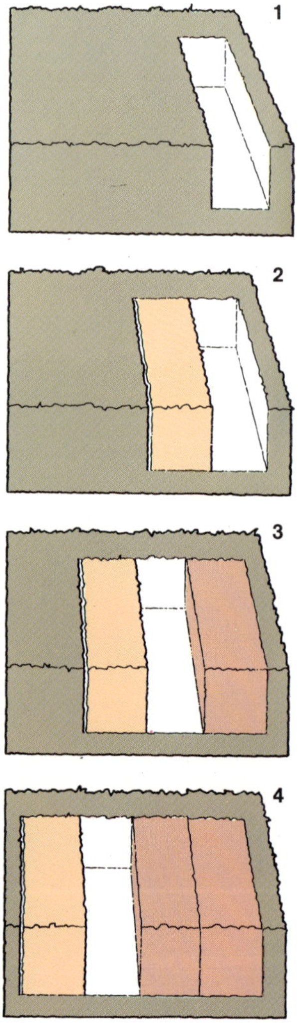

Vor dem Pflanzen muß der Boden richtig vorbereitet werden. Das geschieht durch einfaches Umgraben (links). Man steckt mit der Gartenschnur einen Streifen in Spatenbreite ab, hebt am einen Ende einen spatenstichtiefen Graben aus (1) und streut Dünger hinein. Daneben hebt man den zweiten Graben aus, wirft aber den Aushub in den ersten Graben (3). So fährt man fort bis zum Beetende. Den letzten Graben füllt man mit der Erde aus dem ersten. Beim „Holländern" hebt man zwei spatenstichtiefe Gräben aus.

Die Wurzeln, vor allem die feinen Haarwürzelchen, müssen bis zum Wiedereinpflanzen gut feucht gehalten werden; sie sind lebenswichtig für die Pflanzen, da nur sie Wasser und die darin gelösten Nährstoffe aufnehmen können. Sind sie eingetrocknet und nicht mehr funktionsfähig, stirbt die Pflanze ab. Ausgegrabene Pflanzen sollten daher gut angefeuchtet, mit Tüchern abgedeckt im Schatten lagern bis zum Einpflanzen; je früher dieses geschieht, desto besser für die Pflanzen.

Das Pflanzloch muß etwas größer als der Wurzelballen sein, die Wurzeln sollen sich darin frei entfalten können und nicht eingeengt oder gar abgeknickt werden. Wer sich über die Pflanztiefe nicht ganz im klaren ist, richtet sich am besten nach der Begrenzung, die vom vorherigen Standort am Stamm noch deutlich erkennbar ist. Am neuen Platz sollte die Erdoberfläche bis zu dieser Grenzlinie reichen.

Zum Einpflanzen hält man das Bäumchen zunächst senkrecht in das Loch, so daß die Wurzeln nicht direkt dem Boden aufliegen, und füllt ringsum feine, krümelige, etwas feuchte Erde, am besten Gartenerde ein. Je feiner diese Erde ist, desto leichter bewurzeln sich die Pflanzen darin, weil sie allseitig gut von Erde umgeben sind. Grobe Erde läßt Hohlräume entstehen und die Wurzeln an solchen Stellen eintrocknen. Auch nasse, klebrige Erde ist deshalb zum Einpflanzen ungeeignet.

Nach dem Einpflanzen das Erdreich um die Pflanze etwas festtreten, damit sie fest steht und die Wurzeln guten Kontakt zur Erde haben, allerdings nicht so fest, daß kein Wasser mehr eindringt. Nach Möglichkeit wird der Boden so angetreten, daß die Oberfläche sich zur Pflanze hin neigt, Wasser sich hier sammeln und eindringen kann. Dann wird die Pflanze gut eingeschlämmt, damit der Kontakt Wurzel/Erde noch verbessert wird.

Links. Mulchen bekommt allen Pflanzen gut. Je nach den Ansprüchen der Pflanzen eignen sich dazu verrotteter Stallmist, Laubstreu, Komposterde, Torf, Rasenschnitt, fein gehäckselte Zweige. Das Mulchmaterial darf nicht zu dick aufgetragen werden, damit keine Fäulnis entsteht, auch Mäuse sollten sich dort nicht einnisten können. Die Mulchauflage verhindert ein Austrocknen der Erdoberfläche, wird allmählich zersetzt und liefert so ständig zusätzliche Nährstoffe; Unkraut wird unterdrückt. Besonders junge Sträucher und Bäume danken eine solche Behandlung mit gutem Wachstum.

Wässern

Gießen ist die elementarste Maßnahme, um eine Pflanze am Leben zu erhalten. Ohne Wasser welkt sie, und wenn sie zu lange trocken steht, verdorrt sie und stirbt ab. Selbst wenn sie nach einer Trockenperiode wieder feucht gehalten wird, dauert es eine Zeitlang, bis sie sich erholt hat. Bei vielen Gemüse- und Obstpflanzen kommt noch ein weiteres Problem hinzu: Wenn sie bei anhaltender Trockenheit zu wenig Wasser bekommen, bringen sie geringere Erträge und kleinere Früchte. Regelmäßiges Gießen oder Feuchthalten kann daher bei Nutzpflanzen den Ertrag in mehrfacher Hinsicht verbessern.

Ist die Erde nach wochenlanger Trockenheit hart und rissig geworden, trocknet auch der tieferliegende Bereich aus, werden die Wurzeln womöglich durch aufreißende Erde beschädigt; es kommt zu Wachstumsstillstand, die Blätter welken, vergilben und fallen vorzeitig ab, auch die Knospen. Frisch gesetzte Pflanzen gehören in mehrwöchigen Abständen mehrmals eingeschlämmt, vor allem während langer Trockenperioden, aber nicht nur bei heißem, sondern auch bei windigem Wetter, denn Winde können den Boden stark austrocknen.

Zwei Dinge sind beim Wässern wichtig: die Art der Bewässerung und die Wassermenge.

Es ist besser, über längere Zeit weniger Wasser zuzuführen, als in kurzer Zeit eine große Menge. Viel Wasser auf einmal kann nicht so schnell in den Boden eindringen, es läuft zum großen Teil ab. Die Bodenoberfläche verkrustet dann und erschwert beim nächsten Wasserguß das Eindringen der Feuchtigkeit. Günstiger ist daher ein feiner Sprühstrahl, der wie ein sanfter Regen niedergeht. Es gibt verschiedene Ausführungen von Regnern; die beweglichen ändern laufend ihre Sprührichtung und halten den Boden gleichmäßig feucht, ohne ihn zu verschlämmen. Zum Bewässern von Einzelpflanzen und Sämlingen verwendet man besser eine Gießkanne mit grober Brause für die großen und feiner Brause für die zarten Pflanzen.

Tropfschläuche, bei denen ständig Wasser aus winzigen Poren tropft, legt man zwischen dichte Pflanzungen. Sie benetzen nur die Erde, das Laub bleibt trocken und gibt Schadpilzen keine Chance, sich anzusiedeln.

Bewässern am Abend ist vorteilhaft, weil bei niederen Temperaturen weniger Sprühwasser verdunstet – zugunsten der Pflanzen. Wassertropfen auf den Blättern wirken in der Sonne wie ein Brennglas und zerstören das Blattgewebe; am Abend sind sie ungefährlich und erhöhen zudem die Luftfeuchtigkeit um die Pflanzen.

Insgesamt wird viel Wasser für den Garten benötigt, da es auch bei längerer Berieselung nur langsam in den Boden eindringt. Befeuchtet es nur oberflächlich, so bekommen die tiefreichenden Wurzeln kein Wasser und damit auch keine Nährstoffe. Die Pflanze kümmert, und der Schaden kann größer sein als der Nutzen. Anhand des wöchentlichen Niederschlags läßt sich ausrechnen, wieviel Wasser ungefähr benötigt wird. Dazu mißt man den Niederschlag in einer Woche. Bei weniger als 25 mm im Sommer oder 18 mm zu Beginn und am Ende der Vegetationsperiode muß man Bewässern. Ein Niederschlag von 25 mm entspricht ungefähr 20 l/m². Stellt man nun fest, in welcher Zeit ein Schlauch 20 l Wasser ausschüttet, läßt sich ausrechnen, wie lange eine Fläche bestimmter Größe beregnet werden muß.

Die Pflanzen müssen unbedingt ausreichend und gleichmäßig bewässert werden. Am besten eignet sich dazu ein Schlauch. Eine einfache Spritzdüse (1) genügt auch, muß aber von Hand bedient werden. Es gibt Zusatzteile, die in den Boden gesteckt werden (2); ein rotierender Regner (3) bewässert eine größere Fläche; am weitesten reicht ein Viereckregner (4).

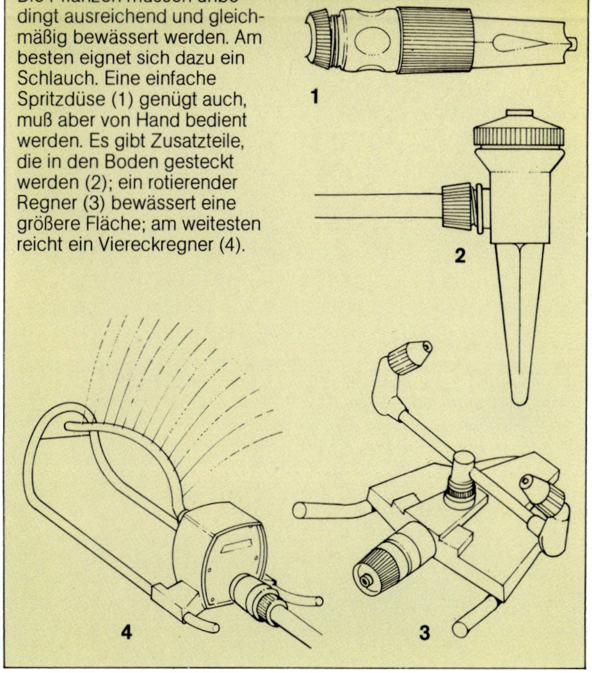

Unkrautjäten

Unkräuter lassen sich grob in zwei Gruppen teilen: solche, die sich durch Samen vermehren, und solche, die sich vegetativ durch Wurzelstöcke oder Ausläufer vermehren; bei einigen ist beides möglich. Durch Samen breiten sich meist einjährige Pflanzen aus; sie keimen im Frühjahr und sterben im Herbst ab. Die Samen sehen klein und harmlos aus, werden aber in großen Mengen gebildet. Manche Pflanzen haben nur eine kurze Lebensdauer von wenigen Wochen, doch ihre Samen keimen nach kurzer Zeit, so daß im Laufe einer Vegetationsperiode mehrere Generationen heranwachsen können.

Zur zweiten Gruppe gehören mehrjährige Pflanzen, die sich jedes Jahr weiter ausbreiten und sehr schwer auszurotten sind. Sie bilden Wurzelstöcke oder Rhizome, das sind unterirdisch verlaufende Erdsprosse, die unbegrenzt im Boden wachsen, während ältere Teile mit der Zeit absterben. Aus ihren Knospen entwickeln sich im Frühjahr

Zur wirksamen Unkrautbeseitigung dienen Bügelzughacke (rechts oben) und Pflanzkelle (oben). Mit der Bügelzughacke wird die obere Bodenschicht zerkleinert, das gelockerte Unkraut kann weggezogen werden. Sie eignet sich besonders für stark verunkrautete Blumenbeete. Die Pflanzkelle ist bei kleineren Flächen zur Entfernung tief wurzelnder Unkräuter unentbehrlich.

neue Pflanzen. Viele vermehren sich auch durch ober- und unterirdische Ausläufer, die tief in den Boden eindringen können. Sie bilden Tochterpflanzen, die ihrerseits wieder Ausläufer hervorbringen. Ein bekanntes Beispiel dafür ist die Quecke, *Agropyron repens*. Andere Unkräuter vermehren sich durch Wurzelbrut.

Es gibt zwei goldene Regeln zur Unkrautbekämpfung:
1. Das Unkraut jäten, solange es im Keimlingsstadium ist.
2. Größere Unkräuter jäten, bevor sie blühen, und wenn sie schon blühen, die Blütenstiele abschneiden, bevor sie Samen bilden.

Das bedeutet, Unkräuter sind im Frühjahr vor der Samenbildung zu bekämpfen.

Abgesehen von den sich selbst aussamenden Unkräutern, werden Samen auch mit dem Wind herbeigeweht und von Vögeln eingebracht. Der Garten bleibt nie unkrautfrei, auch wenn man im Frühjahr die Jungpflänzchen noch so gründlich entfernt hat. Man muß unerwünschte Kräuter während der ganzen Vegetationszeit im Auge behalten. Vor Wintereinbruch sollte man noch einmal gründlich jäten, damit man es im Frühjahr leichter hat. Verschiebt man dieses letzte Jäten, wird es wegen ungünstiger Witterung immer schwieriger, und bis zum Frühjahr erwartet einen dann ein Mehrfaches an Jätarbeit.

Hacke, Spaten und Handgabel sind seit eh und je die Gerätschaften zur Unkrautbekämpfung; mit ihrer Hilfe läßt sich, bis auf einige Ausnahmen, das ganze Wurzelge-

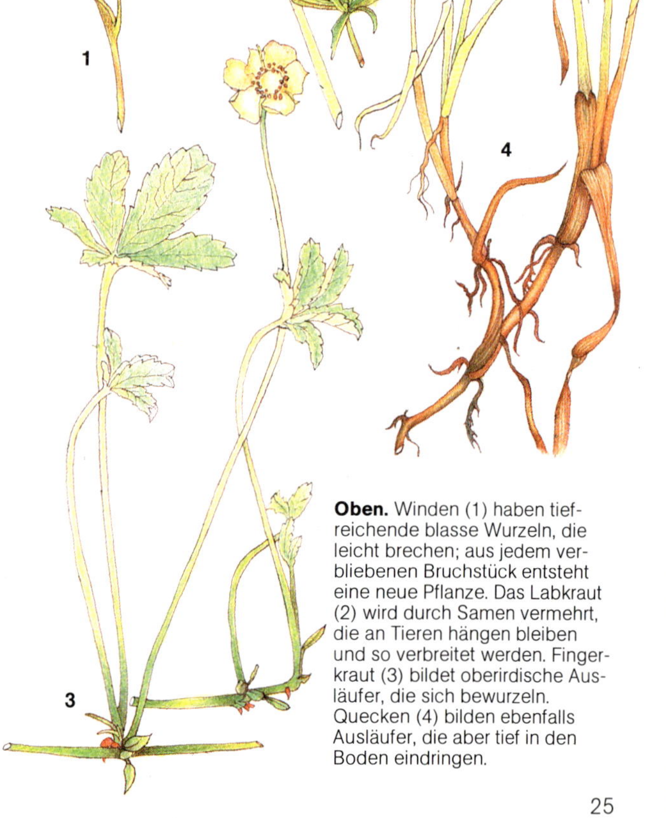

Oben. Winden (1) haben tiefreichende blasse Wurzeln, die leicht brechen; aus jedem verbliebenen Bruchstück entsteht eine neue Pflanze. Das Labkraut (2) wird durch Samen vermehrt, die an Tieren hängen bleiben und so verbreitet werden. Fingerkraut (3) bildet oberirdische Ausläufer, die sich bewurzeln. Quecken (4) bilden ebenfalls Ausläufer, die aber tief in den Boden eindringen.

flecht beseitigen. Vielfach aber brechen tief reichende Wurzeln ab, und aus den verschiedenen Endstücken entwickeln sich bald neue Pflanzen. Die Bekämpfung mit Hilfe chemischer Präparate zum Sprühen oder Streuen ist einfacher und wirkt sehr viel schneller, wenn auch die Wirkung manchmal erst nach Wochen eintritt. Im Hobbygarten sollte man sich solcher Mittel aber nicht bedienen, denn das Erdreich kann möglicherweise monatelang vergiftet sein. Manche Unkräuter widerstehen auch einer solchen Behandlung und machen zusätzliche Anwendungen erforderlich. Hier hilft das Auftragen mit einem Pinsel auf die Triebspitzen.

Eine ebenfalls sehr wirksame und dazu harmlosere Methode ist das Mulchen. Man deckt im zeitigen Frühjahr den Boden damit ab, so daß die Unkrautsamen gar nicht keimem können. Tun sie es dennoch, so war die Mulchschicht nicht dick genug oder nicht gleichmäßig dick verteilt. Wichtig ist beim Mulchen, daß Samen und bereits vorhandene, noch niedrige Unkräuter kein Licht mehr bekommen. Eine andere Möglichkeit: Man kann auch die verunkrautete Fläche in einen Rasen umwandeln, den man sehr häufig mäht. Viele Unkräuter mögen häufiges Mähen nicht und verschwinden, der Rest kann durch wuchskräftige Grassorten unterdrückt werden.

Das Zurückschneiden bewirkt einen gedrungenen Wuchs und fördert den Blütenansatz, was für Spiräen besonders wichtig ist (oben). Die Pflanze wird bis auf eine Handbreit über dem Boden abgeschnitten. Für jeden Schnitt braucht man das richtige Werkzeug (unten). Baumsägen (1 und 2) für starke Äste; eine Astschere (3) für kräftige Zweige; mit ihr erreicht man auch die schwierigsten Stellen. Zum Beschneiden von Sträuchern ist die Heckenschere (4) unentbehrlich, und für dünne Triebe nimmt man eine Rosenschere (5) oder eine Rebschere (6).

Der Schnitt

Gut gepflegte Pflanzen wachsen kräftig. Viele Sträucher, Kletterpflanzen und Rosen müssen regelmäßig zurückgeschnitten werden, damit sie neue Triebe entwickeln und buschiger werden oder mehr in die Breite wachsen. Unterläßt man das Schneiden, so entwickeln manche Pflanzen kaum Seitentriebe, schießen in die Höhe und werden unansehnlich. Oft ist ein Schneiden notwendig, um ein Verwildern zu verhüten, damit der Garten nicht zuwächst und unzugänglich wird. Rosen schneidet man im Frühjahr, andere Gehölze im Herbst oder im Winter, manche starkwüchsigen sogar im Sommer.

Man unterscheidet im allgemeinen drei Arten des Zurückschneidens: kräftiger Rückschnitt, mäßiges Auslichten und leichtes Stutzen. Beim Rückschnitt wird ein großer Teil der diesjährigen Triebe entfernt, damit die verbliebenen besonders kräftig werden, oder man schneidet bis ins Holz zurück, damit schlafende Augen austreiben und die Pflanze buschiger wird. Beim Auslichten entfernt man nur kranke, abgestorbene oder zu dicht stehende Triebe, damit Krankheiten nicht aufkommen oder sich verbreiten können. Beim Stutzen beschneidet man die ganze Pflanze gleichmäßig, damit sie eine gute Form bekommt, oft genügen schon 5–7 cm von jedem Trieb. Man kann auch einzelne diesjährige Triebe um etwa ein Viertel ihrer Länge zurücknehmen, doch so, daß der Anblick nicht stört. Bei Blütensträuchern kann man die verwelkten Blüten wegschneiden, manche aber brauchen überhaupt nicht beschnitten zu werden und wieder andere, zum Bei-

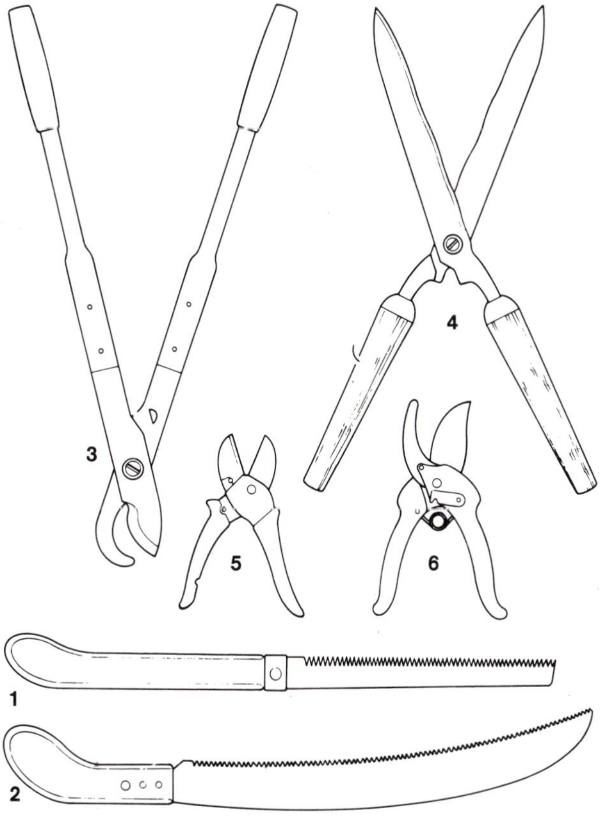

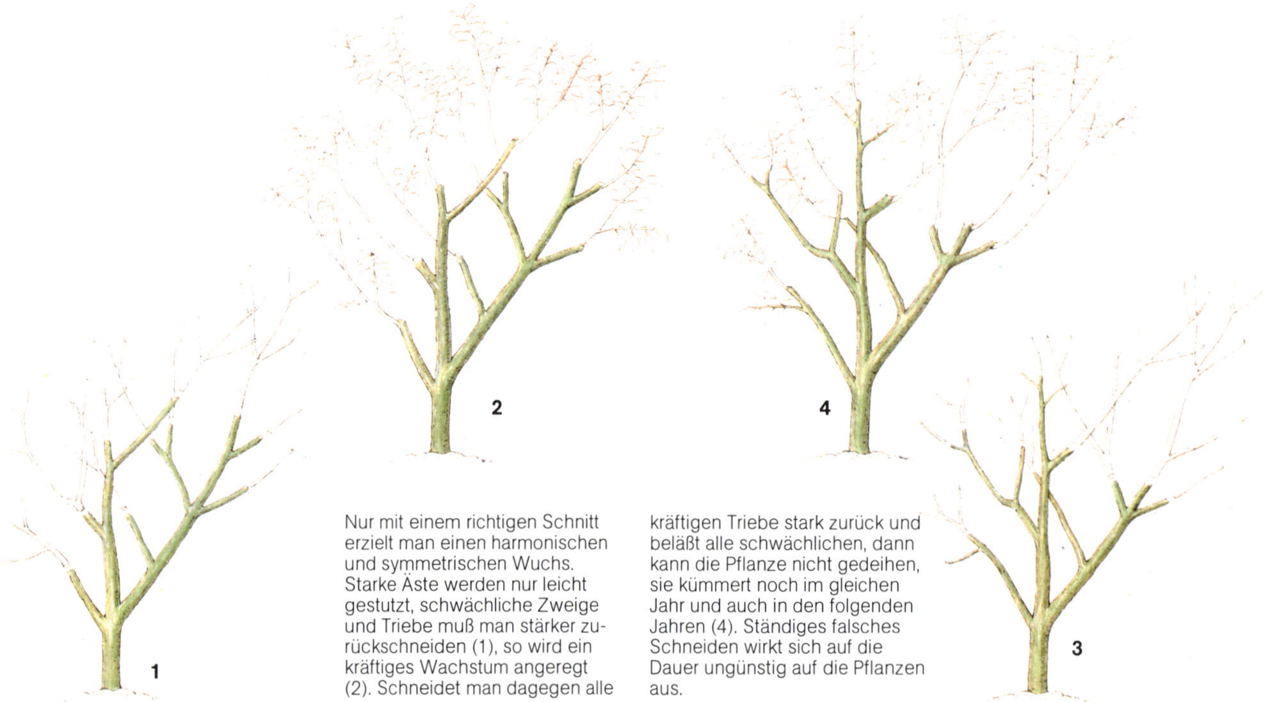

Nur mit einem richtigen Schnitt erzielt man einen harmonischen und symmetrischen Wuchs. Starke Äste werden nur leicht gestutzt, schwächliche Zweige und Triebe muß man stärker zurückschneiden (1), so wird ein kräftiges Wachstum angeregt (2). Schneidet man dagegen alle kräftigen Triebe stark zurück und beläßt alle schwächlichen, dann kann die Pflanze nicht gedeihen, sie kümmert noch im gleichen Jahr und auch in den folgenden Jahren (4). Ständiges falsches Schneiden wirkt sich auf die Dauer ungünstig auf die Pflanzen aus.

spiel Beerensträucher, darf man in dieser Art nicht schneiden, wenn man sie beernten will. Im übrigen sollte man stets den natürlichen Wuchs der Pflanzen beachten und einen gut belaubten, wohlgestalteten Busch anstreben.

Entfernung von dürren Zweigen und Fallaub

Wenn Pflanzen eingehen, Äste abbrechen, Rosen- und Strauchzweige von der Spitze her dürr werden oder erfrieren und Blüten welken, sind das natürliche Vorgänge. Überläßt man die Pflanzen sich selbst und greift nicht ordnend ein, entsteht ein undurchdringliches Gewirr von lebenden und abgestorbenen Teilen, das schlecht durchlüftet wird und langsam trocknet, so daß Krankheitserreger hier ideale Bedingungen finden. Es empfiehlt sich daher, öfters einen Rundgang durch den Garten zu machen und dabei zu beobachten, ob und wie sich in der Zwischenzeit etwas verändert hat. Auch lohnt es sich, im Herbst das Laub vom Rasen zu entfernen oder aus dem Teich zu holen und zusammen mit anderen Pflanzenabfällen einen Komposthaufen anzulegen. Hier verrotten die Pflanzenteile, werden durch Mikroorganismen zersetzt und zu einfachen wasserlöslichen Verbindungen abgebaut, die als Pflanzennährstoffe verwertet werden können. Mit Komposterde, die im Garten verteilt wird, gelangen auf diese Weise ursprünglich entzogene Nährstoffe erneut in den Boden und stehen den dort wachsenden Pflanzen zur Verfügung. Damit kann der Zukauf von Düngemitteln eingespart oder mindestens verringert werden.

Vermehrung

Aussaat

Ein- und zweijährige Pflanzen vermehrt man am schnellsten durch Aussaat. Dabei gibt es leider häufig Enttäuschungen. Das beginnt schon damit, daß die Saat nicht aufgeht. Zum Keimen der Samen ist eine gewisse Wärme notwendig. Die Boden- und Lufttemperatur sollten wenigstens 16 °C betragen, wenn die Samen in ein bis zwei Wochen keimen sollen. Das ist ein Durchschnittswert; bei manchen Pflanzen vergeht ein Monat, andere keimen schon in zwei Tagen bei günstigen Bedingungen, das heißt, wenn die Erde feucht ist und die Temperatur bei Tag über 21 °C steigt. Absinkende Nachttemperaturen können die Keimung verzögern oder unterbrechen, auch niedrige Bodentemperatur. Im Freien keimen die Samen in sandiger Erde meist schneller, weil sich der Sand schneller erwärmt als ein schwerer Boden. Im Anzuchtkasten läßt sich die Temperatur besser regulieren. Man stellt ihn ins Gewächshaus oder in die Wohnung.

Schädlich sind auch mangelnde Feuchtigkeit und erst recht Trockenheit. Samen keimen nur in feuchtem Milieu; daher sät man entweder in feuchte Erde oder bewässert anschließend. Samen verlieren mit der Zeit ihre Keimkraft; das beste Ergebnis erzielt man mit frisch geernteten Samen, die man im Herbst oder Frühjahr nach der Ernte sät. Manche Samen keimen auch nach Jahren noch, doch mit jedem Jahr nimmt der Prozentsatz der keimfähigen Samen ab. Für die Aussaat sollte der Boden feinkrümelig sein, eine zu grobe Struktur, nasse Erde oder Pilzbefall können die Samen am Keimen hindern bzw. das Wachstum der Keimlinge verzögern. Vögel können das Saatgut aufpicken, wenn es an der Oberfläche liegt, wird es dagegen zu stark mit Erde abgedeckt, so fehlen Licht und Luft zum Keimen und zügigen Wachsen.

Ungleichmäßiges Aufgehen kann die gleichen Ursachen haben wie völliges Ausbleiben, doch meist ist ungleichmäßiges Säen verantwortlich. Die Folge sind schwächliche Keimlinge, die anfällig sind für Krankheiten, vor allem die Umfallkrankheit. Auf unebener Erdoberfläche können die Samen beim Gießen in die Mulden gespült werden.

Voraussetzungen für erfolgreiches Keimen der Samen
Saatzeit Frühjahr oder Herbst nach der Samenreife
Boden- und Lufttemperatur 16 °C
Saathilfe Flach säen
Boden Sandige Erde Gut durchlässig Feucht Nährstoffreich
Wasser Reichlich gießen, besonders nach dem Säen
Schutz Glasabdeckung verhindert Austrocknen und Abkühlen
Licht Keimlinge brauchen Sonne
Keimzeit 1–4 Wochen

PROBLEME BEIM KEIMEN		
Keine Keimung	**Ungleichmäßiges Aufgehen**	**Langsames Wachstum**
Kälte	Ungleichmäßige Aussaat	Niedrige Nachttemperaturen
Zugluft	Unebene Oberfläche	Trockenes Substrat
Altes Saatgut	Überflutung	Schlechte Lichtverhältnisse
Beet oder Kasten schlecht vorbereitet	Befall durch Schädlinge oder Krankheitserreger	Von Natur langsam wachsendes Saatgut
Schädlingsbefall	Umfallkrankheit	**Vergilben**
Vögel	Grobkörnige Erde	Schlechte Bewurzelung
Faulen durch Pilzbefall	Altes Saatgut	Stickstoffmangel
Staunässe		Staunässe
Zu tiefes Säen		Kälte

Oben. Die Tabelle gibt Ursachen an, die eine Keimung fördern und beeinträchtigen können. Sie sollen dem Gartenfreund helfen, auftretende Probleme zu erkennen.

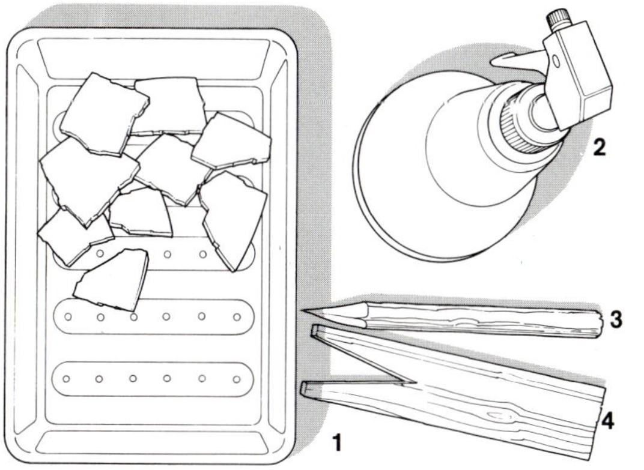

Links. Aussaatgefäße brauchen eine Dränage am Boden, damit keine Staunässe entsteht. Man belegt den Boden mit Topfscherben, deren Wölbung nach oben zeigt (1). Gefäß mit feiner Aussaaterde füllen, Oberfläche andrücken und einebnen. Saatgut aufstreuen und mit feingesiebter Erde bedecken. Wenn die Sämlinge erscheinen, sie mit Wasser besprühen (2). Steckholz (3) und Spatel (4) dienen zum Ausheben und Pikieren der Keimlinge, aber auch zum Etikettieren.

Langsames Wachstum tritt im allgemeinen bei Kälte auf oder bei Temperaturen, die für die betreffende Art zu niedrig sind. Für Samen, die im Freiland keimen, ist eine Temperatur von 16–18 °C angemessen; empfindliche Arten keimen erst bei 21 °C. Zu bestimmten Zeiten muß man auch mit kalten Nächten rechnen. Ein Maximum-Minimum-Thermometer leistet dabei gute Dienste. Es wird jeden Tag neu reguliert und zeigt die tiefste Temperatur der vergangenen Nacht an. Es ist erstaunlich, wie tief die Temperatur selbst im Frühsommer fallen kann, und man versteht, warum die Pflanzen so langsam wachsen. Auch Bodentrockenheit verzögert das Wachstum oder kann es zum Stillstand bringen; dasselbe gilt auch für trübe Tage.

Wenn die Keimlinge vergilben, kann Stickstoffmangel die Ursache sein. Stickstoff fördert die Entwicklung von Blättern und Trieben; da er häufig in wasserlöslicher Nitrat- oder Ammonium-Verbindung vorliegt, wird er bei ständigem Gießen leicht ausgewaschen. Auch Eisenmangel oder unterentwickelte Wurzeln können vergilbte Blätter verursachen. Braune Wurzeln sind meist abgestorben durch Kälte, Nässe oder Pilzbefall.

Teilung

Stauden lassen sich durch Teilung vermehren, ein einfaches Verfahren, das leicht durchzuführen ist. Die Teilung muß im zeitigen Frühjahr erfolgen. Verletzungen sollte man dabei möglichst vermeiden oder auf ein Minimum beschränken. Kleine Pflanzen teilt man mit einem scharfen Messer, größere mit dem Spaten oder mit zwei Grabgabeln, die man, Rücken an Rücken, mitten durch die Staude steckt und dann vorsichtig auseinanderdrückt. Zum Einpflanzen verwendet man die äußeren jüngeren Teile einer Staude. Jedes Teilstück muß bewurzelt sein und ein bis zwei „Augen“ oder Sprosse aufweisen.

Auch die Abtrennung der Tochterknollen und Tochterzwiebeln ist eine Teilung; durch sie erhält man schneller blühende Pflanzen als durch Aussaat. Solche Tochterteile blühen gewöhnlich in zwei bis drei Jahren, manchmal schon im nächsten Jahr. Stauden-Sämlinge dagegen blühen oft erst nach fünf oder sechs Jahren. Frühjahrblüher trennt man am besten im Sommer, wenn die Blätter verwelkt sind. Die kräftigsten Teile pflanzt man ein.

Pflanzen mit Wurzelstöcken (Rhizomen) lassen sich ebenfalls durch Teilung vermehren. Man schneidet den Wurzelstock in Stücke. Auch hier muß jedes Teilstück wenigstens ein Auge oder mehrere Sprosse aufweisen und frei von Faulstellen sein. Bei Wurzelknollen trennt man die einzelnen Knollen ab. Weiche, faulende oder verfärbte Knollen sind wertlos. Dahlienknollen pflanzt man im Frühjahr 7 cm tief, sommerblühende Schwertlilien gleich nach der Blüte. Die Wurzelstockteile steckt man halb in die Erde.

1

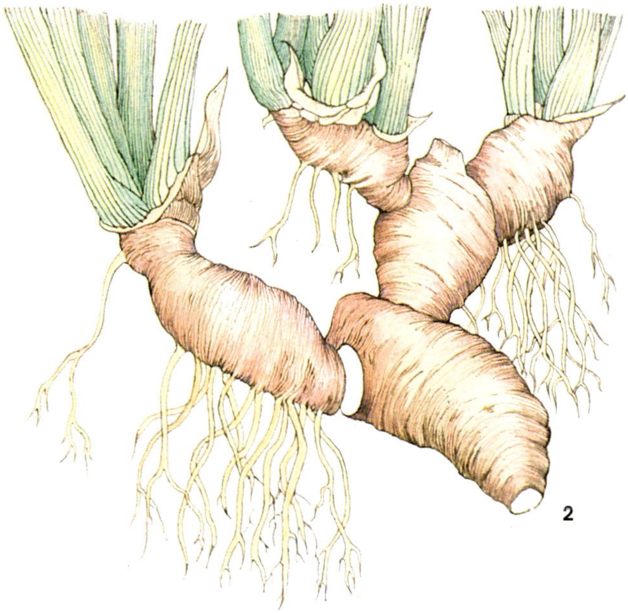

2

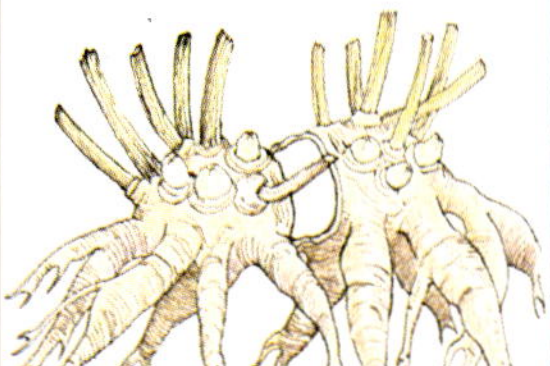

Bei Pflanzen mit Trieben, die an der Basis verholzt sind, teilt man die Wurzelknollen mitten durch, und zwar mit einem scharfen Messer. Wurzeln und Sprosse müssen gleichmäßig auf die Stücke verteilt sein.

Stauden werden gewöhnlich durch Teilung vermehrt. Beim Teilen der Wurzelknollen von Dahlien und dergleichen schneidet man von unten nach oben und achtet darauf, daß jede Hälfte einen Teil des Haupttriebs behält (1). Unterirdische Wurzelstöcke, zum Beispiel von Iris (2) schneidet man in 7 cm lange Stücke und pflanzt nur die jungen, äußeren Abschnitte wieder ein. Jedes Teilstück muß ein paar Sprosse und Wurzeln aufweisen. Der innere Teil des Wurzelstocks ist wertlos und wird weggeworfen.

Stecklinge

Mancher Gartenfreund meint, zur Stecklingsvermehrung sei jahrelange Erfahrung notwendig. Daß das abgeschnittene Stengelende sich bewurzelt, erscheint verwunderlich, ist aber tatsächlich mehr oder weniger leicht zu bewirken. Am meisten werden Sproßstecklinge verwendet, man kann aber auch Wurzelschnittlinge nehmen.

Es gibt drei verschiedene Arten von Sproßstecklingen: Kopfstecklinge vom Triebende (Man benutzt dazu junge diesjährige Triebe.), halbharte oder Grünstecklinge von fast nicht oder unvollständig verholzten Teilen und Holzstecklinge von verholzten Teilen.

Kopfstecklinge sind die jüngsten und kürzesten; man verwendet dazu die 7–10 cm lange Triebspitze. Grünstecklinge können 5–15 cm lang sein, sie fangen gerade an, zu verholzen. Holzstecklinge sind bereits verholzt und sind bereits braunrindig, nicht mehr grün. Sträucher werden gewöhnlich durch Stecklinge vermehrt, aber auch manche Stauden.

Alle Stecklinge bewurzeln sich am ehesten in feuchtgehaltener, sandiger Erde bei hoher Luftfeuchtigkeit. Unterbleibt die Wurzelbildung, stimmen die erforderlichen Bedingungen nicht oder man hat die Stecklinge zur falschen Jahreszeit geschnitten. Weiche Stecklinge kann man den ganzen Sommer über und Grünstecklinge im Herbst schneiden. Die Bewurzelung kann Schwierigkeiten berei-

Kopfstecklinge werden aus diesjährigen Trieben gewonnen. Man schneidet die oberen 7–10 cm des Triebs dicht unter dem Blattansatz sauber ab. Der Steckling wird zur Hälfte in die Bewurzelungserde gesteckt, durch einen übergestülpten Plastikbeutel in feuchter Luft gehalten und an einem warmen Platz aufgestellt.

Holzstecklinge sollen 22–30 cm lang sein und im Freiland sich bewurzeln. Die unteren Blätter werden entfernt, und der Steckling wird mit Zweidritteln seiner Länge schräg in die Erde gesteckt. Er bleibt bis zum nächsten Herbst am gleichen Platz und kann dann verpflanzt werden.

Bei Grünstecklingen wird ein Stück vom verholzten Trieb mit abgenommen. Dadurch erhöht sich die Aussicht für eine bessere Bewurzelung.

Grünstecklinge sind Triebe, deren untere Hälfte braun und leicht verholzt sein kann, die obere ist noch grün und weich. Diese Stecklinge sind 10–15 cm lang. Man behandelt sie wie Kopfstecklinge.

ten, wenn man Stecklinge von älteren Zweigen schneidet, die älter als 1 Jahr sind, wenn man sie bei zu niedriger Temperatur hält oder wenn die Schnittfläche bereits vernarbt ist. Wird nichtsterilisierte Erde verwendet, besteht die Gefahr einer Pilzinfektion; der Steckling kann dadurch absterben, ebenso wenn man das Bewurzelungssubstrat und die umgebende Luft zu trocken hält.

Alle Triebe können unter günstigen Bedingungen Wurzeln bilden, wenn man sie an der richtigen Stelle abschneidet: direkt unter einem Blattansatz oder einer schlafenden Knospe. Der Trieb wird gerade, nicht schräg, abgetrennt; die Schnittfläche muß glattrandig sein. Kopf- und Grünstecklinge steckt man in kleine Behälter mit sandiger Erde und stellt sie geschützt auf. Holzstecklinge kann man in ein geschütztes Beet stecken.

Stecklinge in Gefäßen werden bis zur Hälfte ins Substrat gesteckt; alle Blätter in diesem Bereich sind vorher zu entfernen. In Rundtöpfen setzt man die Stecklinge am Rand entlang und drückt sie fest an. Wichtig ist, daß die Schnittstelle guten Kontakt mit der feuchten Erde hat. Damit die Luft gleichmäßig feucht bleibt, stülpt man einen Plastikbeutel über den Topf, muß aber von Zeit zu Zeit kurz lüften, wenn sich Kondenswasser niederschlägt. Die Stecklinge brauchen einen hellen, absonnigen Standplatz bei etwa 18 °C. Wenn der Boden beheizt werden kann, erfolgt die Bewurzelung um so sicherer und schneller. Kopfstecklinge bewurzeln sich in 10–14 Tagen, bei Grün- und Holzstecklingen kann es einige Wochen dauern.

Ableger

Ableger oder Absenker dienen hauptsächlich zur Vermehrung von Sträuchern. Man nimmt dazu einen Vorjahrestrieb, der möglichst nahe am Boden entspringt. Im Gegensatz zum Steckling wird der Absenker nicht von der Mutterpflanze getrennt, sondern nur zur Erdoberfläche herabgebogen, an der Berührungsstelle unterseits schräg eingeschnitten, dann mit einem U-Haken in feinkrümelige Erde fest an den Boden geheftet. Der Einschnitt wird durch ein Streichholz offengehalten, die Triebspitze bleibt frei und wird hochgebunden. An der Schnittstelle bilden sich Wurzeln.

Absenker bewurzeln sich am besten im Frühjahr oder Frühsommer bei warmer, regenreicher Witterung. Im Herbst ist das neue Pflänzchen schon so groß, daß es von der Mutterpflanze abgeschnitten werden kann; man läßt es aber vorläufig noch an seinem ursprünglichen Platz und verpflanzt es dann im folgenden Frühjahr an die dafür vorgesehene endgültige Stelle.

Bei manchen Sträuchern benötigen die Absenker zwei Jahre zum Bewurzeln. Das Erdreich um den Absenker muß ständig feucht gehalten werden.

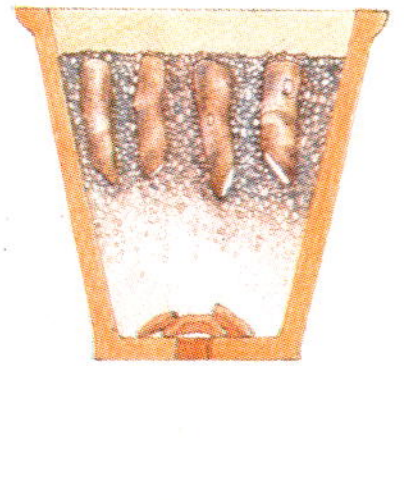

Links. Wurzelschnittlinge verwendet man zum Vermehren von Stauden. Man schneidet dicke Wurzeln in 7 cm lange Teilstücke; das untere Ende wird durch einen schrägen Schnitt gekennzeichnet. Man steckt sie senkrecht in die Erde, so daß die obere Schnittfläche mit der Erdoberfläche bündig ist; dann wird mit Sand abgedeckt und in einem geschlossenen Kasten im Garten überwintert. Dünne, faserige Wurzeln werden waagerecht in der Erde ausgebreitet.

Oben. Zum Absenken wählt man einen bodennahen Sproß, den man zum Boden herabbiegt, unterseits bis zur Mitte schräg einschneidet (gegenüber einer Knospe oder einem Blattansatz), die Wunde dabei mit einem Streichholz offenhält, dann mit Drahtbügel, Schnittstelle nach unten, in der Erde verankert. Die Triebspitze wird nach oben gebogen. Sobald der Absenker gut angewurzelt ist, schneidet man ihn vom Muttersproß ab.

Pflege verschiedener Pflanzentypen

Zwiebel- und Knollenpflanzen

Manche Zwiebelpflanzen bilden viele Tochterzwiebeln und bringen dadurch mehr Blätter als Blüten hervor. Dem läßt sich abhelfen, wenn man sie nach der Blüte ausgräbt, die kleinen Zwiebeln wegwirft und die gut entwickelten an geschützter Stelle in geringer Tiefe neu einpflanzt, wo sie den Sommer über reifen können; die Blätter läßt man auf natürliche Weise abwelken. Danach pflanzt man sie im Frühherbst in normaler Tiefe wieder an ihren Platz zurück.

Frühjahrsblüher sollten im Laufe des September und Oktober gepflanzt werden; je früher sie sich einwurzeln, desto besser blühen sie im folgenden Jahr. Bei frostfreiem Wetter ist die Pflanzung auch im Dezember noch möglich, doch dann mit Erfrierungsgefahr, daher gut abdecken. Herbstblüher kommen Ende August, spätestens Anfang September in den Boden. Sollen sie zwischen Gehölzen und Stauden wachsen, pflanzt man sie erst zum Schluß.

Die meisten Zwiebel- und Knollenpflanzen bevorzugen einen sonnigen Platz, einige gedeihen im Halbschatten und manche sogar im Schatten.

Am besten wachsen sie in sandigem Lehmboden. Die Pflanztiefe beträgt bei Narzissen und Tulpen 15–20 cm, bei *Eranthis, Scilla* und anderen Kleinblumenzwiebeln 8–10 cm. In schwerem Boden pflanzt man weniger tief, in sehr leichtem, sandigem Boden etwas tiefer. Zum Einpflanzen ist feuchte Witterung günstig; bei Trockenheit füllt man die Pflanzlöcher mehrmals mit Wasser und vermischt die Pflanzerde mit einer Handvoll feuchtem Torf, das beschleunigt die Wurzelbildung vor allem bei *Galanthus* und *Leucojum.*

Bei Zwiebeln und Knollen beträgt die Pflanztiefe mindestens das Doppelte ihrer Höhe; die Spitze muß nach oben zeigen (rechts). Nur in sehr leichten Böden kann man sie etwas weniger tief pflanzen. Frühjahrsblüher werden erst herausgenommen, wenn die Blätter verwelkt sind. Um Platz für andere Pflanzen zu schaffen, läßt man sie anderswo ausreifen; am besten setzt man sie reihenweise in eine Kiste mit feuchtem Torf (unten).

Montbretien (rechts) stammen aus dem tropischen und südlichen Afrika. Aus einer Knolle sprießen 60–90 cm lange Stengel. In frostgefährdeten Gebieten müssen die Knollen frostfrei überwintert werden. Das Hasenglöckchen (unten) ist im atlantischen Klimagebiet beheimatet. Seiner Zwiebel fehlt die äußere schützende Haut; sie darf daher nicht zu trocken gelagert werden, damit sie nicht vertrocknet, aber auch nicht zu feucht, damit sie nicht fault.

Iberis sempervirens (links) ist eine reichblühende Polsterpflanze. Sie wird zu kräftigem Blühen angeregt, wenn man sie etwas zurückschneidet. Die abgeblühten Köpfchen werden abgeschnitten.

Einjährige und zweijährige Pflanzen

Diese kurzlebigen Pflanzen werden aus Samen gezogen. Die einjährigen keimen im Frühjahr, wachsen, blühen, reifen bis zum Herbst und sterben dann ab. Die zweijährigen keimen und wachsen im ersten Jahr, blühen und reifen aber meist erst im zweiten Jahr, danach sterben sie ab. Beide sind beliebt zum Begrünen von frisch angelegten, kahlen Flächen, bis die ausdauernden Pflanzen herangewachsen sind. Sorgfältig vorbereiteter Boden ist wichtig für gute Ergebnisse. Im Herbst wird die Saatfläche gesäubert, in dünner Schicht mit gut verrottetem Kompost abgedeckt und spatentief umgegraben. Die groben Schollen läßt man den Winter über durchfrieren (Frostgare); im Frühjahr, wenn der Boden nicht mehr naß ist, lockert man ihn oberflächlich auf und arbeitet kurz vor der Aussaat einen organisch-mineralischen Volldünger (ca. 70 g/m^2) leicht ein.

Der so vorbehandelte Boden wird mehrmals mit dem Rechen bearbeitet, bis die Erde feinkrümelig ist, dann wird die Oberfläche eingeebnet. Einjährige Pflanzen werden zwischen März und Mai ausgesät. Unempfindliche Sorten können schon ab September ausgesät werden; sie blühen dann im Frühsommer. Die Samen werden dünn und gleichmäßig in Reihen oder breitwürfig auf der Fläche ausgesät, mit feiner Erde abgedeckt und mit der Rückseite der Harke leicht angedrückt. Bei trockener Witterung muß die eingesäte Fläche fein berieselt werden, wenn nötig mehrmals längere Zeit, so daß die Erde tief durchfeuchtet wird; bei warmer Witterung keimen viele Samen innerhalb zwei Wochen.

Kommen trotz aller Bemühungen noch Unkräuter auf, muß man sie laufend herausziehen, bevor sie blühen oder gar Samen bilden; Herbizide im Hausgarten lohnen sich nicht. Wenn die Blumensamen nicht aufgehen, sind sie möglicherweise von Vögeln aufgepickt worden. Viele Vögel fressen auch gern die jungen Sämlingspflanzen an. Man schützt diese durch Netze, die über die Saatfläche gespannt und am Beetrand an niedrigen Pfosten befestigt werden. Auch Zwirnsfäden von den Pfosten aus kreuz und quer über das Beet gezogen und Kunststoffgespinste bieten Schutz. Im Fachhandel werden verschiedene Möglichkeiten zur Vogelabwehr angeboten.

Schlitzfolie kann direkt auf die Keimlinge gelegt werden. Sie ist so leicht, daß sie mit zunehmendem Wachstum der Pflanzen hochgehoben wird.

Wenn die Keimlinge 2–3 richtige Blätter (nicht Keimblätter) gebildet haben, muß man sie ausdünnen, die Würzelchen sind in diesem Stadium noch wenig entwickelt, so daß das Ausreißen den verbleibenden Pflänzchen nicht schadet. Am besten dünnt man bei feuchtem Boden aus. Im allgemeinen werden die im Frühjahr gesäten Sämlinge einmal ausgedünnt, die im Herbst gesäten Sämlinge zweimal. Welcher Abstand am günstigsten ist, steht auf den Samentütchen. Die kräftigsten Sämlinge läßt man möglichst stehen. Die überzähligen Sämlinge kann man weiterverwenden.

Zweijährige Pflanzen sät man im allgemeinen im späten Frühjahr oder im Frühsommer in ein Frühbeet und versetzt sie im Herbst ins Freiland. Im folgenden Jahr blühen sie dann. Wichtig ist, daß sie vor dem ersten Frost gut angewurzelt sind, damit sie den Winter gut überstehen.

Oben und **rechts.** Die Trompetenzunge *(Salpiglossis)*, eine aparte, attraktive einjährige Pflanze aus Chile, kann in nährstoffreicher Erde an sonnigen Stellen im Sommerblumen- oder gemischten Beet gezogen werden. Die Pflanzen brauchen etwas Stütze, damit sie aufrecht wachsen und gesund bleiben.

Lein (oben) blüht den ganzen Sommer überreich und belebt jedes Beet. Die aus Mexiko stammende Kleine Studentenblume, *Tagetes patula*, wächst in vielen Gärten, wo sie von Sommeranfang bis zum ersten Frost blüht (links). Ringelblumen (unten) sind wegen ihrer leuchtenden Farben beliebt.

Stauden

Staude ist der Sammelbegriff für krautartige, winterharte Pflanzen, die jahrelang blühen können. Viele davon sterben oberirdisch ab und überwintern mit Knollen oder Wurzelstöcken, die im Frühjahr neu austreiben, andere bleiben immergrün, und manche, wie die Christrosen, blühen sogar im Winter. Stauden eignen sich gut für Mischpflanzungen mit Rosen, Zwiebelpflanzen und einjährigen Sommerblumen. Man pflegt sie in Rabatten oder auf Inseln mitten im Rasen, und selbst als Bodendecker werden niedrige Arten verwendet. Hochwachsende Stauden setzt man gern in Gruppen.

Ein schönes Beispiel für hochwachsende Stauden ist der Rittersporn. Mit seinen langen, schweren Blütenständen braucht er schon bald eine Stütze. Man bindet die Pflanzen an Stöckchen (unten) und wiederholt dies, wenn sie größer werden. Vielfach brauchen auch die ausgewachsenen Pflanzen eine Stütze (links). Statt Schnur und Faden kann man auch einen Kunststoffring nehmen und ihn bei Bedarf nach oben verschieben (ganz unten).

Die Goldrute (links oben) mit ihren leuchtend gelben Blütenständen eignet sich hervorragend für Staudenbeete oder Steingärten und ebenso als Schnittblume. Auch die Rudbeckie braucht wenig Pflege und paßt gut in ein Staudenbeet. Sie gedeiht in gut kultivierter, durchlässiger Gartenerde an einem freien, sonnigen Platz. Verwelkte Blütenstände sind laufend zu entfernen.

Welke Blüten sollten bei Stauden laufend entfernt werden, damit sich keine Samen bilden, so daß die Pflanzen kräftiger werden. Früh blühende Sorten wie der Rittersporn kommen dann bei günstiger Witterung erneut zum Blühen, im Herbst oder schon gegen Ende des Sommers. Später im Sommer entfernt man welke Blüten nur noch dort, wo sie ausgesprochen stören. Zur Samengewinnung beläßt man sie.

Wenn die Herbstfröste einsetzen, muß man die Stauden in Ordnung bringen. Bei den meisten werden nun dürre Blütenstände entfernt und abgestorbene Stengel zurückgeschnitten bis etwa eine Handbreit über dem Boden. Als Winterschutz für frost- und kälteempfindliche Pflanzen deckt man mit gehäckseltem Laub und Lauberde ab. Diese Schutzschicht sollte aber nicht mehr als 10 cm hoch und bis zum Frühjahr verrottet sein. Ist sie es nicht, muß man sie wegnehmen, sobald sich neues Wachstum regt. Im Frühjahr wird die Bodenoberfläche rings um die Pflanzen gelockert, vor allem bei schweren Böden, damit Luft und Feuchtigkeit besser eindringen können und aufkommende Unkräuter entwurzelt werden; besonders eignet sich dazu ein Kultivator mit langem Stiel.

Viele Mohnarten eignen sich für Steingarten und Rabatten. Es gibt einjährige, zweijährige und ausdauernde Sorten. Außer den urprünglich rot blühenden gibt es heute Sorten mit rosa, weißen, orangefarbenen oder zweifarbenen (oben) Blüten. Es gibt Kronblätter mit fransigen oder gewellten Rändern.

Rechts: *Eschscholzia* (Goldmohn), eine nahe Verwandte des Klatschmohns mit fiederschnittigen Blättern.

Bitterwurz *(Lewisia)* eignet sich ebenfalls für Steingärten und wächst auch an Trockenmauern (rechts oben), sie verlangt einen stark durchlässigen Boden und viel Sonne. Braucht Winterschutz.

Damit die Bodenoberfläche feucht bleibt und nicht verkrustet, mulcht man rings um die Pflanzen mit Komposterde oder Rasenschnitt. Durch das Zersetzen dieses Materials werden den Pflanzen laufend Nährstoffe zugeführt, und Unkräuter werden gleichzeitig unterdrückt; allerdings nur, wenn die Mulchschicht mindestens 5 cm dick ist. Reicht das Material nicht für ein ganzes Beet aus, was vorteilhaft wäre, läßt sich eine bessere Wirkung erzielen, wenn man die Schicht nur in der Umgebung der Pflanzen ausbringt; dünn über das Beet verteilt, brächte wenig Erfolg. Gibt man zum Mulch noch einen Volldünger, gedeihen die Pflanzen erheblich besser. Gießen ist bei gemulchten Pflanzen im allgemeinen nur bei anhaltender Trockenheit notwendig. Man kann dazu einen Regner verwenden.

Stauden werden am einfachsten durch Teilung vermehrt. Der Wurzelstock wird ausgegraben, in verschiedene Teile geschnitten, so daß jedes Teilstück Sproß und Wurzeln hat. Die Teilung sollte während der Ruhezeit durchgeführt werden, zwischen Oktober und März, wenn der Boden nicht gefroren ist.

Cornus alba 'Elegantissima' (rechts) wirkt durch schöne Rindenfärbung und interessante Belaubung. Kommt am besten als Solitärpflanze zur Geltung. Gerade bei dieser Sorte ist ein Schnitt unbedingt erforderlich. Kräftiger Rückschnitt im zeitigen Frühjahr verbessert Rinden- und Laubfärbung.

Unten. Der bis 3 m hoch werdende Schneeball, *Viburnum opulus*, blüht im Juni und Juli. Bringt im Herbst reichen Fruchtbehang. Anspruchslos, gedeiht in jeder Gartenerde. Regelmäßiger Schnitt ist nicht erforderlich, eventuell nach der Blüte etwas Ausdünnen.

Sträucher

Sträucher bringen Abwechslung in jede Gartenanlage. Sie sind langlebig, und daher sollte man sich wohl überlegen, wohin sie am besten passen. Laubabwerfende Sträucher bieten während der warmen Jahreszeit einen reizvollen Anblick durch reiches Blühen, Fruchten und durch ihr Laub. Immergrüne Sträucher beleben dagegen den Garten im Winter, und viele gedeihen auch im Schatten. Sie wirken vor allem durch ihr Laub.

Die Pflanzzeit für Sträucher liegt zwischen Anfang Oktober und Ende April, der Boden darf nicht gefroren sein. In rauhen Gegenden pflanzt man am besten im Frühjahr. Containerpflanzen können das ganze Jahr über eingepflanzt werden. Die Pflanzgrube wird geräumig ausgehoben, etwa eineinhalbmal größer als der Wurzelballen. Der Boden des Pflanzlochs wird aufgelockert, der Aushub mit Komposterde oder Torfmull vermischt und dann zum Einpflanzen verwendet. Vor dem Einpflanzen sind die Wurzeln zu beschneiden, verletzte und kranke Teile werden weggeschnitten, entsprechend werden auch verletzte und kranke Triebe am Strauch zurückgeschnitten.

So vorbereitet, setzt man den Strauch ins Pflanzloch, füllt mit dem Erdgemisch auf, tritt die Erde ringsum etwas fest und gießt gut an, vor allem, wenn Pflanzen ohne Wurzelballen verwendet wurden, damit die Wurzeln ringsum guten Kontakt mit der Erde haben und keine Hohlräume dazwischen bleiben. Nach dem Einpflanzen und gründlichen Wässern mulcht man mit Torfmull oder Laub, damit das Erdreich nicht so rasch austrocknet. Es ist ratsam, in jedem Frühjahr das Mulchen zu wiederholen. Auf nährstoffarmen Böden verabreicht man dazu noch eine Volldüngergabe.

Manche Sträucher brauchen Winterschutz. Empfindliche Gehölze setzt man von vornherein an einen geschützten Platz. Bei anhaltendem Frost kann man die Sträucher zusätzlich noch mit Reisig, Stroh oder Tüchern umhüllen.

Viele Sträucher sind beliebt wegen ihrer schönen Früchte. Doch häufig hängt der Fruchtbehang vom Wetter ab. Anhaltende Trockenheit während der Blüte oder kurz danach kann vorzeitiges Abfallen der Früchte bewirken. Frosttage während der Blüte können die Fruchtbildung unterbinden. Sträucher am falschen Standort bringen weniger Früchte hervor als auf einem günstigen. Manche Enttäuschung läßt sich vermeiden durch richtige Sortenwahl, geeignete Platzwahl und reichliches Gießen bei trockener Witterung.

Vermehren lassen sich Sträucher durch Stecklinge, Absenker, Wurzelschößlinge, durch Teilung und durch Samen. Forsythie, Weigelie und Deutzie lassen sich leicht durch Wurzelschößlinge vermehren, die zwischen Oktober und Mai Wurzeln bilden.

Ein Strauch muß nicht unbedingt geschnitten werden,

Die Weigelie (unten) wird nach der Blüte etwas zurückgeschnitten. Bei der Lavendelheide *Pieris formosa* 'Forestii' (ganz rechts) sind alle verwelkten Blütenstände zu beseitigen und Ausläufer zurückzuschneiden. Der Schnitt wird an einem starken Trieb über einem Auge schräg von diesem weg (rechts 1) geführt. Er darf weder zu weit darüber (2), noch zu dicht (4), noch auf das Auge zu (3) geführt werden.

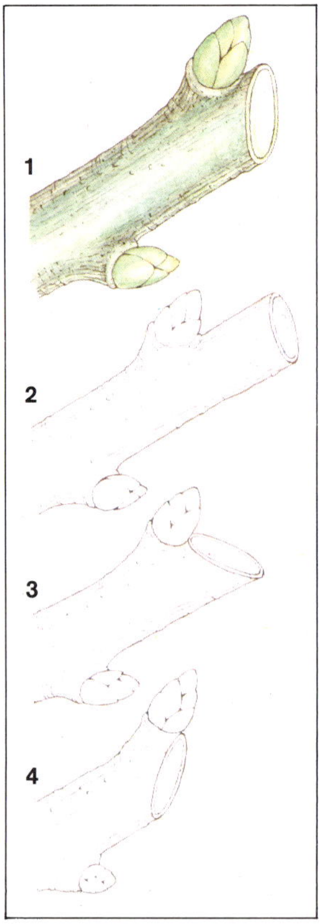

manche Gehölze aber wachsen so stark, daß man sie durch Schnittmaßnahmen in Grenzen halten muß. Verwilderte, kranke und abgestorbene Triebe gehören jedoch herausgeschnitten, und zwar bei allen Sträuchern. Es ist besser, alle 4–6 Jahre kräftig auszulichten, als jedes Jahr ein bißchen. Theoretisch kann man das ganze Jahr über schneiden, günstig ist die Ruhezeit im Winter oder die Zeit kurz vor der Blüte. Verletzte Triebe werden bis auf eine gesunde, nach außen schauende Knospe zurückgeschnitten, besonders schwächliche Triebe schneidet man bis zum Haupttrieb zurück.

Sträucher, die jahrelang nicht geschnitten wurden, verkahlen oft von unten her. In solchen Fällen ist ein starker Rückschnitt bis kurz über dem Boden angebracht. Dicke Äste sägt man ab, bestreicht die Schnittstellen mit Baumwachs und mulcht den Boden rings um die Pflanze. Flieder, Schneeball und Kirschlorbeer kann man auf diese Weise zurückschneiden.

Sträucher, die am vorjährigen Trieb blühen, kann man im Frühjahr nach der Blüte oder im Sommer schneiden, damit sich größere Blüten entwickeln. Jeder Trieb, der geblüht hat, wird auf etwa 3 Knospen zurückgeschnitten. Sträucher, die an diesjährigen Trieben blühen, schneidet man im Frühjahr zurück. Verzichtet man darauf, so werden die Pflanzen zu groß. Man schneidet möglichst alle vorjährigen Triebe bis auf etwa 3 Knospen zurück. Der Schmetterlingsstrauch wird beispielsweise so geschnitten.

Gartenhortensien bekommt es gut, wenn man sie jedes Jahr auslichtet und die ältesten Triebe bis etwa 5 cm über dem Boden wegschneidet. Im Frühjahr schneidet man die verzweigten, rauhrindigen, verholzten Triebe aus. Auch andere bekannte Gartensträucher kann man so beschneiden, z. B. Forsythie, Berberitze, Ginster, Kolkwitzie, Fingerstrauch und Blutjohannisbeere.

Wenn ein Strauch schlecht blüht, viele dürre Triebspitzen aufweist, langsam wächst und offenbar ständig von Blattläusen befallen ist, sollte man die Bodenbedingungen verbessern: Man lockert den Boden um den Strauch vorsichtig auf, ohne die Wurzeln dabei zu beeinträchtigen oder gar zu verletzen, streut etwas Dünger, den man einwässert, und mulcht zum Schluß mit verrottetem Kompost. Das geschieht in einem Umkreis von wenigstens 60 cm Durchmesser um die Pflanze; die beste Zeit dazu ist das Frühjahr.

Hecken

Hecken dienen zur Einfriedung statt eines Gartenzauns. Sie schützen vor Wind und beeinflussen das Mikroklima im Garten; sie unterteilen den Garten, hochgewachsene Hecken bieten auch Sichtschutz. Man unterscheidet freiwachsende Hecken mit überhängenden Zweigen, die mehr oder weniger ungeschnitten bleiben, und Formhecken, die regelmäßigen Schnitt verlangen. Immergrüne Hecken aus Lebensbaum, Stechpalme oder Eibe eignen sich besonders gut als Sichtschutz. Laubabwerfende Hecken bilden nur im Sommer eine dichte Wand. Hecken aus schön blühenden und fruchtenden Sträuchern läßt man besser ungeschnitten wachsen. Sie zieren mehr durch reiches Blühen an lang ausladenden Zweigen als an den kurzgeschnittenen Trieben streng geformter Hecken. Beliebt und weit verbreitet ist die Forsythie mit ihren verschiedenen Sorten. Besonders reich blühende wie 'Lynwood Gold' bilden dichte Hecken mit oder ohne Schnitt. Berberitzen bleiben niedriger, sie sind teils laubabwerfend und teils immergrün und wirken am besten als natürlich wachsende Hecken.

Besonders dichte Hecken erhält man, wenn die Pflanzen in Doppelreihen auf Lücke stehen. Laubabwerfende Sträucher kann man im Herbst pflanzen, auch im Winter bei ungefrorenem Boden. Immergrüne Heckenpflanzen setzt man am besten schon im September, damit sie vor Wintereinbruch gut angewachsen sind und Frostperioden ohne Schaden überstehen. Vor der Pflanzung hebt man einen Graben für die Sträucher aus, gibt etwas Komposterde auf den Boden, füllt den Aushub wieder ein und streut ungefähr 1 Woche vor dem Einpflanzen noch etwas Volldünger auf. Die Pflanzlöcher werden so geräumig ausgehoben, daß die Wurzeln darin nicht eingeengt sind. Man gibt feuchten Torf hinein, darauf die Pflanzen und füllt mit Erde auf; zum Schluß wird die Erde festgetreten und gut eingeschlämmt.

Formhecken werden nach dem Setzen meist um die Hälfte zurückgeschnitten, damit sie schon von unten her dicht werden. Bei den natürlich wachsenden Hecken schneidet man die Sträucher etwa um ein Drittel zurück. Bis die Hecke die gewünschte Höhe erreicht hat, werden alljährlich die neuen Triebe um die Hälfte bzw. um ein Drittel gekürzt. Von da an hält man die Hecke durch kräftigen Rückschnitt jedes Jahr auf der erreichten Höhe. Dieser Schnitt erfolgt im Mai/Juni, im Herbst ist manchmal ein zweiter leichter Schnitt notwendig. Eine solche Behandlung ist erforderlich bei Rotbuche *(Fagus)*, Hainbuche *(Carpinus)*, Hasel *(Corylus)*, Feuerdorn *(Pyracantha)*, Berberitze *(Berberis)*, Eibe *(Taxus)*, Stechpalme *(Ilex)*, Sanddorn *(Hippophaë)*. Bei einer anderen Gruppe, zu der Geißblatt *(Lonicera nitida)*, Liguster, Schwarzdorn und Weißdorn gehören, werden die jungen Spitzentriebe um etwa ein Viertel zurückgeschnitten, bis die gewünschte Höhe erreicht ist.

1

2

3

Rhododendron mit seinem immergrünen Laub ist das Beispiel für eine Hecke, die nicht stark beschnitten werden muß. Die verwelkten Blüten werden entfernt. Ein leichter Schnitt kann mit der Astschere vorgenommen werden, damit die Belaubung nicht zu sehr leidet.
Formschnitt eignet sich besser für Buchenhecken, die gut aussehen, wenn sie kurz geschoren werden (1). Es ist ratsam, die Hecken nach oben etwas zu verjüngen (2 und 3), so daß sie an der Basis breiter sind als oben. Dadurch sterben die unteren Zweige nicht ab, und ein Verkahlen wird verhindert.

Alte Hecken können im oberen Teil durch Schneedruck stark geschädigt werden, wenn sie oben breiter sind als unten; auch der Wind kann schwere Schäden anrichten, insbesondere, wenn der untere Teil verkahlt ist. Die Seiten einer Hecke sollten daher nach oben zusammenstreben; bei einer abgeschrägten Hecke kann das herablaufende Regenwasser die Blätter gleichmäßig säubern, und gutes Aussehen ist bei Formhecken wichtig.

Hecken, bei denen es auf Blüten und Früchte ankommt, werden ebenso gestutzt wie Sträucher. Man beschneidet sie erst nach der Blüte. Man sollte beachten, daß eine solche Hecke erst richtig wirkt, wenn sie eine gewisse Breite erreicht hat, sie sollte mindestens 120 cm breit sein.

Bäume

Im Laufe des Jahres brauchen Bäume im allgemeinen kaum eine Pflege; aber gelegentlich tauchen Probleme auf, die zum Tod des Baumes führen können, wenn man sich nicht rechtzeitig darum kümmert.

In den ersten zwei bis drei Jahren braucht der Baum einen Pfahl als Stütze, damit er fest im Erdreich verankert ist und nicht durch Wind ständig hin- und herbewegt wird. Denn dadurch verlieren die Wurzeln den engen Kontakt zum Boden; es entstehen Hohlräume, in denen sie austrocknen oder, wenn sich Wasser darin sammelt, faulen. In jedem Fall kann der Baum absterben. Als Stütze verwendet man einen kräftigen Pfahl oder einen Dreibock oder einen einzelnen Schrägpfahl. In der Regel sollten die Stützen bis zur halben Höhe des Stammes reichen. Sie werden vor dem Einpflanzen tief in den Boden geschlagen, damit die Wurzeln nicht beschädigt werden. Ist die Anbindung zu stramm oder beläßt man sie zu lange, wird der Stamm eingeschnürt. Das Band wird überwallt, dabei kann es zu Verletzungen kommen, und Krankheitserreger können eindringen. Polster aus Sackleinen dienen manchen Schädlingen als Unterschlupf.

Wie bei Sträuchern unterschätzt man oft die Wuchskraft der Bäume, und man pflanzt sie an zu kleinem Platz oder zu dicht an der Grenze zum Nachbargrundstück (Nachbarrecht!). In solchen Fällen muß man später eventuell Äste beseitigen. Falls das schwierig ist, wendet man sich besser an einen Fachmann. Nur leicht erreichbare, nicht zu starke Äste kann man gefahrlos selbst entfernen: erst nahe am Stamm von unten nach oben, dann von oben her sägen, bis der Ast sich glatt löst.

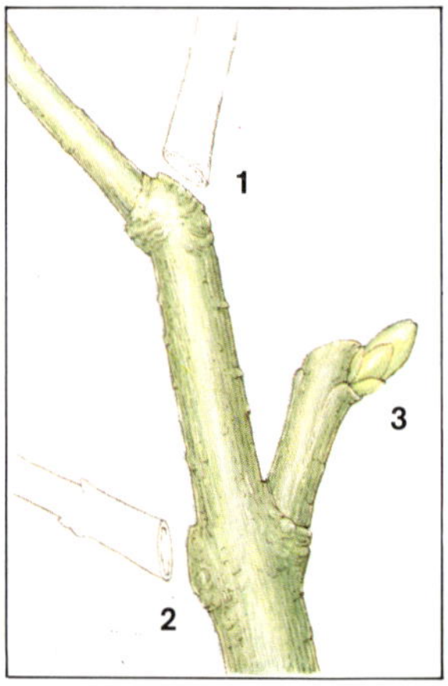

Bei der Entfernung von Ästen und Zweigen ist Sorgfalt geboten (links). Abgestorbene Äste sind stets wegzuschneiden, und zwar dicht am Stamm (1 und 2). Verletzte Triebe schneidet man bis in das gesunde Holz zurück (3). Pfähle sind so an den Gehölzen zu befestigen, daß sie das Dickenwachstum nicht behindern. Bei der Verwendung eines Polsters (links unten), das nur noch selten verwendet wird, ist darauf zu achten, daß sich keine Insekten darin ansiedeln. Spezielle Baumgurte aus Kunststoff eignen sich besser, weil sie sich dem Dickenwachstum entsprechend verstellen lassen (rechts unten).

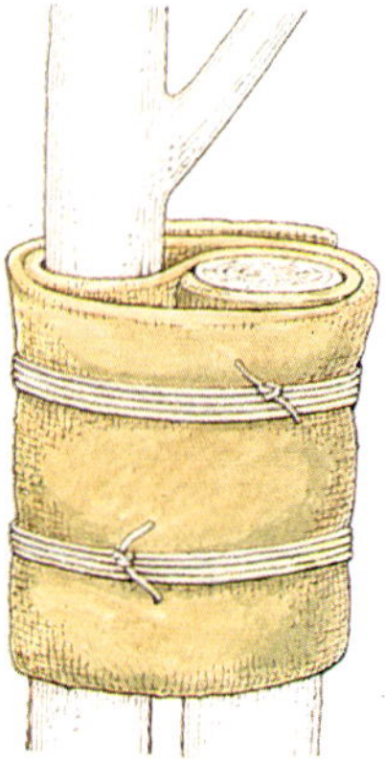

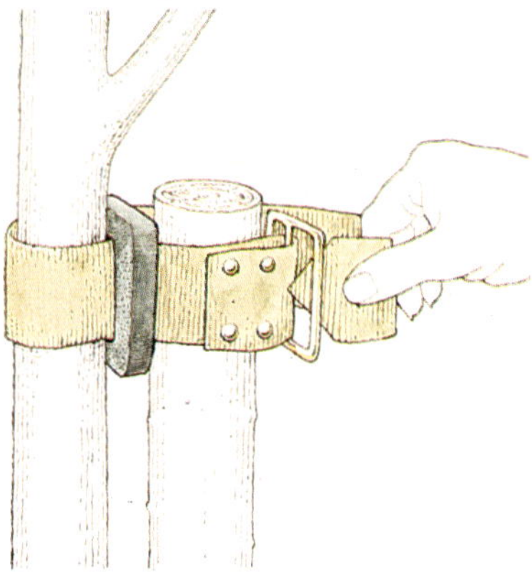

Die Wurzeln eines Baumes breiten sich im Boden mindestens so weit aus wie die Krone. Viele Laub- und Nadelbäume haben tiefreichende Pfahlwurzeln (3, 4); manche bilden mehr oberflächlich ausgebreitet, teller- oder herzförmige Wurzeln (1, 2) aus. Bäume eignen sich für die verschiedensten Zwecke. Mit Zwergkoniferen (unten) kann man in Beeten gute Wirkungen erzielen.

Ist der Ast lang und schwer, sägt man zunächst nur ein Teilstück ab, damit der Ast beim Ansägen nicht bricht. Der verbliebene, etwa ellbogenlange Stumpf wird dann erst dicht am Stamm abgesägt, der Wundrand mit einem Messer geglättet und die ganze Fläche mit Baumwachs sorgfältig zugestrichen, damit Krankheitserreger nicht eindringen können.

In unmittelbarer Nähe des Hauses sollte man keine Bäume pflanzen, da ihre weitreichenden Wurzeln das Mauerwerk beschädigen und in Abwasserrohre einwachsen können, vor allem Weiden und Pappeln. Kleinbleibende Bäume werden dagegen kaum Ärger bereiten.

Bei vielen auf eine Unterlage gepfropften Gehölzen bilden sich nahe dem Stammfuß Wurzelschößlinge oder Stockausschläge. Man sieht sie häufig an Zierkirschen, Rosen und Flieder. Diese Wildtriebe muß man entfernen, damit die Nährstoffe ganz dem Edeltrieb zugeführt werden. Schneidet man die Schößlinge ab, so treiben neue bald nach; deshalb sollte man sie grundsätzlich dort ausreißen, wo sie am Stamm austreiben, damit auch das Auge, aus dem neue Triebe hervorgehen, entfernt wird.

Goldregen, *Laburnum watereri*, blüht im Frühsommer. Die wertvollste Sorte ist 'Vossii'; sie bildet oft bis 50 cm lange, goldgelbe Blütentrauben und stellt gar keine besonderen Ansprüche. Der Hirschkolben-Sumach (unten), *Rhus typhina*, ist ein beliebter, raschwüchsiger strauchartiger Baum; seine schöne, sattgrüne Belaubung färbt sich im Herbst leuchtend orange- bis scharlachrot.

Der Rasen bildet vielfach das Herzstück eines Gartens. Rabatten mit buntblühenden Stauden heben sich wirkungsvoll von ihm ab (rechts). Ein glatter, samtartiger Rasen ist das Ergebnis guter Bodenvorbereitung und sorgfältiger Pflege das ganze Jahr hindurch; dazu gehören Grunddüngung, Lüften, Mähen, Bewässern, Kopfdüngung und Harken. Je nach Witterung muß der Rasen häufig gemäht werden, etwa einmal pro Woche. Ein Rasenmäher ist dazu unentbehrlich. Leicht zu handhaben und relativ leise ist der Elektromäher (unten).

Rasen

Bei der Anlage eines Rasens durch Einsäen lassen sich Mißerfolge vermeiden, wenn man die günstigste Jahreszeit wählt und den Boden sorgfältig vorbereitet. Trockenheit, Hitze, Staunässe und Frost erschweren oder verhindern das Aufkommen des Rasens. Zunächst wird der Boden eingeebnet, auf größeren Flächen modelliert, dann umgegraben; dabei werden einerseits bodenverbessernde Substanzen eingearbeitet und gleichzeitig Steine und Unkrautwurzeln, auch Wurzelreste, vor allem der hartnäckigen Unkräuter, entfernt. Wenn möglich, sollte man die Fläche danach einige Wochen brachliegen lassen; keimende Unkräuter kann man dann leichter herausziehen oder -hacken. Zur Aussaat muß der Boden kleinkrümelig und locker, aber doch von gewisser Festigkeit sein. Auf kleinen Flächen kann man grobe Teile mit dem Rechenrücken zerschlagen, für größere Flächen eignet sich besser die Bodenwalze. Denn bei unebener Oberfläche bleibt auf schweren Böden nach Regengüssen das Wasser in den Mulden stehen. Etwa eine gute Woche vor der Aussaat wird ein mineralischer Volldünger (etwa 50 g/m^2) als Grunddüngung über die Oberfläche gestreut und leicht eingearbeitet. Ist dies nicht möglich, düngt man erst ein paar Wochen nach der Keimung, auf keinen Fall darf man Saatgut und Dünger zur gleichen Zeit ausbringen.

Die Aussaat sollte man an einem windstillen Tag auf oberflächlich abgetrockneten Boden vornehmen, damit die Samenkörner möglichst gleichmäßig verteilt werden und später eine einheitliche Rasenfläche entsteht. Je nach der späteren Nutzung benötigt man pro Samenmischung eine mehr oder weniger große Menge auf den

Quadratmeter, da sich die einzelnen Grasarten in der Samengröße zum Teil sehr stark unterscheiden.

Auf kleinen Flächen kann man das Saatgut mit der Hand aussäen, für größere eignet sich besser ein Streuwagen, weil er die Samen gleichmäßiger verteilt. Streut man mit der Hand aus, so unterteilt man die Fläche in quadratmetergroße Kleinbezirke, so daß eine weitgehend gleichmäßige Verteilung zustande kommt. Zum Schluß wird der Samen oberflächlich eingeharkt, damit er vom Wind nicht verweht wird und besseren Kontakt zum Boden hat.

Wenn das Gras etwa 8 cm hoch gewachsen ist, mäht man zum ersten Mal, am besten mit einem Sichelmäher. Die Schnitthöhe soll etwa 5 cm betragen. Den Rasenschnitt verwendet man für den Kompost. Danach streut man etwas mineralischen Volldünger und wässert gründlich. Bei anhaltender Trockenheit muß der Rasen ständig fein beregnet werden. Vor dem ersten Mähen geht man mit einer leichten Walze über den Rasen, damit die lockere Erde angedrückt wird und die zarten Gräser beim Mähen nicht so leicht ausgerissen werden; auch die Nahrungsaufnahme wird dadurch erleichtert und das Wachstum gefördert.

Im Gegensatz zur Aussaat kommt man mit Rasensoden schneller zu einem grünen Rasen. Das Auslegen ist an keine bestimmte Jahreszeit gebunden, doch sollte der Boden offen und nicht gefroren sein. Bei starker Sommerhitze ist reichliches Wässern erforderlich. Die Rasensoden sollten möglichst bald nach der Lieferung ausgebreitet und vor Wind und Trockenheit geschützt werden. Man verlegt sie vom Rand zur Flächenmitte, legt sie auf Lücke und drückt fest an; am Rand läßt man sie etwas überstehen, damit man sie später sauber abstechen kann. Nach zwei oder drei Reihen legt man ein Brett auf und arbeitet von diesem aus weiter. Sind alle Soden dicht aneinanderstoßend verlegt, wird Sand oder sandige Erde auf die gesamte Oberfläche gestreut und mit einem harten Besen in die Fugen gefegt. Anschließend muß gut bewässert werden. Zum Schluß werden Beet- und Wegränder mit dem Spaten schräg abgestochen.

Wenn es nicht regnet, muß man den frisch verlegten Rasen mehrmals wöchentlich gründlich bewässern, damit Feuchtigkeit tief eindringt und im Boden festgehalten wird; die Graswurzeln dringen dann tiefer in den Boden vor, so daß Soden und Boden allmählich gut verwachsen. Wo nötig, kann stellenweise Grassamen nachgesät werden. Zeigt sich gesundes Wachstum, kann man die Rasensoden nach etwa drei Wochen düngen, am besten mit einem mineralischen Stickstoffdünger, den man anschließend durch reichliches Bewässern mit dem Schlauch löst und in den Boden schwemmt.

Von sorgfältiger Weiterpflege hängt das Gedeihen und Aussehen des Rasens ab. Regelmäßiges Mähen, Belüften, Düngen und Wässern, je nach Bedarf, sorgen für gleichmäßig dichten, frischgrünen Rasenteppich.

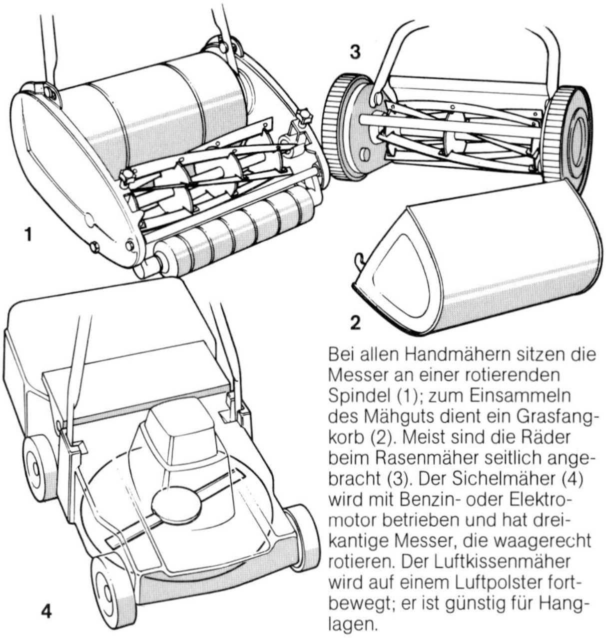

Bei allen Handmähern sitzen die Messer an einer rotierenden Spindel (1); zum Einsammeln des Mähguts dient ein Grasfangkorb (2). Meist sind die Räder beim Rasenmäher seitlich angebracht (3). Der Sichelmäher (4) wird mit Benzin- oder Elektromotor betrieben und hat dreikantige Messer, die waagerecht rotieren. Der Luftkissenmäher wird auf einem Luftpolster fortbewegt; er ist günstig für Hanglagen.

Die Pflege des Rasens beginnt im Herbst mit dem Abharken von Blättern und Zweigen. Im Frühjahr sollte dann nach den ersten Mähgängen mit mineralischem Volldünger gedüngt werden, am besten, wenn die Erde feucht und Regen zu erwarten ist. Gegen Unkraut kann man ein bis zwei Wochen nach dem Düngen mit einem Herbizid vorgehen; besser ist es, man düngt von vornherein mit einem herbizidhaltigen Dünger, so daß erst gar kein Unkraut aufkommen kann. Ebenfalls im Frühjahr muß der Boden durch Einstechen mit der Grabegabel belüftet werden, dadurch kann überschüssiges Wasser rascher in den Boden eindringen. Die Häufigkeit des Mähens hängt von der Witterung und von der Grasart ab. Bei regenreichem Wetter muß man öfter mähen. Je nach Witterung wird von März bis Oktober gemäht. Die Schnitthöhe beträgt bei Zierrasen etwa 2,5 cm, bei Strapazierrasen bis 4,5 cm. Bei anhaltender Trockenheit und Hitze im Hochsommer läßt man das Gras höher wachsen (bis 6 cm), damit der Boden nicht so rasch austrocknet. Kürzeren Rasenschnitt, der frei von Unkräutern ist, kann man auch auf der Rasenfläche liegenlassen als Schutz vor Austrocknung.

Der übliche Gebrauchsrasen wird drei- bis viermal während der Vegetationsperiode gedüngt, Strapazierrasen etwa doppelt so häufig. Im Herbst streut man zur Erhaltung der Bodenstruktur ein Gemisch aus Gartenerde, Torf und Sand über den Rasen, das mit einem Besen eingearbeitet wird. Fallaub wird mit dem Laubrechen zusammengefegt, gehäckselt und zum Kompostieren verwendet.

Gesundheit und Hygiene

Kräftige Farben und üppiges Wachstum kennzeichnen den gesunden Garten. Manche Gärten wollen aber trotz aller Anstrengungen nicht gedeihen. Die Pflanzen darin wachsen langsam, kümmern, zeigen oft kein frisches Grün, und es ist schwer, Abhilfe zu schaffen, solange man die Ursachen nicht kennt. Bei reiner Vernachlässigung läßt sich das Übel leicht beheben; schwieriger dagegen gestaltet sich die Suche nach tieferen Gründen. In Frage kommen schlechter Boden, falsche Sortenwahl, vernachlässigtes Gießen, üppiges Unkraut, zu spät bemerkte Krankheiten und Schädlinge, aber auch witterungsbedingte Schäden. Hat man die Ursachen einmal erkannt, kann man gezielt gegen sie vorgehen und versuchen, die Lage zu verbessern.

Allein durch Sauberkeit im Garten läßt sich von vornherein schon manches Unheil abwenden. Das heißt vor allem, den Garten häufig kontrollieren, nach Krankheiten und Schädlingen suchen, befallene Pflanzen ausschneiden, die kranken Teile vernichten und nichts herumliegenlassen, was Schädlinge anlocken und Krankheiten verbreiten könnte.

Hinzu kommt: Unerwünschte Kräuter möglichst bald entfernen, bevor sie blühen oder gar Samen ausbilden. Hartnäckige Wildkräuter ständig im Auge behalten und, wenn möglich, samt Wurzeln entfernen. Fallaub, Rasenschnitt und ausgeschnittene Zweige kann man auf dem Kompost verrotten lassen.

Tritt Staunässe auf, ist durch Einbau von Dränagen für eine Abflußmöglichkeit zu sorgen. Besonders wichtig aber ist es, die Pflanzen durch richtiges Wässern und Düngen zu kräftigen, damit sie möglichst widerstandsfähig sind.

Helfen auch diese Maßnahmen nichts, dann ist zu prüfen, ob der Boden in besonderer Weise verbessert werden muß, und ob er überhaupt den Ansprüchen der hier wachsenden Pflanzen entspricht, denn möglicherweise wurde beim Anlegen versäumt, die für den vorliegenden Boden geeigneten Arten und Sorten richtig auszuwählen.

Unerwünschte Kräuter

Wildpflanzen, die durch Samenanflug oder auf andere Weise in einen Garten gelangen, sind oft unerwünscht und werden auch heute noch vielfach als „Unkräuter" bezeichnet. Sie wachsen in Blumenbeeten, Rabatten, zwischen Rosen, im Rasen und in den Fugen der Gehwegplatten. Überall, wo sie zwischen angebauten Pflanzen wachsen, konkurrieren sie mit diesen um Nährstoffe, Wasser und Licht. Vielfach begünstigen sie auch die Verbreitung von Schädlingen und Krankheitserregern, wenn sie diesen als Wirtspflanze dienen. Auch die Durchlüftung zwischen den Gartenpflanzen kann durch üppig wuchernde Wildkräuter beeinträchtigt werden, regennasse Pflanzen trocknen langsamer ab und bieten vielen Krankheitserregern günstige Bedingungen zur Entwicklung. Zahlreiche solcher unerwünschter Wildkräuter haben jedoch auch ihre guten Seiten. Dank ihrer Inhaltsstoffe werden sie als Heilpflanzen verwendet. Am bekanntesten sind Kamille und Brennessel, und selbst der Löwenzahn läßt sich mit seinen zarten jungen Blättern zu einem bekömmlichen Salat verarbeiten. Andere weisen durch ihr Vorhandensein auf eine bestimmte Bodenbeschaffenheit hin; man nennt sie daher Zeigerpflanzen. Hahnenfuß gedeiht zum Beispiel auf schweren, undurchlässigen Böden, die zu Staunässe neigen. Es nützt in diesem Fall wenig, ihn fortlaufend auszureißen. Er verschwindet von allein, wenn man die Standortbedingungen zu seinem Nachteil verändert, z. B. Staunässe durch Dränagen ableitet und den Boden mit Sand durchlässiger macht. Die Vogelmiere dagegen zeigt einen humusreichen, lockeren Boden an. Wuchert sie nicht zu üppig, kann man sie bis kurz vor Samenbildung wachsen lassen, da sie den Boden vor der Austrocknung schützt; dann sollte man sie aber bekämpfen. Unerwünschte Wildkräuter entfernt man durch Hacken oder Umgraben des Bodens. Diese Bodenbearbeitung begünstigt zugleich das Wachstum der angebauten Pflanzen, weil der Boden besser durchlüftet wird und die Feuchtigkeit leichter eindringen kann. Man kann die Wildpflanzen aber auch untergraben, damit sie an Ort und Stelle verrotten und so dem Boden neue Nährstoffe zuführen. Wildpflanzen, die aus vorbeugenden Gründen im Garten nicht erwünscht sind, lassen sich durch wechselnden Anbau mit bestimmten Pflanzen einschränken. Das Hirtentäschelkraut dient dem Kohlerdfloh als Nahrungspflanze und ist außerdem anfällig für eine gefährliche Pilzkrankheit, die Kohlhernie. Der Pilz befällt nicht nur Kohlarten, sondern überhaupt Kreuzblütler wie das Hirtentäschelkraut, wenn die Bedingungen günstig für ihn sind. Wo diese Pflanze im Garten auftritt, sollte man sie daher möglichst bekämpfen. Die meisten „Unkräuter" lassen sich mechanisch oder durch umweltfreundliche Methoden einschränken. Chemische Präparate zum Vernichten von Wildpflanzen sollten im Privatgarten nicht verwendet werden.

Steingärten verunkrauten sehr leicht. Häufig sind die

Wildkräuter, die sich durch Samen vermehren	Wildkräuter, die sich durch Sprosse*) vermehren
Acker-Stiefmütterchen	Ackerdistel
Ampfer	Ackerwinde
Gänsedistel	Ehrenpreis
Gundermann	Fingerkraut
Hederich	Giersch
Hirtentäschelkraut	Huflattich
Kamille	Kriechender Hahnenfuß
Kleine Brennessel	Pfeilkresse
Kreuzkraut	Quecke
Löwenzahn	Sonnenwende
Mauerpfeffer	Weißklee
Taubnessel	
Vogelmiere	
Weidenröschen	*) Unterirdische Sprosse (Rhizome) oder Ausläufer über und unter der Erde
Windenknöterich	

Ein Rasen kann schnell von Wildkräutern überwuchert werden (rechts), wenn er nicht laufend gepflegt wird. Man kann sie mit Wuchshormonen vernichten, doch leiden bei starker Dosierung oft auch die Rasengräser. Bei anderen Herbiziden entstehen völlig kahle Flecken. Damit ist das „Unkraut" zwar weg, doch der Rasen ist nun fleckig und keineswegs schöner.

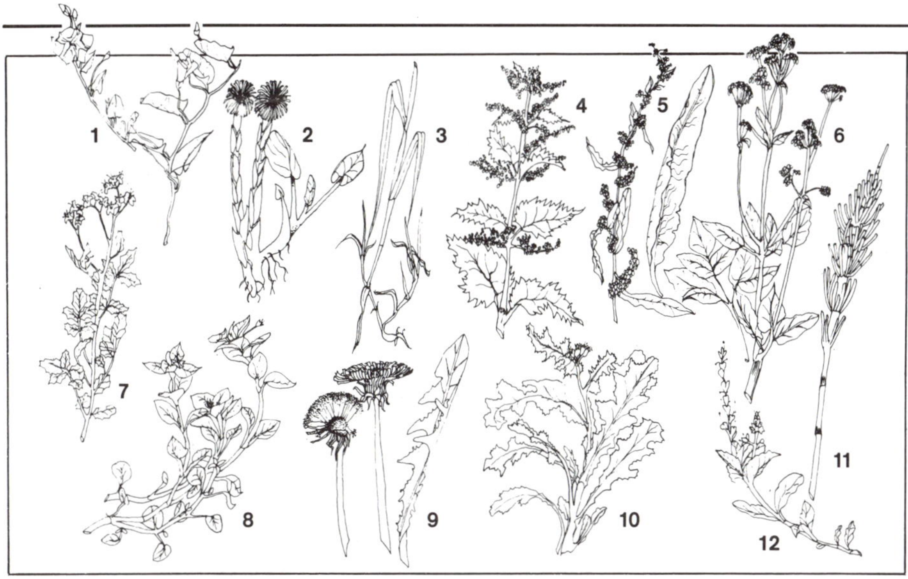

Links. Wildkräuter sind im Garten oft unerwünscht, da sie die Kulturpflanzen überwuchern und einengen. Die Tafel zeigt einige der häufigsten Gartenwildkräuter. 1 Ackerwinde *(Convolvulus arvensis)*, 2 Huflattich *(Tussilago farfara)*, 3 Gemeine Quecke *(Agropyron repens)*, 4 Große Brennessel *(Urtica dioica)*, 5 Krauser Ampfer *(Rumex crispus)*, 6 Giersch *(Aegopodium podagraria)*, 7 Wiesenschaumkraut *(Cardamine pratensis)*, 8 Vogelmiere (*Stellaria media*) 9 Löwenzahn *(Taraxacum officinale)*, 10 Gemeines Kreuzkraut *(Senecio vulgaris)*, 11 Sumpfschachtelhalm *(Equisetum palustre)* 12 Ehrenpreis *(Veronica officinalis)*.

Wildpflanzen mit den Steingartenpflanzen fast unauflöslich ineinander verwurzelt. Hier hilft nur vorsichtiges Jäten von Hand. Bei sehr starker Verwilderung bleibt nichts anderes übrig, als die Steine wegzunehmen und den Steingarten neu anzulegen. Doch bei sorgfältiger regelmäßiger Pflege kommt es gar nicht so weit.

Auch Rasen ist ein Sonderfall. Hier stellt sich eine andere Gesellschaft von Wildpflanzen ein; die häufigsten sind Gänseblümchen, Wegerich und Löwenzahn. Sie passen nicht in einen streng geometrisch angelegten Garten, der nur für Repräsentationszwecke gedacht ist. Man sollte durch gründliche Pflege dafür sorgen, daß der Rasen nicht zur Wiese wird. In weniger streng gehaltenen Gärten haben Löwenzahn und Gänseblümchen durchaus ihre Berechtigung. Man sollte sich an ihren Blüten erfreuen. Wildpflanzen kommen auf, wenn der Rasen nicht optimal gepflegt und gedüngt wird.

Unkrautbekämpfung ohne Herbizide

Wildpflanzen im Garten lassen sich radikal ausmerzen mit bestimmten Unkrautvernichtungsmitteln, die auch die Pflanzen in der nächsten Umgebung noch mitvernichten (siehe die beiden Abbildungen Seite 46). Im überschaubaren Bereich eines Haus- oder Kleingartens sollte man derlei Methoden und Präparate nicht verwenden. Hier genügt wiederholtes Hacken und Ausreißen.

Eine von Wildpflanzen überwucherte Fläche gräbt man spatentief um, entfernt dabei, so gut es geht, die Wurzeln und Rhizome der ausdauernden Wildpflanzen und vermindert so den Bestand an unerwünschten Kräutern.

Wird Rasen eingesät und zwei Jahre lang regelmäßig kurz gemäht, gehen viele ausdauernde Wildpflanzen zugrunde.

Schädlinge und Krankheiten

Schädlinge

Es gibt zahlreiche Insekten und andere Tiere, die Pflanzen befallen, aber nur wenige, die ernstlich schädigen; meist haben sie sich auf bestimmte Pflanzenarten spezialisiert. Pflanzen, die regelmäßig unter Schädlingsbefall zu leiden haben, sind im allgemeinen geschwächt durch ungünstige Wuchsbedingungen oder durch Nahrungsmangel. Schwächliche, langsam wachsende Pflanzen sind immer anfälliger als kräftig wachsende, gesunde Pflanzen. Gute, nährstoffreiche Erde und ein Standort mit günstigen Witterungs- und Feuchtigkeitsverhältnissen kräftigt die Pflanzen, hält sie gesund und fördert das Wachstum. Die Anfälligkeit der Pflanzen für Krankheiten und Schädlinge läßt sich also vorbeugend vermindern, indem man standortgerechte Pflanzen wählt.

Nacktschnecken (oben) verursachen zuweilen erhebliche Fraßschäden an Gartenpflanzen. Sie fressen große Löcher in Blätter und Stengel, gelegentlich auch in Blütenblätter. Sie ernähren sich aber vorwiegend von zarten Jungpflanzen und vernichten sie, noch ehe sie angewurzelt sind. Selbst große Pflanzen erholen sich nur langsam. Schnecken treten vor allem in feuchten Lagen und bei regenreicher Witterung auf. Sie fressen hauptsächlich nachts. Frühmorgens kann man sie anhand ihrer Schleimspuren verfolgen und einsammeln. Igel, Kröten und andere natürliche Schneckenfeinde sind zu fördern. Hilfreich sind auch ebenerdig eingegrabene Becher, die man zur Hälfte mit Bier füllt.

Nacktschnecken vermehren sich in feuchten, warmen Sommern massenhaft und können dann im Garten erhebliche Schäden anrichten. Sie fressen meist nachts und ziehen sich tagsüber in feuchte Schlupfwinkel unter Steinen, herumliegenden Säcken und ausgehöhlten Holzstücken zurück. Bei sehr feuchter, trüber Witterung findet man sie auch tagsüber. Besonders gefräßig ist die Genetzte Ackerschnecke, *Deroceras reticulatum*; sie wird 5–6 cm lang, ist gelblichweiß, grau bis rötlichbraun mit dunkleren Flecken und netzartiger Zeichnung. Sie lebt über der Erde und ernährt sich besonders gern von zartblättrigen Jungpflanzen. Die Kielnacktschnecke (*Milax*) lebt dagegen im Boden und ernährt sich von Wurzeln und Knollen; sie schädigt vor allem Dahlienknollen, wird 6–7 cm lang und ziemlich dunkel, fast schwarz. Um den Schaden von Nacktschnecken möglichst einzuschränken, ist es wichtig, den Garten frei von Abfällen zu halten und für eine gute Bodenstruktur zu sorgen. Ihre natürlichen Feinde sind zu fördern (Igel, Drosseln, Laufkäfer). Durch Auslegen von nassen Brettern und Gemüseblättern kann man sie anlocken und einsammeln, eingegrabene Becher, halb mit Bier gefüllt, kann man als Fallen benutzen.

Blattläuse findet man fast an allen Pflanzen. Es sind kleine, oft winzige Insekten, die grün, grau, schwarz oder anders gefärbt sein können und die an Blättern, Knospen und Trieben saugen. Am bekanntesten sind die grünen und schwarzen Blattläuse. Sie saugen oft in großen Kolonien und wirken dadurch schädigend; einzeln sind sie ungefährlich. Sie ernähren sich von zuckerreichen Pflanzensäften. Ihre Exkremente sind als Honigtau bekannt und werden vielfach von Schwärzepilzen besiedelt (Rußtau). Befallene Blätter und Triebe krümmen und verbiegen sich, Knospen bleiben klein, treiben nicht aus oder sterben ab, Kronblätter werden schlaff und frische Triebe werden im Wachstum gehemmt. Ältere Pflanzen sterben meist nicht ab, kümmern aber, wenn sie jährlich stark befallen werden und auf ungünstigem Standort wachsen. Jungpflanzen und Keimlinge dagegen können durch starken Lausbefall absterben. Grüne Blattläuse befallen krautige Pflanzen, Bäume, Sträucher, auch Gemüsepflanzen und Obstbäume. Schwarze Blattläuse findet man u. a. an Kapuzinerkresse, Kirschbäumen, Blütensträuchern und Bohnen.

Gute Bodenverhältnisse, ein ausgewogenes Nährstoffangebot, genügend Feuchtigkeit und vor allem der richtige Standort sind gute Voraussetzungen, um kräftige, gesunde und widerstandsfähige Pflanzen zu erhalten. Blattlausfeinde (z. B. Marienkäfer und ihre Larven), die angelockt werden, helfen, starken Lausbefall einzudämmen. Die Blutlaus verursacht krebsartige Geschwülste an Gehölzen der Rosengewächse. Sie muß mit Spezialmitteln bekämpft werden.

Blutläuse erkennt man an den weißen Wachswollhäufchen, die sie ausscheiden, und unter denen sie verborgen (oben) sind. Sie befallen vor allem Apfelbäume, Feuerdorn und andere Gehölze aus der Familie der Rosengewächse.

Links. Geflügelte Blattläuse an einer Knospe.

Links unten. Die Buchenblatt-Baumläuse sind grün und saugen im Mai und Juni auf der Unterseite zarter Buchenblätter, leicht erkennbar an der bläulich-weißen Wachswolle, die sie umhüllt. Sie treten oft in großen Mengen auf und scheiden sehr viel Honigtau ab. Sie rufen an älteren Bäumen keinen nennenswerten Schaden hervor, bringen aber Buchenkeimlinge zum Absterben.

Raupen und andere Insektenlarven fressen Blätter, Stengel und Knospen. Wo sie in großer Zahl auftreten, fressen sie in kurzer Zeit die Blätter bis auf die Blattrippen auf. Von Hand ablesen, sobald man sie entdeckt; bei Massenbefall mit einem Insektizid spritzen. Die im Boden lebenden Larven, z. B. Drahtwürmer, Schnakenlarven und Engerlinge fressen an den Wurzeln der Pflanzen.

Raupen unterscheiden sich in Form, Farbe und Größe, von ganz winzigen (4 mm Länge) bis zu sehr großen (12–15 cm Länge), sie ernähren sich von Blättern, Stengeln und Blüten, in die sie mehr oder weniger große Löcher fressen. Bei starkem Befall können sie eine Pflanze völlig kahlfressen, so daß von den Blättern nur noch die Blattrippen übrigbleiben, ähnlich wie es die Larven der Blattwespen am Salomonssiegel, *Polygonatum multiflorum,* tun. Bäume werden oft sehr stark befallen, auch manche Sträucher und Schmuckstauden. Insgesamt aber hält sich der Schaden durch Raupenfraß in Grenzen. Daher sollte man nur im äußersten Notfall mit Insektiziden spritzen.

Außer den Schmetterlingsraupen, die an oberirdischen Pflanzenteilen vorkommen, gibt es Raupen und andere Insektenlarven, die im Boden leben und sich von Wurzeln, Zwiebeln und Knollen ernähren. Äußerst schädlich sind z. B. Drahtwürmer, die Larven der Schnellkäfer. Sie kommen vor allem in schweren, nährstoffreichen Böden vor und wirken hier im Verborgenen; man wird sie erst gewahr, wenn die Pflanzen kümmern. Nimmt man solche Pflanzen aus der Erde, so findet man die Drahtwürmer oft tief eingebohrt in Wurzelstöcke, Knollen oder Zwiebeln. Durch Bodenlockerung läßt sich Schaden von vornherein verhüten. Solange sich der Befall in Grenzen hält, sollte man die Pflanzen sorgfältig nach Eiern, Raupen und Puppen absuchen. Schmetterlinge legen ihre Eier einzeln oder in Paketen an Triebe und oft auch auf der Blattunterseite ab. Nützliche Helfer im Kampf gegen Fraßschädiger sind Vögel, Raubinsekten, auch Kröten und Maulwürfe; im Boden werden viele Larven durch häufiges Hacken für Vögel freigelegt. Bei Massenbefall von Drahtwürmern und anderen Insektenlarven behandelt man den Boden mit handelsüblichen Präparaten. Bereits befallene Pflanzen

Blattwanzen verursachen kleine Löcher in den Blättern (links), Stengeln und Triebspitzen; diese sehen zerfleddert aus, und die Knospen öffnen sich nicht oder bringen deformierte Blüten hervor.

sind meist nicht mehr zu retten, doch dürften damit alle verborgenen Larven in Wurzeln, Zwiebeln oder Knollen vernichtet werden.

Blattwanzen verursachen Lochfraß in jungen zarten Blättern und Triebspitzen. Die Spitze selbst ist meist verdreht oder hängt herab, befallene Blütenknospen bringen nur eine einseitige Blüte hervor, die Blätter sind zerfetzt, und die Stengel wachsen nicht weiter. Fuchsien, Hortensien, Dahlien und Chrysanthemen werden mit am häufigsten befallen, aber auch andere Pflanzen können geschädigt werden vom Frühjahr bis Juli. Blattwanzen sind grüne, vergleichsweise große Insekten, ungefähr 6 mm lang, sehr beweglich. Man sieht sie selten, da sie bei Störungen sofort verschwinden. Die Bekämpfung ist schwierig, aber es gibt Freßfeinde, die man fördern sollte. Frühmorgens schüttelt man sie ab und fängt sie auf klebrigen Unterlagen auf, sonst mit Pyrethrum-Mitteln spritzen.

Spinnmilben. Sie gehören zu den Spinnentieren, sind winzige Tiere, mit bloßem Auge gerade noch zu sehen. Zur Bestimmung ist eine Lupe nötig. Sie saugen unterseits an den Blättern, die gelbliche, graue oder bronzefarbene Flecken bekommen und insgesamt einen ungesund grünen Farbton annehmen; später werden sie trocken und brüchig, welken und fallen vorzeitig ab. Unter feinen Gespinsten auf der Blattunterseite und an den Stielen legen sie durchschnittlich 80 Eier. Man findet dort alle Stadien: Eier, blaßgelbe junge und rosa oder rote erwachsene Tiere und nach der Häutung die abgestreiften Chitinhüllen. In einer Vegetationsperiode entstehen 6–8 Generationen. Die ausgewachsenen Weibchen überwintern meist in lockerem Boden unter Laub am Fuß ihrer Wirtspflanze. Im Frühjahr wandern sie auf die krautigen und verholzten Pflanzen und vermehren sich hier massenhaft, wenn die Bedingungen günstig sind, vor allem bei lufttrockener Hitze. Kleine Pflanzen können möglicherweise eingehen; Obstgehölze tragen bei wiederholtem Befall wenige und kümmerliche Früchte. Im Gewächshaus befallen die Spinnmilben Pflanzen aller Art; im Warmhaus saugen sie den ganzen Winter über weiter. In einem natürlich behandelten Garten halten Freßfeinde und Parasiten die Schädlinge im Schach. Hohe Feuchtigkeit sagt ihnen nicht zu, hilfreich ist daher häufiges Besprühen der Spitzentriebe bei heißem Wetter. Ein für Bienen ungiftiges Pyrethrum-Präparat muß wiederholt gespritzt werden, damit auch später schlüpfende Spinnmilben erreicht werden. Stärkere Mittel sind für Bienen und andere Nutzinsekten gefährlich.

Blattflöhe sind kleine, springende Pflanzensauger, die im Sommer blaßgrün, später bronzefarben in Erscheinung treten. Sie sind mit Blattläusen und Zikaden verwandt, mit

Spinnmilben sind die wichtigsten pflanzenschädigenden Milben; sie können rot, blaßrosa oder gelb sein. Sie saugen auf der Blattunterseite. Die Blätter werden durch die Saugtätigkeit gelbfleckig, welken und fallen vorzeitig ab (unten). Nur bei starkem Befall kann man die feinen Gespinste der Spinnmilben erkennen (links). Günstige Bedingungen finden sie bei Trockenheit und Überdüngung.

Blattflöhe sind winzige, blaßgrüne Insekten, die meist auf der Blattunterseite sitzen (rechts). Zikaden erzeugen durch ihr Saugen charakteristische helle Flecken auf der Blattoberseite (ganz rechts). Die Pflanze geht zwar nicht ein, wird aber geschwächt und im Wachstum beeinträchtigt; dadurch bietet sich anderen Schaderregern eine Chance.

denen sie auch Ähnlichkeit haben. Sie besitzen zwei gut ausgebildete Flügelpaare, die sie in Ruhestellung dachförmig auf dem Rücken zusammenlegen. Es gibt sehr viele Blattfloh-Arten, die zum Teil mehrere Generationen in einer Vegetationsperiode hervorbringen. Sie saugen an Blüten, jungen Blättern und Trieben. Am bekanntesten ist der Apfelblattsauger, *Psylla mali,* der Apfelbäume schädigt; andere kommen an Rosen, Rhododendron, Buchsbaum und weiteren Ziergehölzen vor, verursachen dort aber keine nennenswerten Schäden.

Ameisen können im Garten sehr lästig werden, wenn sie ihre Nester in sorgfältig angelegte Blumenbeete und Staudenrabatten oder im Rasen und unter Gehwegplatten, die nur in Sand verlegt sind, anlegen. Polsterpflanzen können durch ihre Nester recht unansehnlich werden.

Ameisen ernähren sich neben Insekten und deren Larven von Kleintieren, von Sämereien, vor allem mit ölhaltigen Anhängseln (z. B. von Veilchen, Taubnessel), vom Honigtau der Pflanzenläuse und überhaupt von süßen Pflanzensäften sowie von Knospen und reifen Früchten.

Ernsthafte Schäden verursachen sie kaum. Dagegen verzehren sie zum Teil auch ausgesprochene Schädlinge wie die Drahtwürmer, und ihre Nester aus feinkrümeliger Erde machen den Boden lockerer, durchlässiger und besser durchlüftet. Dies sollte man bei der Beurteilung der Ameisen, ob nützlich oder schädlich, gegeneinander abwägen.

Asseln sind kleine Krebstiere, die sich gern unter Steinen, Platten, morschen Brettern und überall dort aufhalten, wo es dunkel und feucht ist, auch in Mauerritzen. Bei Dunkelheit kommen sie hervor, um zu fressen. Sie ernähren sich nur von pflanzlichen Substanzen, insbesondere von sich zersetzenden Blättern und Pflanzenabfällen. Damit gehören sie zu den wichtigen Bodentieren, die an der Aufbereitung abgestorbener Pflanzenteile beteiligt sind. Nur bei Massenvermehrung befallen sie auch lebende Pflanzen: zarte Sämlinge und Wurzeln, aber auch Zwiebeln und Knollen, an denen sie ähnliche Fraßschäden verursachen wie Schnecken, aber ohne die Schleimspur. Meist machen sie jedoch keinen Ärger. Sie können nur überhandnehmen, wenn sie Schlupfwinkel aller Art vorfinden; Gartenhygiene trägt daher wesentlich dazu bei, sie kleinzuhalten. Eine zusätzliche Hilfe sind ihre natürlichen Freßfeinde wie Kröten und Igel, die geschont werden sollten.

Doppelfüßler (Tausendfüßler) sind glänzend dunkelbraun und rollen sich bei Störung zusammen. Sie verzehren sich zersetzende und vermodernde Pflanzen und Tiere, tragen also zur Humusbildung bei. Man sollte sie schonen.

Ohrwürmer sind glänzend schwarzbraun und fallen auf durch zwei kräftige Zangen am Hinterende. Die häutigen Hinterflügel sind mehrfach eingefaltet, geknickt und unter den stummelförmigen Deckflügeln verborgen. Die sehr beweglichen Tiere leben tagsüber unter Rinde und Steinen und fressen nachts gern an Dahlien, Nelken und Chrysanthemen. Schädlich können sie werden durch Fraß an Kronblättern und Staubgefäßen sowie an jungen Laubblättern und Trieben. An *Clematis* höhlen sie Blütenknospen und junge Triebe aus; sie befallen auch Stiefmütterchen und Rittersporn. Im Kleingarten kommt es allerdings kaum zu ausgeprägten Schäden, deshalb sollte man hier keine Ohrwürmer bekämpfen, sondern im Gegenteil sie mehr fördern und ihnen Unterschlupf bieten, denn sie sind auch eifrige Räuber vieler Schadinsekten und unterstützen damit die natürliche Schädlingsbekämpfung. Man kann ihnen Unterschlupf bieten durch umgekehrt aufgehängte Blumentöpfe, die mit Heu gefüllt sind.

Blasenfüße (verschiedene *Thrips*-Arten) treten bei gewittrigem Sommerwetter zahlreich auf. Es sind rund

Viele Insekten schädigen die Pflanzen im Garten. Ohrwürmer zerfressen die Kronblätter vieler Pflanzen, z. B. Mädchenauge (oben). Blasenfüße können Gladiolen (rechts) schlimm heimsuchen und auf deren Blüten silberweiße Flecken verursachen. Die Pflanze wird verunstaltet und mit der Zeit geschwächt. Die Larven der Minierfliegen legen z. B. in Blättern der Stechpalme gewundene Gänge an, in denen sie leben und fressen.

3 mm lange, braunschwarze Insekten, die durch ihr Saugen silberweiße Flecken auf den Blüten von Nelken und Gladiolen hervorrufen, die später eintrocknen; die Blüten werden mißgestaltet, die Knospen bleiben stehen. Bei jungen Pflanzen können sie schwere Schäden anrichten, da die silbergefleckten Blätter vorzeitig abfallen. Wie Spinnmilben gedeihen Blasenfüße besonders gut bei trockener Hitze; einer Massenvermehrung kann man vorbeugen, wenn man durch Besprengen des Bodens und der oberirdischen Teile der Pflanzen die Luftfeuchtigkeit erhöht.

Minierfliegen verraten sich durch gewundene silbernglänzende helle Fraßgänge auf den Blättern, die von den Larven angelegt werden. Einige Arten sind nicht weiter schlimm, können sich aber rasch vermehren und das Blatt dann mit zahlreichen Miniergängen durchziehen, so daß es abstirbt und vorzeitig abfällt. Bei starkem Befall wird die Pflanze zumindest geschwächt und im Wuchs beeinträchtigt; daher ist eine frühzeitige Bekämpfung immer ratsam. Dann müßte es genügen, wenn man alle befallenen Blätter beseitigt und verbrennt, sobald man sie entdeckt; andernfalls muß man mit chemischen Präparaten vorgehen. Anfällig für Befall sind Chrysanthemen, Flieder und auch Cinerarien.

Woll- oder Schmierläuse gehören zu den Schildläusen, die keine Schilde ausbilden. Diese zartfarbenen Läuse fal-

len auf durch ihre mehlartig bereiften Körper, vor allem aber durch ihre weißen Wachswollhäufchen, die sofort den Blick auf sich lenken, wenn sie zu mehreren an einer Stelle saugen. Sie befallen vor allem Laubhölzer, z. B. die Buche. Hier saugen sie am Stamm und an den Ästen. Bei Massenbefall bilden die ausgedehnten Kolonien einen fest zusammenhängenden Belag von weißer Wachswolle, so daß befallene Bäume schon von weitem erkennbar sind; die Rinde kann aufplatzen, es kommt zu Schleimfluß, und der Baum kann absterben. Auch Ahorn und Esche werden befallen, sind aber nicht in diesem Maße gefährdet. Andere Arten befallen vorwiegend Gewächshaus- und Zimmerpflanzen. Man findet sie vor allem an Sukkulenten, insbesondere an Kakteen, sowie an Kamelien, Clivie, *Hippeastrum* und *Coleus.* Sehr starker Befall läßt sich an Bäumen reduzieren mit Folidol-Öl 0,5%, und zwar als Austriebsspritzung, die man auch am Stammgrund und in der Umgebung des Baumes anwenden kann. Die Austriebsspritzung wird am besten bei warmem, sonnigem Wetter vorgenommen.

Wolläuse saugen an Blättern und Stengeln (links). Man findet sie in den Blattachseln unter weißen Wachswollehäufchen (links unten).

Mottenschildläuse (Weiße Fliegen) sehen aus wie winzige weiße Motten. Sie legen auf der Unterseite der Blätter ihre Eier ab. Aus diesen schlüpfen winzige rundliche, durchsichtige Larven, die ständig fressen und sich wiederholt häuten, bis sie ausgewachsen sind.

Drahtwürmer sind die Larven von Schnellkäfern. Häufig kommen die Larven vom Düsteren Humusschnellkäfer, *Agriotes obscurus,* und die Larven des Saatschnellkäfers, *Agriotes lineatus,* vor. Die Larven sind hellgelblich bis hellbraun, drahtartig und hart. Die Entwicklung vom Ei zum fertigen Insekt dauert, je nach Art, mehrere Jahre. Im Frühjahr, nach der winterlichen Ruhezeit, werden die Larven besonders gefräßig. Sie leben vor allem in nährstoffreichen, feuchten Böden. Hier fressen sie an den Wurzeln der verschiedensten Gartenpflanzen, bohren sich in Knollen und dicke Wurzeln und hinterlassen sauber gerundete Bohrlöcher; auch in Zwiebeln und in den Stengelgrund bohren sie sich ein. Wenn Pflanzen ohne erkennbare Ursache kümmern und absterben und sich leicht aus dem Boden ziehen lassen, kann man als Ursache an Drahtwürmer denken. Auch im Rasen können sie auffallende Schäden anrichten. Durch Umgraben im Herbst werden die Drahtwürmer freigelegt und so von ihren natürlichen Freßfeinden leichter gefunden. Ausgepflanzte Salatsetzlinge und 8 cm tief eingegrabene Schnitze von rohen Kartoffeln dienen als Köder, die Kartoffeln sind täglich zu prüfen, die Setzlinge, wenn sie welken; dann vorsichtig ausgraben und die daran fressenden Drahtwürmer vernichten. Auf chemische Bekämpfung sollte man im Garten möglichst verzichten, um so mehr dagegen Wert auf Gartenhygiene legen.

Fadenwürmer (Nematoden) sind winzige, bis 2 mm lange Tiere, die wegen ihrer schlängelnden Bewegungen auch Älchen genannt werden. Entsprechend ihrer Lebensweise sind Blattälchen, Stengelälchen und Wurzelälchen zu unterscheiden. Die pflanzenschädigenden Arten kommen in feuchten Böden vor, wandern an nassen Pflanzen hoch zu den Blättern und dringen über die Spaltöffnungen in die Pflanze ein. Blattälchenbefall erkennt man an gelblichen, später tief dunkel werdenden Blattflecken, die durch die Blattadern scharf begrenzt sind. Erst sterben die Blätter, dann die ganze Pflanze ab. Die Älchen überwintern in der obersten Bodenschicht und können im Frühjahr bei feuchter Witterung neue Pflanzen befallen. Sie kommen vor allem an Korbblütlern wie Astern und Rudbeckien vor, aber auch an Begonien, Farnen, Pfingstrosen und Primeln.

Bei Stengelälchenbefall verkrüppeln Stengel und Blätter, oder sie werden fleckig. Besonders an Blumenzwiebeln wie Narzissen und Hyazinthen entstehen durch sie schwere Schädigungen, die Zwiebelschuppen bräunen sich und faulen. Blatt- und Stengelälchen lassen sich vorbeugend durch häufigen Beetwechsel und gründliches Bodenbearbeiten in Schranken halten, dazu kommt eine ausgewogene Ernährung, die die Pflanzen kräftigt und widerstandsfähiger macht. Ein hygienisch einwandfreier Garten ist von großer Wichtigkeit bei der Bekämpfung der Blatt- und Stengelälchen.

Rüsselkäfer sind kleine, 2,5–14 mm lange, meist graue oder braunschwarze Insekten. Die ausgewachsenen Käfer ziehen sich tagsüber in den Boden zurück und werden nachts sehr aktiv. Halbkreisförmige Löcher an den Rändern der bodennahen Blätter sind ihre typischen Fraßspuren. Weit gefährlicher aber sind ihre Larven, auf deren Tätigkeit man erst aufmerksam wird, wenn die Pflanze abstirbt. Die Larven des Dickmaulrüßlers fressen die feinsten Wurzeln und schädigen vor allem Dickblattgewächse, Primeln und Rhododendren. Die schmutzigweißen, fußlosen Larven sind gekrümmt und werden 7–13 mm lang. Sie schädigen auch kräftige Wurzeln und den Wurzelhals. Die Bekämpfung ist äußerst schwer. Schon viel ist geholfen, wenn der Garten von vornherein möglichst saubergehalten wird, keine Abfälle herumliegen und Larven von Hand eingesammelt werden. Eventuell kann man Streumittel gegen Bodenschädlinge vorbeugend anwenden. Bei hartnäckigem Befall sollte man sich beim nächstgelegenen Pflanzenschutzamt Rat holen.

Schildläuse bilden verschieden große, rundliche bis längliche, flach oder stark gewölbte Schilde. Sie verharren unbeweglich und schmiegen sich so dicht der Unterlage an, daß man sie kaum davon unterscheiden kann. Man findet sie auf der Unterseite der Blätter, an Blattstielen und Trieben und auf der Rinde. Bei Blättern sitzen sie vorwiegend an Rippen und Adern. Das unter dem Schild sitzende Tier saugt Pflanzensäfte. Die Form des Schildes kann, je nach Art, variieren. Lassen sich die Schilde vom eigentlichen Tierkörper abheben (Farnschildlaus), dann sind es Deckelschildläuse. Bei den Napfschildläusen dagegen kann sich die derbe Rückenhaut der Tiere hochwölben und zu einem mit dem Körper verbundenen Schild umbilden. Bei allen festsitzenden Schildläusen sind nur die Jugendstadien frei beweglich; bei den Schmier- oder Wolläusen dagegen auch die ausgewachsenen Stadien. Die Verbreitung aller Schildläuse geschieht durch die beweglichen Stadien. Sie befallen vorwiegend Zimmer- und Gewächshauspflanzen und lassen sich weitgehend mechanisch entfernen.

Schildläuse findet man oft auf der Rinde von Gehölzen (unten), aber auch auf Blättern, wo sie auf der Unterseite an den Hauptadern entlang sitzen (links). Die erwachsenen Weibchen bleiben bis zum Tode unbeweglich an ihrem Saugplatz. Man schiebt sie vorsichtig mit dem Fingernagel beiseite, damit das Blatt nicht verletzt wird.

Unten. Die Älchen leben im Boden und wandern von dort in die Pflanzen, wo sie sich ernähren. Die Blätter werden fleckig und verdorren.

Viele Gartenpflanzen werden von Mehltaupilzen befallen. Bei Mahonie tritt der Echte Mehltau auf: Blattoberseits zeigt sich ein weißlicher Belag (ganz links). Die Blätter sterben ab. Auch Schnecken können die Blätter von Gartenpflanzen schädigen, besonders bei krautigen Pflanzen. Sie befallen vorwiegend die Blätter im unteren Bereich (links unten); dadurch wird das Wachstum schon frühzeitig beeinträchtigt. Stiefmütterchen zeigen oft starken Befall durch Falschen Mehltau (rechts). Der Pilz verursacht blasse Stellen auf der Blattoberseite und einen flaumigen, lilagetönten bis weißgrauen Pilzrasen auf der Unterseite. Zu dichte Bepflanzung und hohe Luftfeuchtigkeit begünstigen die Lebensbedingungen des Pilzes. Die befallenen Blätter sind gleich beim ersten Anzeichen abzupflücken und zu vernichten.

Chemische Bekämpfung im Kleingarten?

Die Auswahl an Markenprodukten zur Verhütung oder Bekämpfung von Schäden, die durch Insekten und ihre Larven verursacht werden, ist sehr groß. Oft weiß man nicht, wofür man sich entscheiden soll, geschweige denn, welches Mittel für einen bestimmten Zweck am besten geeignet ist. Es gibt verschiedene Präparate, die Blattläuse aller Art, Raupen, Engerlinge und andere Larven, Mottenschildläuse, Blattflöhe, Blasenfüße oder Käfer garantiert abtöten, allerdings auch deren Freßfeinde, die wir als Nützlinge schonen sollten.

Bevor man sich für eine chemische Bekämpfung im Kleingarten entscheidet, sind Für und Wider sorgfältig gegeneinander abzuwägen. Einzelne Blattläuse richten zum Beispiel keinen Schaden an; in zahlreichen großen Kolonien können sie aber durch ihre Saugtätigkeit einzelne Triebe oder ganze Pflanzen zum Absterben bringen. Es ist daher empfehlenswert, wiederholt durch den Garten zu gehen, auf Schädlinge zu achten und sie zu entfernen. Gleichzeitig sollte man dafür sorgen, daß die Pflanzen unter möglichst günstigen Bedingungen heranwachsen, damit sie kräftig, gesund und widerstandsfähig werden und sich gegen Schädlingsbefall und Krankheitserreger behaupten können.

Im Kleingarten ist die Gefahr eines Massenbefalls gering, weil hier zu viele verschiedene Pflanzenarten nebeneinander wachsen und Schädlinge nur kurzfristig ihre spezielle Nahrung finden. Anders ist es dort, wo großflächig gleiche oder nahe verwandte Pflanzenarten aus Erwerbsgründen angebaut werden. Die auf bestimmte Pflanzen spezialisierten Schädlinge finden hier ein reiches Nahrungsangebot; bei entsprechend günstigen Bedingungen können sie sich massenhaft vermehren und großen Schaden anrichten.

Wer im Kleingarten nicht auf chemische Bekämpfung verzichten möchte, sollte sich wenigstens auf solche Mittel beschränken, die für Bienen ungefährlich sind. Pirimicarb-Präparate wie „Pirimor Granulat zum Auflösen in Wasser“ sind giftig für Warmblütler, doch nicht für Bienen und andere Nützlinge. Auch Trichlorfon-Präparate gegen Ameisen (z. B. blitol Ameisenmittel) sind nicht bienengefährlich, und Metaldehyd-Präparate (z. B. blitol Schneckenkorn, Detia Schneckenkorn u. a.) gefährden schon durch die Besonderheit der Anwendung keine Bienen. Pyrethrum + Piperonylbutoxid-haltige Präparate (z. B. Parexan-Pflanzenspray, Ledax-insekt-Spray, Spruzit-Gartenspray u. a.) sind ebenfalls nicht bienengefährlich, jedoch giftig für Fische, sollten also in Fischteich-Nähe nicht verwendet werden.

Pyrethrum-Präparate, die zusätzlich noch den Wirkstoff Rotenon enthalten, sind dagegen giftig für Bienen und Fische. Auf sie sollte man im Kleingarten verzichten. In jedem Fall ist es wichtig, die Anweisungen des Herstellers auf der Packung zu beachten.

Pilzkrankheiten
Schadinsekten sind relativ leicht zu erkennen und entsprechend leicht zu bekämpfen; bei Pilzkrankheiten dagegen werden manche Symptome übersehen. Oft gibt man dem Wetter oder dem Boden die Schuld, meint, sie seien die Folge von Schädlingsbefall.

Flecken an Blättern, vor allem die dunklen, werden oft durch Pilze verursacht; ebenso Faulstellen an Wurzeln, Knollen, Zwiebeln und Früchten, und wenn die Rinde an Bäumen und Sträuchern aufbricht, ist oft ein Pilz durch eine kleine Wunde, die ein Vogel verursacht hat, eingedrungen. Diese Pilze ernähren sich parasitisch von lebender pflanzlicher Substanz und erregen an den Zierpflanzen zahlreiche Krankheiten. Sie können vom Boden her in die Pflanzen eindringen und Wurzelfäulen verursachen oder sich in den Leitungsbahnen ausbreiten und Welkekrankheiten hervorrufen. Die Erreger der Grauschimmelfäule sowie die Erreger des Echten Mehltaus befallen die Pflanzen von außen und schädigen die oberirdischen Teile.

Echter Mehltau befällt viele krautige und verholzte Gewächse, besonders bei feuchter, warmer Witterung. Der Pilz überzieht Knospen, Blätter und Triebe mit einem pulverig-weißen, flaumigen Belag, der gleichmäßig ausgebreitet oder fleckig sein kann. Es kommt zu Wachstumsstörungen und Deformierung der Blätter. Bei starkem Befall verbraunen die betroffenen Stellen, und die erkrankten Teile sterben ab. Die verschiedensten Pflegefehler schwächen die Pflanzen und begünstigen die Lebensbedingungen für den Echten Mehltau. Dies läßt sich vermeiden, wenn man nicht zu dicht pflanzt, hinderliche Triebe entfernt, dafür sorgt, daß Luft um die Pflanzen zirkulieren kann, und die Pflanzen nicht einseitig, sondern ausgewogen ernährt werden. Rankgerüste für Kletterpflanzen dürfen nicht zu dicht an der Wand stehen, Böden muß man mit Mulch abdecken. Stark befallene Pflanzen entfernt man am besten und vernichtet sie. Für eine Neuanpflanzung sollte man einen anderen Platz und vor allem weniger anfällige Sorten oder überhaupt geeignetere, andere Pflanzen wählen. Dies gilt insbesondere für solche Lagen, wo bestimmte Pflanzen regelmäßig jedes Jahr von Mehltau befallen werden. Wo junge Pflanzen nicht mehr wachsen wollen und ältere Pflanzen kümmern, sollte man auf keinen Fall mit hohen Stickstoffgaben nachhelfen, sie beschleunigen nur die Krankheitsbereitschaft der Pflanzen; besser ist eine ausgewogene Ernährung bei gut durchlüftetem Stand, gut durchlässigem Boden und gleichmäßiger Bodenfeuchtigkeit. Der Echte Mehltau kommt vor allem bei Rosen vor, häufig aber auch an Chrysanthemen, Anemonen, Staudenastern, Rittersporn und Flockenblume und auch an Eichen. Vorbeugend kann wiederholt mit verschiedenen Mehltaumitteln gespritzt werden.

Grauschimmel *(Botrytis cinerea)* kann überall auftreten, wo er günstige Lebensbedingungen findet. Am besten gedeiht er bei anhaltend hoher Luftfeuchtigkeit, geringer Luftbewegung, zu engem Pflanzabstand, wenn Pflanzen überdüngt und geschwächt sind und Licht und Wärme vorherrschen.

Der Name bezieht sich auf das Schadbild: graubraune, dichte Schimmelrasen. Der Pilz befällt zuerst abgestorbene Pflanzenteile und kann von hier auf lebende Pflanzen übergehen. Meist tritt er als Schwächeparasit auf und befällt lebende Pflanzen nur dann, wenn sie aus irgendwelchen Gründen geschwächt sind. Die befallenen Teile werden mißfarben, weich, sie faulen. Der typische Schimmelrasen bildet sich erst bei anhaltend günstigen Bedingungen, wenn das betroffene Gewebe bereits abgestorben ist. Er befällt Stengel, Blätter, Blüten und Früchte von vielen Pflanzen, z. B. Begonien, Dahlien, Levkojen, Oleander und Rosen. Faulstellen an Stengeln und Trieben können die Pflanzen schnell welken und absterben lassen. Besonders gefährlich ist er in schlecht gelüfteten Gewächshäusern bei zu niedriger Temperatur. Abhilfe ist nicht leicht, da der Pilz Dauerkörperchen (Sklerotien) bildet und damit überwintert. Lebensmöglichkeiten findet er auf allen abgestorbenen Pflanzenteilen und ist daher fast überall gegenwärtig, insbesondere dort, wo ein Garten nachlässig bewirtschaftet wird. Mit sorgfältiger Gartenhygiene lassen sich die Lebensmöglichkeiten dieses Pilzes erheblich einschränken. Das heißt, alle abgestorbenen, verblühten oder kranken Teile müssen laufend entfernt und sofort vernichtet oder verarbeitet werden, damit Licht und Luft an die Pflanzen kommen, Feuchtigkeit schnell abtrocknen kann und keine faulenden Pflanzenteile im Garten herumliegen. Auch im Gewächshaus muß peinlichste Sauberkeit herrschen; hier ist besonders auf ausreichenden Pflanzabstand zu achten und auf eine günstige Temperatur.

Krebs ist eine Pilzkrankheit, die häufig an Apfelbäumen (oben) vorkommt. An älteren Trieben und am Stamm bilden sich typische Wucherungen, die bis ins Holz hinein aufreißen. Der Baum wird geschwächt, jedes Jahr mehr, und stirbt schließlich ab. Ähnliche Wucherungen treten auch bei Rosen auf, am häufigsten in Bodennähe (rechts).

Krebs ist ein umfassender Begriff für eine Krankheit, die auf verschiedene Ursachen zurückgehen kann, jedoch durch gleiche Symptome gekennzeichnet ist. Die Krankheit beschränkt sich weitgehend auf Gehölze. Hier entstehen an Stamm, Ästen und verholzten Zweigen zum Teil große Wucherungen, so daß die Rinde platzt bis zum Holz; Wasser- und Nährstoffzufuhr werden gestört, und die Pflanze wird geschwächt. Hat sich ringsum eine solche Wucherung gebildet, wird die Nahrungszufuhr gedrosselt, und der Baum stirbt ab.

Die Wucherungen an Gehölzen werden vorwiegend durch Schadpilze verursacht, aber auch Bakterien und Witterungseinflüsse, z. B. starker Frost, können als Ursachen in Frage kommen. Eine Bekämpfung ist schwierig, daher sind vorbeugende Maßnahmen besonders wichtig: geeignete Sorten wählen, Bäume nicht zu tief pflanzen, extrem kalte Lagen meiden, ebenso Böden mit Staunässe, weiten Pflanzabstand wählen. Krebswunden bis ins gesunde Holz ausschneiden, verwendete Geräte desinfizieren und Wunde sofort mit Lac-Balsam oder anderem Wundverschluß gut zustreichen. Schnittholz verbrennen, nicht auf den Kompost, kranke Bäume möglichst bald roden und wegbringen lassen.

An krautigen Pflanzen entstehen vorwiegend bakteriell verursachte Wucherungen, hier jedoch vorwiegend am Wurzelhals und an den Wurzeln, seltener an den oberirdischen Pflanzenteilen. Äußerste Sauberkeit im Garten kann derartige Schäden weitgehend verhüten oder ganz verhindern.

Hallimasch *(Armillaria mellea)* ist ein Pilz, der zu den gefährlichsten Holzzerstörern gehört. Er befällt Laub- und Nadelhölzer, die durch ihn jahrelang kränkeln können und schließlich absterben, ohne daß man von seinem Vorhandensein weiß. Seine braungelben Fruchtkörper findet man meist am Stammfuß und im allgemeinen erst, wenn der Baum beinahe oder schon ganz abgestorben ist, so daß keinerlei Hilfe mehr möglich ist. Man kann nur versuchen, benachbarte Holzgewächse vor einem Befall zu schützen. Erkrankte Bäume sind daher möglichst bald zu fällen; dabei ist es sehr wichtig, die Wurzeln, so weit sie nur erreichbar sind, auszugraben und zu verbrennen. Die Fruchtkörper sollte man abschneiden, bevor die Sporen reif sind und fliegen, so daß die Weiterverbreitung im Garten gestoppt wird. Neue Gehölze sollten an verseuchten

Grauschimmel, *Botrytis cinerea,* befällt Stengel, Blätter und Knospen bei Chrysanthemen; durch ihn werden die Kronblätter braun (links), welken und fallen ab. Der Pilz ist allgegenwärtig und kann praktisch alle Pflanzen befallen, vor allem solche mit wasserreichem Gewebe. Durch feuchte Witterung wird er begünstigt. Besonders anfällig sind Primeln: Befallene Knospen verfärben sich und gehen manchmal nicht auf. Man muß im Garten oder Gewächshaus für gute Durchlüftung sorgen, darf nicht zu dicht pflanzen und sollte für gleichmäßige Feuchtigkeit sorgen.

Stellen frühestens nach 4 Jahren gepflanzt werden. Pflanzt man sie früher, so bleibt es ein Risiko, auch wenn weniger anfällige Arten und Sorten verwendet werden wie *Clematis,* Weißdorn, Mahonie oder Tamariske, und es ist ratsam, die Erde bis weit über den Wurzelbereich hinaus durch neue sterile Erde zu ersetzen. Zusätzlich kann man einen etwa 60 cm tiefen Graben um die infizierte Fläche ausheben, damit auch Nachbargehölze geschützt sind.

Rußtau tritt vor allem dort auf, wo zahlreiche Läuse in großen Kolonien saugen und viel Honigtau abscheiden. Dieser Honigtau, eine zuckerreiche, klebrige Flüssigkeit, überzieht die Blätter flächenhaft, und bald siedeln sich darauf verschiedene Schwärzepilze an; die lackartig glänzende Blattoberfläche färbt sich dadurch dunkel. Man spricht dann nicht mehr von Honigtau, sondern von Rußtau. Bei anhaltender Trockenheit, wenn kein Regen die Blätter säubert, kann Rußtau gefährlich werden: Die Blätter fallen vorzeitig ab, die Pflanzen können dementsprechend weniger assimilieren und werden geschwächt.

Besonders gefährdet sind Rosen durch den sogenannten Sternrußtau. Sein Auftreten wird begünstigt durch nährstoffarme Böden, durch Staunässe, anhaltend feuchte Witterung bei kühler Temperatur, also auf Standorten, die für Rosen ungünstig sind. In feuchten Lagen sollte man deshalb keine oder robuste, nur wenig anfällige Sorten pflanzen, für gute, ausgewogene Ernährung und durchlässigen Boden sorgen. Vorbeugend kann man schon ab Mai nach einem kräftigen Rückschnitt die Rosen mit einem Spezialmittel behandeln. Befallene Rosen zeigen schwarze oder bräunliche Flecken auf den Blättern, die unterschiedlich groß sein können, klar zum umgebenden Gewebe abgegrenzt sind oder verschwommene, unscharfe Ränder haben.

Rostpilze befallen viele Zier- und Nutzpflanzen, auch unerwünschte Wildkräuter. Die meisten sind auf bestimmte Pflanzenarten oder Pflanzengattungen spezialisiert. Sie bilden an den oberirdischen Pflanzenteilen leicht erkennbare pustelförmige Sporenlager, die rotbraun werden, aufplatzen und zahllose Sporen entlassen. Der Rosenrostpilz überwintert zum Teil im Fallaub mit dickwandigen Sporen, die im Frühjahr keimen, selbst Sporen bilden und vom Wind auf neue Pflanzen verfrachtet werden. Hier bilden sie auf der Unterseite der Blätter, an Blattstielen, Zweigen, Kelchblättern und Hagebutten orangegelbe Frühjahrspusteln, deren Sporen für weitere Ausbreitung sorgen.

Rechts. Sämlinge leiden manchmal an der Umfallkrankheit, die durch im Boden lebende Pilze verursacht wird. Wurzel und Stengelfuß werden schwarz, und der Sämling fällt um. Die Krankheit tritt vorwiegend in Anzuchtgefäßen oder bei der Anlage eines Rasens durch Aussaat auf. Die Krankheit läßt sich verhüten durch peinlich sauberes Arbeiten, Verwenden von steriler Aussaaterde in den Gefäßen und durch sorgfältige Bodenvorbereitung beim Rasen. Gutes Entwässern ist in jedem Fall nötig.

Manche Rostpilze überwintern auf einem Zwischenwirt. Wird dies bei der Pflanzenauswahl berücksichtigt, läßt sich manches Übel abwehren. Man setzt rostanfällige Pflanzen nicht in die Nähe von Zwischenwirten, verwendet überhaupt möglichst wenig anfällige Sorten und kräftigt sie durch ausgewogene Ernährung.

Umfallkrankheit ist eine Pilzkrankheit, die von verschiedenen Erregern verursacht werden kann. Sie tritt in erster Linie bei Sämlingen auf. Die im Boden lebenden Pilze befallen die Würzelchen und den Stengelgrund der Sämlinge; die Pflänzchen fallen ohne erkennbaren Grund reihenweise um und sterben ab. Manchmal verfärben sie sich vorher dunkelbraun oder schwarz. Diese Krankheit läßt sich am ehesten verhüten, wenn man sterile Saaterde verwendet, die Samen dünn und gleichmäßig verteilt und mäßig feucht hält. Tritt die Krankheit dennoch auf, so sind die befallenen Sämlinge sofort zu beseitigen und die verbleibenden mit einem Spezialmittel zu gießen. Zum Gießen sehr saubere Gefäße verwenden! Saatschalen oder -kästen müssen vor der Wiederverwendung gründlich gereinigt, am besten sterilisiert werden.

Fungizide im Kleingarten?

Früher wurden gegen Pilze vorwiegend Kupfer- und Schwefelpräparate eingesetzt. Heute gibt es systemische Mittel, die mit dem Wasser über die Wurzeln aufgenommen und über die Leitungsbahnen in den Pflanzen verteilt werden. Diese Mittel schützen die Pflanzen und töten den schädigenden Pilz. Sie wirken sehr spezifisch und lassen sich auch gegen andere Pilzkrankheiten wie Mehltau oder Grauschimmel erfolgreich anwenden. Doch inzwischen gibt es bei Pilzen resistente Formen, insbesondere bei Grauschimmel, so daß die Industrie immer wieder neue Mittel herausbringen muß, um der Pilzresistenz gegen vorhandene Präparate wirksam begegnen zu können.

Bei Rostpilzen ist die Bekämpfung manchmal schwierig; zwar gibt es wirksame Mittel, die sich erfolgreich anwenden lassen, doch sollte man im Kleingarten auf sie verzichten, zumal solche Mittel meist nur in Großpackungen für den Erwerbsgärtner angeboten werden. In dem kleinen, überschaubaren Bereich eines Gartens lassen sich durch sorgfältige Gartenhygiene viele Krankheiten vorbeugend verhindern, die der Erwerbsgärtner auf seinen ausgedehnten Flächen nur mit Hilfe von Fungiziden unterdrücken kann. Er hat jedoch die Möglichkeit, zwischen mehr oder weniger harmlosen und hochgiftigen Präparaten zu wählen.

Chemiefreie Schädlingsbekämpfung

Viel läßt sich vorbeugend tun, um Schädlingsbefall und Krankheiten einzuschränken oder ganz zu verhüten. Auf chemische Präparate sollte man in einem Kleingarten eigentlich gar nicht zurückgreifen müssen. In einem Garten, in dem nicht gespritzt wird, halten sich Räuber und Schädlinge einigermaßen im Gleichgewicht, und die Pflanzen können damit fertig werden, sofern die Voraussetzungen für gesundes Wachstum gegeben und die Pflanzen kräftig sind. Gartenhygiene in Form von peinlichster Sauberkeit ist daher oberstes Gebot: Keine unerwünschten oder gar kranken Pflanzenteile liegenlassen, weil sie Infektionszentren für Pilze und Unterschlupf für Schadinsekten bieten.

Neben der Gartenhygiene können Räuber und Parasiten recht nützliche Helfer im Kampf gegen tierische

Schädlinge sein. Manche, z. B. Raubwanzen, werden speziell für diesen Zweck gezüchtet und von Spezialfirmen verschickt. Spinnmilben, Mottenschildläuse, Wolläuse und Raupen werden unter anderem auf diese Weise in Schranken gehalten.

Eine wohlüberlegte Auswahl der Pflanzen unterstützt die vorbeugenden Maßnahmen. Man sucht nach wenig anfälligen Sorten, etwa nach Sommerblumen, die nicht an Pilzkrankheiten leiden, oder nach Rosen, die gegen Mehltau und Sternrußtau resistent sind. Es gibt auch Stauden, die selten Mehltau bekommen. Pflanzen mit stark aromatischen Blättern haben kaum unter Schädlingsbefall zu leiden, und die alten Strauchrosen werden selten von Sternrußtau oder Mehltau befallen. Pflanzen, die alljährlich erkranken, ersetzt man durch widerstandsfähigere Arten und Sorten. Bei manchen Pflanzen lohnt es sich, sie alle paar Jahre zu versetzen; sie blühen dann besser.

Bakterienkrankheiten

Bakterien verursachen an Pflanzen sehr hartnäckige

Die Pflanzen sind oft verschieden anfällig für Schädlinge, und es lohnt sich, vor allem für extreme Lagen, möglichst widerstandsfähige Sorten zu beschaffen. Die Pelargonien (links oben), fälschlicherweise oft „Geranien" genannt, sind bei uns nicht winterhart und bei weitem nicht so pflegeleicht wie die eigentlichen Geranien. Sie sind anfällig für Insektenbefall und für Krankheiten.

Die Katzenminze *(Nepeta)* leidet dagegen kaum unter Schädlingen; mit ihrem braunen Laub und dem blaublühenden Blütenstand wirkt sie recht attraktiv und blüht manchmal sogar zweimal im Jahr. Oft halten Schad- und Nutzinsekten im Garten einander im Gleichgewicht. So ernähren sich Marienkäfer und ihre Larven von Blattläusen (unten).

Krankheiten mit teilweise recht unterschiedlichen Symptomen: Blattflecken, Stengelfäulen, Weichfäulen, Welkekrankheiten und Wucherungen. Wirksame Bekämpfungsmittel gibt es nicht, doch im Kleingarten haben vorbeugende Maßnahmen ohnehin Vorrang.

Weichfäule kommt von allen diesen Krankheiten am häufigsten vor. Sie befällt Knollen, Zwiebeln und Wurzelstöcke. Das betroffene Gewebe verwandelt sich in eine übelriechende, musige Masse. Nur in seltenen Fällen sind die Pflanzen noch zu retten, wenn die Krankheit rechtzeitig erkannt wird, etwa an gelagerten Knollen, so daß das weiche, zerfallende Gewebe sich noch ausschneiden läßt. Alle befallenen Pflanzenteile sind unverzüglich zu verbrennen. Die Erreger dringen vorwiegend durch eine Verletzung in die Pflanze ein, daher sollte man Knollen und Zwiebeln, die den Winter über im Haus gelagert werden, sehr sorgfältig kontrollieren und nur unbeschädigt lagern.

Feuerbrand tritt meist bei Rosengewächsen auf, z. B. Eberesche *(Sorbus)*, Zwergmispel *(Cotoneaster)*, Weißdorn *(Crataegus)*, Feuerdorn *(Pyracantha)*, nicht aber bei den eigentlichen Rosen. Die befallenen Pflanzen zeigen die ersten Symptome im späten Frühjahr. Blätter und Blüten an den Spitzen der diesjährigen Triebe sehen wie verbrannt aus. Die Krankheit wird rasch durch Regen, blütensuchende Bienen und durch Baumschnitt verbreitet; kleine Bäume kann sie innerhalb einer Vegetationsperiode zum Absterben bringen. Wenn der Verdacht besteht, daß ein Baum oder Strauch vom Feuerbrand befallen ist, muß sofort das zuständige Pflanzenschutzamt benachrichtigt werden; dort erfährt man, was zu tun ist. Wahrscheinlich muß man die Pflanze ausgraben und verbrennen. Alle Geräte, die mit den befallenen Teilen in Berührung kamen, sind zu desinfizieren.

Auf den Blättern vieler Pflanzen findet man verschiedenartige Flecken, die von Pilzen verursacht werden. Meist ist der Schaden jedoch nicht groß, und es genügt, die betroffenen Blätter abzupflücken und zu verbrennen.
Bakterienkrebs ist eine schwere Krankheit, die sich bei Zierkirschen (rechts) durch Aufplatzen der Rinde, Gummifluß und Absterben des Baumes äußert.

Bakterienkrebs kann bei Zierkirschen auftreten. Zuerst bemerkt man, meist im Frühjahr, gelbe Blätter an einem Trieb oder Zweig; später kümmern die diesjährigen Triebe; der Baum geht schließlich ein. Doch ehe die Blätter sich verfärben, verschorft die Rinde dort, wo die Bakterien Eingang gefunden haben, meist eine Wunde, und an diesen Stellen tritt in größeren Mengen zähflüssiger Saft (Gummifluß) aus, der allmählich verhärtet und braun wird. Diese Symptome zeigen sich im Herbst oder Frühwinter. Im Frühjahr oder Sommer entstehen an den Blättern bräunliche, kleine Flecken, die absterben und Löcher hinterlassen. Das Schadbild erinnert an die Schrotschußkrankheit.

Häufig und stärker als Zierkirschen wird Steinobst von diesen Bakterien befallen. Die Bekämpfung ist schwierig, und wenn die Zweige infiziert sind, besteht wenig Hoffnung für den Baum. Man kann beim Austrieb mit Kupfermitteln spritzen; der Versuch lohnt sich bei Zierkirschen. Obstbäume spritzt man zum Schutz vor Ansteckung durch Wundrisse im Spätsommer oder Frühherbst nach der Ernte und nach dem Laubfall. Krebsbefallene Äste und Zweige müssen bis ins gesunde Holz hinein ausgeschnitten werden, sofern das Stadium noch nicht zu weit fortgeschritten ist. Die Wundstellen sind sorgfältigst mit gutem Baumwachs sauber abzudichten, damit sie nicht Eingangspforten für Sekundärschädlinge werden.

Viruskrankheiten
Das sind die allergefährlichsten Krankheiten. Zeichen des Befalls sind meist unregelmäßig weiß oder gelb, oft mosaikartig oder ringförmig gefleckte Blätter; oft verzwergt auch die ganze Pflanze. In anderen Fällen rollen sich die Blätter ein und fallen früh ab, oder die Blüten zeigen Fehlfarben und Mißbildungen.

Eine chemische Bekämpfung der Viren ohne gleichzeitige Vernichtung der Pflanze ist nicht möglich; in den meisten Fällen bleiben die Pflanzen erheblich im Wachstum zurück und tragen weder Blüten noch Früchte. Manche Pflanzen sind nur „Träger" des Virus und sind gefährlicher, als sie aussehen, da sie nur vorübergehend die Symptome zeigen.

Sie sind vor allem für benachbarte Pflanzen gefährlich, die durch sie infiziert werden und an der Krankheit zugrun-

Die gesunden Blätter an der Spitze dieser Kamelie lassen vermuten, daß die Krankheit durch Älchen verbreitet wurde, und daß sie im unteren Teil zuerst auftrat.

Die Viren infizieren die Zellen der Pflanze und breiten sich manchmal durch den Stamm über die ganze Pflanze aus.

Die gelb-weiße Marmorierung der unteren Blätter ist das typische Symptom einer Viruskrankheit. Oft schadet die Krankheit gar nicht, und ihr Erscheinungsbild wirkt attraktiv.

de gehen können. Wieder andere Pflanzen zeigen zwar Symptome, sind aber im Wachstum nicht gestört, so die Rembrandt-Tulpen mit ihren gestromten Blüten oder die vielen Sorten mit panaschierten Blättern.

Viren werden vor allem durch saugende Insekten übertragen, die erst auf einer kranken Pflanze, dann auf einer gesunden saugen. Als Überträger kommen in Frage Blattläuse, Mottenschildläuse, verschiedene Käferarten, Spinnmilben, im Boden auch Fadenwürmer. Einen gewissen Schutz vor Viren gewährt die Bekämpfung der genannten Schädlinge. Manchmal hilft auch das Dämpfen der Erde, doch dazu sind Apparaturen notwendig, die der Hobbygärtner im allgemeinen nicht besitzt. Offensichtlich stark befallene Pflanzen müssen ausgegraben und verbrannt werden. Wenn Älchen die Überträger waren, darf die Stelle nicht mit Pflanzen der gleichen Art bepflanzt werden. Auch Unkräuter können infiziert sein.

Viren werden nicht wie Pflanzen und Tiere benannt, sondern meist nach der Pflanze, bei der sie zuerst festgestellt wurden, zusammen mit dem Krankheitssymptom, zum Beispiel Gurkenmosaikvirus oder Tomatenbronzefleckenvirus, Tulpenmosaikvirus usw. Manchmal kommen verschiedene Viren gleichzeitig vor, dann spricht man von einer Mischvirose. Viele Viren beschränken sich nicht nur auf eine Art, sondern befallen auch andere Pflanzenarten.

Nährstoffmangel

Die für gesundes Wachstum notwendigen Nährstoffe kann die Pflanze nur in gelöster Form aufnehmen. Es muß daher eine gewisse Bodenfeuchtigkeit vorhanden sein, damit sich die Nährstoffe lösen. Im Erwerbsgartenbau wird der Boden intensiv genutzt; vielfach wird eine Pflanzenart großflächig in Monokultur angebaut, dadurch werden dem Boden einseitig bestimmte Nährstoffe entzogen, er verarmt, und dies führt zu Mangelerscheinungen bei den Pflanzen.

Im Kleingarten gibt es derlei Mangelerscheinungen selten. Hier wächst eine Gesellschaft von äußerst verschiedenartigen Pflanzen, die sich zum Teil in ihren Nährstoffansprüchen unterscheiden. Ihre Wurzeln dringen unterschiedlich tief in den Boden ein und beziehen ihre Nährstoffe je nach Art und Sorte aus verschiedenen Tiefen; schwere Mangelerscheinungen können so gar nicht aufkommen. Nur in besonders durchlässigen Böden ist dies möglich. Die Symptome, die das Fehlen eines Nährstoffs anzeigen, können von Art zu Art verschieden sein und werden leicht für Anzeichen einer Virusinfektion oder einer physiologischen Störung, z. B. durch Staunässe, gehalten.

Hellgrüne und blaßgelbe Blätter sind Anzeichen für kalkbedingte Chlorose. Bei einer sonst gesunden Pflanze beginnt sie an der Triebspitze und schreitet zur Basis hin fort. Die Ursache ist meist Eisenmangel (rechts); er entsteht, wenn der Boden für die Pflanze zu kalkhaltig ist. Besonders die Magnolie (links) liebt neutralen Boden. Als Abhilfe kann man entweder die Pflanze in ein neutrales bis sauberes Substrat umsetzen oder mit dem Gießwasser Eisenchelate zuführen.

Häufig ist allerdings Eisenmangel, der sich auf alkalischen Böden leicht einstellt und bei der Pflanze Chlorose verursacht. Die Blätter junger Triebe werden gelb bis bleich. Diese Symptome treten vor allem auf kalkreichen Böden bei einem pH-Wert von 8,0 und mehr auf. Das Ergebnis ist verlangsamtes Wachstum, verbunden mit allgemeiner Schwächung. Viele Pflanzen, die saure Böden mit einem pH-Wert von 6,5 und weniger benötigen, sterben auf solchen Böden ab. Es sind die Heidekrautgewächse, Rhododendren und Azaleen, ferner Magnolien, Kamelien und Zaubernuß. Eine Reihe von Pflanzen, darunter Rosen, Primeln und Erdbeeren, läßt auf ausgesprochenen Kalkböden diesen Eisenmangel erkennen, doch meist nur an wenigen Trieben.

Den Säurewert des Bodens anzuheben, ist schwer; für Moorbeetpflanzen muß man viel Torf einarbeiten und mit Spezialdüngern nachhelfen. Schon beim Einpflanzen muß man das Pflanzloch mit torfreichem Substrat füllen und danach mit Torf mulchen. Man kann den Boden auch mit Eisenchelaten düngen oder als Flüssigdünger über die Pflanzen sprühen. Eisenchelate sind organische Metallverbindungen, die das Eisen in einer für die Pflanze aufnehmbaren Form enthalten. Pflanzen, die auf ungeeigneten Böden wachsen sollen, erfordern unverhältnismäßig viel Pflege, damit sie ordentlich gedeihen. Es ist einfacher, sich auf solche Pflanzen zu beschränken, die auf kalkhaltigen Böden gedeihen. Sie sind in der Überzahl, und manche bevorzugen sogar ausgesprochenen Kalkboden.

Gelegentlich fehlt es an Kalium, Magnesium und Mangan im Boden. Stickstoffmangel wird angezeigt durch blaßgrüne Blätter und Triebe und durch stark eingeschränktes Triebwachstum. Aus leichten Böden werden Stickstoffverbindungen durch anhaltenden Regen leicht ausgewaschen. Stickstoffmangel kann aber auch mit einem allgemeinen Nährstoffmangel verbunden sein, wie er in sandigen, kiesigen und steinigen Böden auftritt. Derart magere Böden verbessert man durch reichliche Zufuhr von gut verrotteter Komposterde und durch entsprechende Dünger, die man in den Boden einarbeitet. Auch Gründüngung hilft und macht die Böden allmählich nährstoffreicher. Tritt nur Stickstoffmangel allein auf, kann man einen einfachen Dünger verwenden, z. B. Ammoniumsulfat, Hornspäne oder Kalkstickstoff, den letzteren aber nicht auf Kalkboden.

Kaliummangel wird vielfach durch braune Blattränder, eingerollte Blätter, nur wenige Blüten von kümmerlichem Aussehen und Zwergwuchs angezeigt. Im Privatgarten fällt dieser Mangel bei Zierpflanzen kaum ins Gewicht; Stachelbeeren dagegen reagieren empfindlich darauf. Im Verdachtsfall verwendet man Holzasche, vorausgesetzt, die Feuerstellen waren vor Regen geschützt (125 g/m^2).

Magnesiummangel kann sich in Gelbfärbung zwischen den Blattnerven, Manganmangel in gelben Flecken äußern. Beide Schadbilder sind schwer von Insekten- oder Virusschäden zu unterscheiden. In beiden Fällen können noch weitere Symptome hinzukommen. Eine Diagnose ist daher so kompliziert, daß die Hinzuziehung eines Fachmannes angebracht ist, falls das Problem nicht durch regelmäßige Düngergaben längere Zeit hinweg zu lösen ist und alle anderen möglichen Ursachen ausgeschlossen worden sind. Ein schnellerer Weg: verschiedene Bodenproben vom Garten mischen und untersuchen lassen.

Am schnellsten wirken anorganische Dünger als Flüssigdünger, der entsprechend der Gebrauchsanweisung mit Wasser verdünnt wird. Man kann den Dünger gießen oder über die Blätter sprühen. Der Erfolg zeigt sich schon nach ein bis zwei Tagen. Verwendet man den Flüssigdünger zum Gießen, dann sind häufige Gaben nötig (etwa einmal pro Woche). Pulverisierte oder granulierte Düngemittel werden rings um die Pflanze auf den Boden gestreut und mit dem Rechen leicht eingearbeitet oder mit Wasser eingeschwemmt. Diese Trockendünger dürfen nicht auf die Pflanze gestreut werden, da die Nährstoffe hier in konzentrierter Form vorliegen und das Pflanzengewebe „verbrennen" könnten. Deshalb sollte man auch die Pflanzen nie direkt auf ausgestreuten Dünger setzen. Am besten verteilt man ihn in geringem Abstand um die Pflanze, damit er durch Regen und Gießwasser in den äußeren Wurzelbereich gelangt und von den Haarwurzeln aufgenommen wird.

Volldünger enthalten meist die drei wichtigsten Nährstoffe: Stickstoff (N), Kalium (K) und Phosphor (P), der besonders von Keimlingen benötigt wird. Die jeweiligen Anteile sind auf der Verpackung hinter dem chemischen Zeichen in Gewichtsprozenten angegeben; sie sind je nach Hersteller und Zweck verschieden. So ist es auch bei Allzweckdüngern; Blumendünger dagegen weist einen höheren Kaliumanteil auf. Der Hersteller gibt auch Hinweise zur Dosierung. Angewendet werden sie meist im Frühjahr; manche Arten, etwa Rosen, benötigen zusätzlich eine Sommerdüngung, und Kamelien werden im Juli statt im Frühjahr gedüngt. Man sollte die Dosieranweisung auf der Packung möglichst befolgen, damit keine Überdüngung zustande kommt.

Botrytis-Stengelfäule tritt gelegentlich bei Malven auf (rechts). Die Fuchsie (unten) leidet an Nährstoffmangel, weil sie zu lange im gleichen Substrat wächst.

Witterungsbedingte Schäden

Wind und Sturm

Krautige Pflanzen brechen bei starkem Wind oft ab, oder sie werden umgeblasen; sie müssen daher schon als junge Pflanzen sicher gestützt werden. Wenn an einem Baum ein Ast abbricht, wird die Bruchstelle sauber abgesägt, am Rand geglättet und mit Baumwachs sorgfältig zugestrichen. Vom Blitz getroffene Bäume werden in gleicher Weise behandelt. Wurde ein Baum vom Sturm abgebrochen, sägt man ihn möglichst dicht am Boden ab und gräbt den Stumpf aus; wenn das nicht geht, sägt man ihn oben ab, verschließt die Wunde und benutzt den Stumpf als Stütze für Kletterpflanzen. Ist er dafür zu kurz, schält man die Rinde ab und beseitigt ihn, wenn er ganz dürr und trocken ist. Gegen einen Gewittersturm, der im Sommer Blätter abreißt, kann man ebensowenig tun wie gegen Seewinde in Küstengebieten. Gegen vorherrschende Winde aber sollte man irgendeinen Windschutz, z.B. eine Hecke, anlegen, so daß Bäume und hohe Sträucher auf die Dauer nicht in Windrichtung gebeugt werden. Werden junge Bäume nicht genügend gestützt, entsteht durch Winddruck im Boden um den Stützpfahl ein Hohlraum, der sich mit Regenwasser füllt, so daß an der Stammbasis Fäulnis entstehen kann. Die Stütze muß sofort durch eine stärkere, die tiefer im Boden verankert wird, ersetzt werden.

Wind kann viel Schaden anrichten; er kann Blätter und Zweige abreißen, Äste abbrechen (oben) und große Bäume entwurzeln. Starker Regen verursacht Staunässe, die die Wurzeln erstickt, so daß nicht wieder gutzumachender Schaden entsteht. Er kann auch hohe Stauden zu Boden drücken. Anhaltender Regen fördert *Botrytis*, so daß die Blüten geschädigt werden wie bei diesen Rosen (unten), deren Blütenblätter ganz fleckig wurden.

Regen

Regen bricht Blüten ab und drückt blühende Triebe nieder, wenn nicht schon die junge Pflanze festgebunden worden ist. Nach anhaltenden Regenperioden und auf sehr schweren Böden werden die Blätter am Grund von Sträuchern, Bäumen und auch von Rosen gelb; schließlich geht die ganze Pflanze ein. Die Ursache ist Staunässe, die die Pflanzen schwächt und Pilzkrankheiten fördert. So

kann sie zum Beispiel der Pilz *Phytophthora cinnamomi* zum Absterben bringen. Man beseitigt die tote Pflanze, sorgt für bessere Entwässerung und erhöht das Beet, oder man setzt krautige Pflanzen oder legt einen Steingarten mit Teich an.

Frost

Die Blätter und Stengel empfindlicher Pflanzen, z. B. Dahlien und Kapuzinerkresse, werden schwarz, wenn sie Frost bekommen haben. Die Triebspitzen empfindlicher Sträucher, z. B. Zistrose und Säckelblume, werden braun, und der restliche Trieb stirbt nach und nach ab. Das tun auch die Triebspitzen der Rosen; ihre jungen Blätter schrumpfen und kräuseln sich, empfindliche kleine Pflanzen, z. B. Sommerblumen, erfrieren. Diese Schäden lassen sich vermeiden, wenn man die Pflanzen nach Möglichkeit mit Sackleinen, Stroh oder Kunststoffolie abdeckt oder sie in einem Warmhaus, Wintergarten oder Zimmer in Sicherheit bringt und vor allem nicht zu früh auspflanzt. Eisbedeckte Pflanzen besprüht man zunächst in einem kühlen Raum mit kaltem Wasser, damit sie auftauen. Rhododendren mit hängenden Blättern bei Dauerfrost

Es gibt verschiedene Möglichkeiten, die Pflanzen vor Frost zu schützen (oben). Man kann sie im Glaskasten überwintern, den man tagsüber gelegentlich zum Lüften öffnet; man kann sie mit Sackleinen vor Wind und Frost schützen, oder mit einer über einen Rahmen gespannten Plastikfolie, so daß die Pflanze noch Licht und Luft bekommt; schließlich kann man dort, wo der Winter sehr streng ist, die ganze Pflanze in eine schützende Decke hüllen, was man auch bei sehr empfindlichen Pflanzen tun kann.

Bei Rhododendren mit Frostschäden werden die Knospen braun (links) und sterben ab, ohne aufzubrechen. Auch Blütenblätter können braun werden. Bei anhaltender Kälte hängen die Blätter herab, tragen aber meist keinen Schaden davon. (Braune Knospen können aber auch das Ergebnis einer Pilzkrankheit sein.)

schützen sich auf diese Weise; selten entsteht ein Schaden. Man muß sich die Stellen im Garten merken, wo der Frost im Winter anhält; dorthin gehören nur ganz unempfindliche Pflanzen. An der tiefsten Stelle sammelt sich die kalte Luft und baut ein Kältetief auf, zumal wenn eine Hecke oder Mauer ein Abfließen verhindert. Durch Lücken aber kann die Luft entweichen.

Schnee und Hagel

Wenn lockerer Pulverschnee fällt, ehe der Boden fest gefroren ist, wirkt er als schützende Decke, so daß später einsetzender Frost viel weniger Schaden anrichtet. Dagegen verursacht nässender, zusammengesunkener Schnee schon durch sein Gewicht Schäden; immergrüne Sträucher und Bäume brechen unter der Schneelast zusammen. Weht er dagegen Stauden und niedrige Sträucher zu, sind Schäden weniger wahrscheinlich und jedenfalls geringer. Den Schnee auf Bäumen und Sträuchern klopft man nach Möglichkeit ab, aber niedrigen Pflanzen beläßt man die schützende Schneedecke. Bleibt lange feuchter Schnee in dicker Schicht auf dem Rasen liegen, zeigen sich manchmal nach der Schneeschmelze hellgelbe Stellen im Rasen; das ist Schneeschimmel, eine Pilzkrankheit, die dazu führen kann, daß das Gras abstirbt. Schließlich können durch Schneeschmelze Überschwemmungen entstehen.

Hagel zerfetzt Blätter, Blüten, Beeren und Früchte. Man kann nichts dagegen tun.

Hitze und Trockenheit
Blätter und Blüten, besonders die von krautigen Pflanzen, welken und erschlaffen bei Wassermangel; sie gehen bei anhaltender Trockenheit ein. Viele Pflanzen schießen, das Wachstum verlangsamt sich und hört auf; der Rasen wird schlaff und verfärbt sich bräunlich. Da hilft nur Wässern, ehe es so weit kommt; danach ist es zu spät und kann weitere Probleme schaffen. Bei Trockenheit im Verein mit Hitze sind die Schäden größer, und sie treten auch früher auf.

Fällt Schnee, bevor der Boden friert, wirkt er wie eine schützende Decke, so daß späterer Frost viel weniger Schaden anrichtet (ganz links). Eine dicke Schneedecke kann allerdings Äste von Bäumen und Sträuchern abbrechen und Stauden flachlegen (ganz oben).
Auch zu große Hitze kann gefährlich werden. Wenn junge Kamelien zu sonnig stehen, bekommen die Blätter hellbraune bis beige Flecken (links). Bei anhaltender Hitze bricht der Boden auf (oben); dabei können Wurzeln beschädigt werden.

Von Tieren verursachte Schäden

Vögel

Vögel picken Blätter, Knospen und bunte Blüten, ernähren sich von Früchten und Beeren; Spatzen picken Sämereien, die nicht zugedeckt sind, benutzen Saatbeete als Staubbad und zerpflücken Krokusblüten. Stare dagegen fressen nicht etwa Gras, wenn man sie den Rasen bearbeiten sieht, sondern suchen nach Drahtwürmern.

Zum Schutz der Knospen kann man zeitweilig Netze über die Pflanzen spannen. Man kann zur Abwehr auch Sprays und Puder verwenden, die etwa sechs Wochen wirksam sind; sie riechen schlecht, sind aber harmlos. Abschreckungsmittel, die sich im Wind bewegen, z. B. Aluminiumstreifen, Vogelscheuchen oder Windmühlen auf Stangen, wirken nur kurzfristig; man müßte sie alle paar Tage verändern oder an einem anderen Platz anbringen, denn die Vögel gewöhnen sich schnell daran. Das uralte Verfahren, zur Abschreckung schwarze Fäden über den Pflanzen auszuspannen, wirkt auch heute noch.

Schäden durch andere Tiere

Von den Wirbeltieren kommen vor allem Wildkaninchen und Mäuse als Schädiger in Betracht. Eichhörnchen werden nur bei Massenvermehrung in Obstkulturen schädlich. In Gärten weitab der Stadt kann man in sehr strengen Wintern auch Rehe und Hasen beobachten. Der Maulwurf fällt durch seine Wühlarbeit unangenehm auf. Katzen und Hunde scharren meist dort im Boden, wo sie nicht sollen. Den Rasen verunreinigen sie durch ihre Geschäfte. All diese mehr oder weniger großen Schäden und Lästigkeiten lassen sich auf verschiedene Weise abstellen, zumindest sollte man es versuchen.

Mäuse können auch im Ziergarten Unheil anrichten. Sie schädigen vor allem Blumenzwiebeln im Boden und solche, die zum Überwintern im Haus gelagert werden, ebenso Knollen. Beide muß man daher in verschlossenen Behältern lagern, die nicht aus Holz sein dürfen. Rings um Bäume und Sträucher muß der Boden saubergehalten werden, also frei von Fallaub, hohem Gras und anderen Möglichkeiten, die den Mäusen zum Nestbau geeignet sind.

Wildkaninchen und Hasen benagen an jungen Bäumen die Rinde, oft fast einen Meter hoch. Man schützt sie durch ein 120 cm hohes Drahtgeflecht. Sie schädigen aber auch krautige Gartengewächse. Beete und Rabatten umgibt man daher mit Maschendraht, der mindestens 30 cm tief eingegraben wird und etwa 90 cm hoch ist. Der Draht muß regelmäßig überprüft werden, ob kein Loch darin einen Durchschlupf bietet. Zum Schutz der Zierpflanzen gibt es spezielle Abwehrsprays, die nach den Angaben der Herstellerfirmen anzuwenden sind. Für Zwiebeln, Knollen und Samen gilt das bei Mäusen Gesagte.

Rehe kommen in waldnahen Gebieten gelegentlich in den Garten, richten hier aber kaum größeren Schaden an. Man kann die Bäume vorsichtshalber durch Maschendraht schützen.

Maulwürfe ernähren sich zum großen Teil von Regenwürmern; da sie aber zugleich zahlreiche schädigende Insektenlarven verzehren und den Boden durch ihre Wühltätigkeit lockern, kann man sie nicht ohne weiteres als Schädiger bezeichnen, und es ist besser, sie zu vertreiben als sie zu töten. Zur Abwehr lassen sich stark riechende Substanzen verwenden, z. B. Knoblauch; auch Ilexblätter, Rosenzweige, Brombeerranken und andere stachelige Pflanzenteile, die man in die Gänge steckt.

Katzen und Hunde, die fremde Gärten besuchen, lassen sich mit Abwehrsprays und -puder vertreiben. Saatbeete und Rabatten zäunt man mit Maschendraht oder stachligen Zweigen ein. Durch Hundeurin verunreinigte Rasenflächen kann man durch sofortiges reichliches Wässern vor zu starker Vergilbung schützen. Bäume schützt man durch Maschendraht.

Häufig können Vögel zum Ärgernis werden. Im Frühjahr durchwühlen sie im Saatbeet die Erde nach Samen, scharren Keimpflänzchen aus und picken bunte Blüten ab. Später muß man das reifende Obst, vor allem Kirschen, vor ihnen schützen. Kleinmaschige Drahtgeflechte oder Vogelnetze bieten hier wirksamen Schutz. Sie lassen sich leicht anbringen und auch entfernen. Bäume schützt man durch Maschendraht vor Wildschäden, die im Garten aber nicht zu befürchten sind, höchstens auf einem abgelegenen Grundstück in Waldesnähe.

Probleme mit dem Rasen

Braune Flecken

Der Rasen ist zahlreichen Gefahren ausgesetzt; zum Glück treten nicht alle gleichzeitig auf. Häufig fallen braune Flecken auf, die das gleichmäßige Grün der Rasenfläche verunstalten. Die Ursachen können verschiedener Art sein und dementsprechend die Gegenmaßnahmen. Die Jahreszeit, in der sie auftreten, sowie die Form und Farbe der beschädigten Stellen geben Hinweise auf den Urheber des Schadens. Damit läßt sich feststellen, ob Vögel, große oder kleine Tiere, Pilzkrankheiten, Verbrennungen durch Dünger, ob Trockenheit oder Nässe die Ursache sind, oder ob es an der Bodenbeschaffenheit liegt.

Die Tabelle stellt die Probleme nach Jahreszeiten geordnet dar und gibt Ursachen und Gegenmaßnahmen an.

Regenwürmer

Regenwürmer können bei anhaltend feuchter Witterung und in ständig feuchten Böden etwas Ärger machen, vor allem aber in Beeten, die eingesät sind und auf denen bereits Sämlinge heranwachsen. Gelegentlich lockert der Regenwurm den Boden so stark, daß die Würzelchen nicht mehr von feuchter Erde umgeben sind und welken. Er zieht sie in seine Röhren, wo sie sich zersetzen und ihm als Nahrung dienen. Der Schaden hält sich aber in Grenzen, so daß keine Gegenmaßnahmen nötig sind. Im Vergleich dazu ist sein Nutzen sehr viel größer. Durch seine unaufhörliche Tätigkeit im Boden verbessert er die Bodenbeschaffenheit, er sorgt für Lockerung und dadurch für bessere Durchlüftung des Bodens. Man sollte ihn daher nicht vertreiben.

FRÜHJAHR	SOMMER	HERBST
Wiesenschnaken-Larven verursachen gelbliche, unregelmäßige Flecken im Rasen. Gräser mit faserig zerfressenen Rändern, rötlich bis schmutzigbraun, oft direkt am Boden abgebissen; Wurzeln mit starken Fraßschäden. Befallene Pflanzen welken und sterben plätzweise ab. Die Larven leben tagsüber an den Wurzeln und nachts an den Halmen. Bekämpfung: Grassoden, Oberseite nach unten, leicht in den Boden eingraben, Larven täglich einsammeln und vernichten.	Trockenheit. Blaßbraune Flecken entstehen im Sommer oft auf sehr durchlässigen, vor allem sandigen Böden. Bei anhaltender Trockenheit kann die ganze Rasenfläche braun werden. Mit dem Regner bewässern, bis das Gras wieder ergrünt.	Talerfleckenkrankheit. Gelblichbraune, bis 5 cm große, fast kreisrunde Flecken. Ursache: *Sklerotinia homoeocarpa*, ein Pilz, der im Spätsommer auftritt. Boden aerifizieren, mit Spezialmitteln genau nach Vorschrift behandeln, anschließend Geräte gründlich reinigen.
Schneeschimmel tritt vor allem im Frühjahr und in milden Wintern auf. An Stellen, wo lange dichter, nasser Schnee lag, werden die Gräser oft gelbbraun und sterben ab. Bei feuchtem Wetter zeigt sich am Boden ein weißer, dichter Pilzbelag. Ursache: Schneeschimmel, den verschiedene *Fusarium*-Arten hervorrufen. Bekämpfung mit Spezialmitteln.	Helle Stellen in der Rasenfläche können durch Rostpilze verursacht werden. Die Grashalme sind ungleichmäßig grün mit braunen Pusteln, die im Sommer rostbraune Sporen freigeben. Bekämpfung: Befallene Stellen vorsichtig herausnehmen und vernichten, mit Spezialmitteln behandeln und neu einsäen.	Herbstrot. Blaßgelbe Stellen, die sich ausdehnen und rötlich verfärben. Ursache: Ein Pilz, *Corticium fuciforme*, der im Spätsommer und Herbst an Schwingel- und Weidelgräsern gelbe bis rosafarbene Flecken mit korallenrotem Belag hervorruft. Die Gräser welken und sterben manchmal ab. Bekämpfung: Befallene Stellen abheben und vernichten, Boden mit geeigneten Fungiziden besprühen, mit steriler Erde abdecken und neu einsäen. Einwandfreies Saatgut verwenden.
Mähschaden entsteht durch zu niedrig eingestellte Schnitthöhe bei unebener Rasenfläche. Unebene Stellen ausgleichen und neu einsäen.	Verunreinigter Boden. Gelblichbraune Stellen oder Streifen, die vor allem bei trockener Witterung auffallen, weisen auf Bodenverunreinigung hin, zum Beispiel Bauschutt. Grasnarbe abheben, Untergrund säubern, mit guter Erde auffüllen, neu einsäen oder die abgehobenen Soden darauflegen, dann Rasen lockern und düngen.	Hexenringe. Hutpilze, die kreisförmig angeordnet sind, bezeichnet man als Hexenringe. Sie entstehen am Außenrand eines sich flächig ausdehnenden Pilzmyzels und bilden jedes Jahr einen größeren Ring. Innerhalb des Hexenrings erstickt das Gras oft durch zu dichtes Pilzgeflecht und stirbt ab. Die Bekämpfung ist schwierig. Eventuell Rasen tief abheben, den zurückbleibenden Boden mit Spezialmitteln behandeln, mit steriler Erde auffüllen und neu einsäen.
Verdichteter Untergrund wird durch blaßgelbe Flecken im Rasen angezeigt. Die Bodenstruktur durch regelmäßiges Lockern mit der Grabegabel und durch Kopfdüngung verbessern.	Überdüngung bewirkt tiefdunkelgrüne Flecken im Rasen, wenn die Dünger ungleich ausgestreut wurden. Gut wässern und beim nächsten Düngen auf gleichmäßige Verteilung achten.	

Moos findet bei feuchten Bodenverhältnissen gute Lebensmöglichkeiten. Unter günstigen Bedingungen breitet es sich im ganzen Rasen aus (ganz links). Hexenringe im Rasen werden von Ständerpilzen gebildet. Im Boden wächst das Pilzmyzel auf kreisförmiger Fläche; am äußeren Rand bilden sich die Fruchtkörper.

Sandbienen

Diese Einsiedlerbienen schaden dem Gras nicht unmittelbar, bauen aber im Rasen 20–50 cm lange, schräg verlaufende Gänge mit buchtigen Seitenzellen; die ausgehobene Erde lassen sie als Häufchen im Gras liegen. Sie fliegen im Frühjahr und bestäuben die Obstbaumblüten. Später werden keine Nester mehr gebaut; die Erdhäufchen lassen sich leicht wegfegen.

Moos

Moos im Rasen zeigt meist zu viel Feuchtigkeit und Schatten an. Unter günstigen Bedingungen kann es so überhandnehmen, daß das Gras verdrängt wird. Es tritt auf bei Staunässe, schlechter Durchlüftung des Bodens, saurer Bodenreaktion, oder wenn der Rasen zu kurz geschnitten wurde. Es gibt Rasendünger, die mit einem Antimoos-Präparat kombiniert sind. Auch Rasensand verhindert das Aufkommen von Moos. Abgestorbenes Moos läßt sich abharken.

Hat sich auf einem Rasen Moos eingefunden, ist es nicht so einfach, es wieder loszuwerden. Wohl gibt es Spezialpräparate zur Moosbekämpfung, doch wird dies nicht helfen auf die Dauer, wenn die Grundbedingungen, die den Rasen fördern und das Moos nicht aufkommen lassen, nicht gegeben sind. Lebendes Moos läßt sich aus dem Rasen nur schwer herausharken; manchmal läßt es sich in zusammenhängenden Platten herausnehmen und hinterläßt unschöne offene Stellen im Rasen, die man neu einsäen muß. Langfristige Bekämpfung erfordert Verbesserung der Grundbedingungen für den Rasen: ausreichende Belüftung, regelmäßige Nährstoffversorgung, Verminderung der sauren Bodenreaktion durch Kalkgaben über zwei bis drei Jahre. Je nach Lage: Verwendung einer Schattenmischung zum Einsäen, höhere Schnitteinstellung (etwa 1,2 cm) und in Trockenzeiten ausreichendes Wässern. Bei Staunässe empfiehlt sich Neuanlage mit gut funktionierender Dränage.

Flechten

Auf sandigen Böden treten gelegentlich Flechten im Rasen auf. Das sind flachwachsende, kreisförmige Gebilde mit zerfransten Rändern, oberseits schwärzlich, unterseits weißlichgrau. Bei Nässe sind sie schlüpfrig. Wo sie auftreten, stirbt das Gras darunter ab. Der Rasen muß erheblich gekräftigt werden, was durch mehrmalige Düngung, Lockern und Beseitigung des Unkrauts geschieht.

Wenn das alles nichts hilft, gibt es im Fachhandel spezielle Präparate zur Bekämpfung.

Algen

In sehr nassem Rasen, unter Bäumen oder auf frisch eingesäten Flächen, wo die Bodenstruktur zu wünschen übrigläßt, zeigen sich manchmal grüne Flecken oder schwarze, schleimartige Überzüge auf dem Gras. Wenn sie nach Beseitigung wiederkommen, hilft vorübergehend Rasensand wie bei Flechten. Man muß die Fläche durch Einbau von Dränageröhren entwässern und den Boden möglicherweise neu bearbeiten.

Der richtige Standort

In jedem Garten gibt es irgendwelche standortbedingten Probleme, wo die Pflanzen schlecht gedeihen. Schnell kann ein solcher Platz zum Ausgangspunkt für Schädlingsbefall und Verbreitung von unerwünschten Wildpflanzen und damit zur Bedrohung eines Gartens werden. Sorgfältige Auswahl der Pflanzen kann solche Probleme verhindern. Viele Pflanzen sind anspruchslos und an ungünstige Bedingungen angepaßt, andere verlangen mehr Pflege und lassen sich zum Verschönern von Mauern und Fassaden verwenden und bereichern eintönige Winkel.

Der Zeitaufwand für die Pflege eines Gartens ist vielfach eingeschränkt, so daß eine sorgfältige Planung den Garten pflegeleicht und zugleich attraktiv macht.

Besondere Standorte

Schatten

Die meisten Zierpflanzen werden wegen ihrer Blüten gepflegt; viele von ihnen brauchen volle Sonne, nicht nur Helligkeit. Manche blühen erstaunlicherweise auch im Schatten oder verlangen ihn sogar. Es gibt verschiedene Übergänge vom leichten bis zum tiefen Schatten. An sehr schattigen Stellen ist oft der Boden für schlechtes Gedeihen verantwortlich zu machen. Er kann naß und schlecht durchlüftet sein oder auch trocken, wenn Baumwurzeln viel Feuchtigkeit wegnehmen und dichte Belaubung kaum Regen hindurchläßt. Zuerst sollte daher der Boden gründlich untersucht werden, Staunässe sollte durch Dränageröhren abgeleitet werden, die auf einem Kieslager ruhen; sehr durchlässige, sandige Böden sind mit Humus anzureichern, damit sie Wasser besser halten, oft fehlen auch Düngergaben.

Oben und **links.** Roter Fingerhut verlangt wenig Pflege, sät sich selbst aus; kommt vor an Waldlichtungen mit etwas Schatten. Viele Sorten in verschiedenen Schattierungen von Rosa, Purpur, Rahmweiß und Gelb.

Pflanzen für halbschattige Plätze	
Akelei	Herbstanemone
Alpenveilchen	Herzlilie
Beinwell	Immergrün
Christrose	Kriechender Günsel
Efeu	Leberblümchen
Eisenhut	Lilien
Farne	Lungenkraut
Fingerhut	Pfennigkraut
Geißbart	Rhododendren
Goldfelberich	Salomonssiegel
Haselwurz	Waldmeister

Der Goldfelberich, *Lysimachia punctata*, liebt Schatten und Feuchtigkeit. Das Pfennigkraut, *Lysimachia nummularia*, ist vielseitig verwendbar; es gedeiht auch an trockenen Standorten (Mitte links oben). Die Herzlilie oder Funkie, *Hosta*-Arten, eignet sich ebenfalls gut für schattige Stellen. Sie ist beliebt wegen ihrer reichen Belaubung und ihrer Blüten (Mitte links unten und rechts).

Feuchte oder nasse Böden

Sumpf- und wasserliebende Pflanzen gedeihen an solchen Stellen gut. Sollen andere Pflanzen hier wachsen, muß die Feuchtigkeit durch Dränageröhren abgeleitet werden. Man zieht einen zweispatentiefen Graben, legt die Dränageröhren auf Kies und bettet sie ringsum mit Kieselsteinen ein, damit das Wasser abläuft und die Poren nicht verstopft werden. Dann füllt man mit humusreicher Erde auf. Man kann auch einen 30–45 cm tiefen Graben ausheben und halb mit Reisig auslegen, den Rest mit Mutterboden auffüllen. Oder: Man schüttet Erde auf und legt Hochbeete an.

Pflanzen für frische bis feuchte Böden	
Astilbe	Frauenschuh
Erle	Mehlprimel
Gauklerblume	Schaublatt
Goldfelberich	Schwertlilie
Lungenkraut	Sumpfdotterblume
Margerite	Trollblume
Pfennigkraut	Weide

Links. Das Schaublatt, *Rodgersia pinnata* 'Superba' wächst an jeder feuchten Stelle, z. B. an einem Bach- oder Teichufer. Es bildet große, purpurfarbene Blätter und rosa Blüten.

Die Sumpfdotterblume, *Caltha palustris*, bevorzugt nur feuchte Stellen. Sie ist die typische Pflanze auf feuchten Wiesen. Sie blüht im April und Mai goldgelb (oben).
Die Kugelprimel, *Primula denticulata*, gedeiht ebenfalls in feuchtem Boden (links). Sie blüht im Frühjahr lila. Auch die Gauklerblume, *Mimulus luteus*, wächst gern an feuchten Teich- und Uferrändern und ist ein guter Bodendecker. Sie blüht gelb, oft mit roter Zeichnung (links unten).

Trockene Böden

Trockene Stellen kann es überall im Garten geben, an freien, sonnigen Lagen, unter Bäumen und besonders am Fuß von Mauern und Wänden, die der Sonne ausgesetzt sind. Um die Wasserhaltefähigkeit des Bodens zu verbessern, arbeitet man im zeitigen Frühjahr und im Frühsommer noch einmal organische Stoffe ein, die sich zersetzen, oder einfach gute Komposterde. Die Oberfläche wird gegossen und dann etwa 8 cm hoch gemulcht, damit die Feuchtigkeit erhalten bleibt. Als Ersatz kann notfalls Stroh oder Sägemehl verwendet oder eine schwarze Kunststoffolie darübergebreitet werden. Wenig, aber häufig düngen. Bei trockener Witterung muß hier in erster Linie gegossen werden. Man sollte dafür sorgen, daß immer reichlich Regenwasser zur Verfügung steht.

Das strauchige Fingerkraut, *Potentilla fruticosa* 'Katherine Dykes', wird 120 cm hoch. Die Goldgarbe, *Achillea filipendulina* 'Altgold' eignet sich für Steingärten (unten).

Pflanzen für trockene Böden		
Brandkraut	Hauswurz	Sonnenröschen
Ehrenpreis-Arten	Königskerze	Steinkraut
Fingerkraut	Lavendel	Storchschnabel
Geißklee	Mauerpfeffer	Strohblume
Ginster	Salbei	Wermut
Glockenblumen-Arten	Schafgarbe	Zwerg-Schwertlilie
Goldmohn	Schleifenblume	Zypressenkraut

Sedum, mit aparten Blättern und Blüten, gedeiht an trockenen Standorten und übersteht auch längere Trockenzeiten. Es ist anspruchslos und wächst wie die Hauswurz (*Sempervivum*-Arten und -Sorten, links) gern in Mauerfugen.

Rechts. Lauch (*Allium*-Arten) liebt sandigen Boden in voller Sonne. Er ist anspruchslos und verwildert leicht. Manche Arten duften stark nach Zwiebeln.

Saure Böden

Die meisten Pflanzen gedeihen in Böden aller Art ohne Rücksicht auf den pH-Wert; eine kleine Gruppe aber wächst nur gut in sauren Böden. Bei entsprechender Bodenvorbereitung lassen sich auch diese Pflanzen auf kalkhaltigen Böden pflegen, allerdings mit Aufwand. Man hebt dazu ein großes Pflanzloch aus, füllt eine Spezialerde für Moorbeetpflanzen, ein sauer reagierendes Erdgemisch, ein und gießt möglichst mit entkalktem Wasser, das eventuell Eisenchelat, Magnesium und Mangan enthält.

Pflanzen, die von Haus aus in sauren Böden wachsen, nennt man Kalkflüchter. Viele Sträucher und fast alle Nadelhölzer wachsen in sauren Böden am besten, zum Beispiel Rhododendren, Azaleen und die zahlreichen anderen Heidekrautgewächse. Sie alle verlangen nicht nur saure Böden, sondern auch entsprechende klimatische Verhältnisse. Auf ungünstigen Standorten brauchen sie viel Pflege. Manche, wie der Federbuschstrauch *(Fothergilla)*, die Magnolie und Mahonie, wachsen auch in neutralen Böden, gedeihen aber wesentlich besser, wenn man ihnen mit Lauberde und Torf hilft. Hortensien brauchen je nach der gewünschten Blütenfarbe einen sauren oder basischen Boden.

Rhododendron (oben) wächst nicht gut in Kalkböden und tut sich auch in neutralen Böden schwer. Soll er länger am Leben bleiben und reicher blühen, braucht er unbedingt sauer reagierenden Boden, am besten mit Lauberde. Lavendelheide, *Pieris formosa* 'Forestii', liebt ebenfalls sauren Boden und paßt gut in die Nachbarschaft von *Rhododendron* und anderen Immergrünen. Ihre leuchtendroten jungen Blätter kontrastieren mit den maiglöckchenähnlichen weißen Blüten (links).

Pflanzen für saure Böden

Besenheide	Lupine
Enzian	Magnolie
Farne	Preiselbeere
Federbuschstrauch	Rododendron
Glockenheide	Schneeflockenstrauch
Kamelie	Schneeheide
Kriechheide	Winterblüte Chimonanthus
Lavendelheide	Zaubernuß
Lilie	

Wind

Wind kann ein ernstzunehmendes Problem darstellen, und Gärten in exponierten Lagen brauchen daher Windschutzhecken, damit die Pflanzen befriedigend gedeihen. Immergrüne Hecken sind für solche Fälle besonders günstig, weil sie auch im Winter grün und dicht bleiben. Für diese Zwecke eignen sich vor allem Hecken, die man gar nicht oder nur selten zu schneiden braucht. Gut eignen sich Lebensbaum, Scheinzypresse und Stechpalme.

Pflanzen, die Windschutz bieten	
Berberitze	Leylandzypresse
Buche	Liguster
Buchsbaum	Rhododendron
Eibe	Riesenlebensbaum
Feuerdorn	Scheinzypresse
Heckenkirsche	Stechpalme
Kirschlorbeer	Weißdorn

Die Scheinzypresse, *Chamaecyparis lawsoniana,* ist in verschiedenen Farben erhältlich. Sie wächst rasch und bildet mit der Zeit einen guten Windschutz (oben), sollte aber nach dem Pflanzen drei Jahre lang selbst vor Wind geschützt werden, bis sie fest verwurzelt ist. Eine Buchenhecke (ganz links), bietet guten Sicht- und Windschutz; die grünen Blätter werden im Winter rotbraun und fallen erst ab, wenn die neuen austreiben. In besonders exponierten Lagen ist für die ersten beiden Jahre ein Schutz erforderlich. Berberitzengewächse (links und unten) tragen zahlreiche Blüten und Beeren; mit ihren Dornen eignen sie sich vorzüglich für undurchdringliche Hecken. Es gibt immergrüne und laubabwerfende Formen.

Pflanzen für ungünstige Stellen	
Christrose	Lilie
Frauenmantel	Ölweide
Herzlilie	Preiselbeere
Heide	Ringelblume
Inkalilie	Schmucklilie
Kapuzinerkresse	Wicke
Lavendel	Yucca

Kapuzinerkresse (ganz links) füllt einen ungünstigen Winkel rasch mit ihren leuchtenden Blüten und blüht ohne viel Pflege den ganzen Sommer über. Die kleine Glockenblume, *Campanula cochleariifolia 'Alba'*, ist ebenfalls bescheiden in ihren Ansprüchen, paßt in jede Ecke und blüht im Sommer überreich (links); die niedrige Staude breitet sich durch unterirdische kriechende Ausläufer aus. Die Karpaten-Glockenblume, *Campanula carpatica*, zeichnet sich durch ihre großen Blüten aus.

Abgelegene Winkel

Auch im noch so gut angelegten Garten mit gesunden Pflanzen gibt es immer Winkel, mit denen man nichts anfangen kann, oder wo die Pflanzen nicht gedeihen. Für derart ungünstige Stellen empfehlen sich hochwachsende Gewächse als Blickfang. Natürlich eignet sich dafür nicht jede Pflanze, und jedes Standortproblem will für sich betrachtet sein. Temperatur, Wind, Durchzug oder Luftstau, Sonne oder Schatten – alle Faktoren müssen berücksichtigt werden, auch der Boden, der zu sauer oder zu alkalisch, mager, ständig trocken oder immer naß sein kann. Unter der Oberschicht, die nur ein paar Spatenstiche tief ist, können moderndes Holz, Ziegel, Büchsen, Steine, Schieferplatten oder Dränageröhren liegen, die Unterschicht kann auch mit Öl verseucht sein, aus undurchlässigem Ton oder schlicht aus Fels bestehen.

Sind es nur die Pflanzen, die hier nicht gedeihen wollen, muß man für dieses Mikroklima besondere Sorten wählen. Liegt es dagegen am Boden, so ersetzt man ihn, wenn möglich, ganz, oder man verbessert ihn. Kümmernde Pflanzen sind geschwächt und daher stets von Schädlingen und Krankheiten befallen. Verbessert man ihre Lebensbedingungen, so werden sie kräftiger und widerstandsfähiger, und die Zahl ihrer Feinde nimmt ab. Hilft aber alles nichts, versucht man es mit Bodendeckern oder pflastert die Stelle und stellt Kübelpflanzen hin.

Schmale Durchgänge

Ein Durchlaß zwischen Häusern oder Schuppen und Zäunen ist oft schattig und zugig, und gibt es hier noch einen Streifen Erde, dann wird er häufig von Katzen mißbraucht. Dorthin gehören robuste Pflanzen, besser hoch als buschig, mit dekorativer Belaubung, nicht unbedingt mit zierenden Blüten. Unempfindliche Bodendecker halten Katzen fern.

Das Johanniskraut, *Hypericum calycinum*, eine immergrüne Staude mit kräftigem Stengel und ausdauernden Wurzeln, eignet sich gut als Bodendecker zum Befestigen von Böschungen (unten und ganz unten). *Acanthus mollis*, eine attraktive Staude mit hohem, aufrechtem Stengel, paßt gut vor hohe Wände (rechts).

Pflanzen für schmale Durchlässe	
Akanthus	Goldfelberich
Winterjasmin	Herbstanemone
Efeu	Johanniskraut
Farne	Maiglöckchen
Feuerdorn	Montbretie
Forsythia	Purpurglöckchen
Geißblatt	Steinbrech
Gemswurz	Zierquitte

Kahle Wandflächen

Mauern, lange Holzzäune, Haus- und Garagenwände wirken eintönig und abstoßend, besonders im Winter, selbst im schönsten, gut gepflegten Garten. Durch Rank- und Kletterpflanzen lassen sich solche kahlen Flächen verbergen und zugleich bereichern und in den Garten miteinbeziehen. Die Auswahl der Pflanzen ist groß, die dafür in Frage kommen; im allgemeinen brauchen sie auch wenig Platz. Ist der Boden vor der Mauer betoniert oder gepflastert, kann man in Kübeln und Trögen mit gutem Substrat die schönsten Kletterpflanzen ziehen.

Pflanzen für eintönige Wandflächen	
Strahlengriffel	Rosen
Winterjasmin	Säckelblume
Efeu	Schönranke
Geißblatt	Waldrebe
Feuerdorn	Weinrebe
Hopfen	Wilder Wein
Trompetenblume	Wohlriechende Wicke

Parthenocissus henryana (rechts), ein Wilder Wein mit dunkelgrünen, silbern und rosa gezeichneten Blättern, der vor allem im Wintergarten gut wirkt. Die laubabwerfende Pflanze ist wie Efeu ein Selbstklimmer. Efeu (unten) ist besonders vielseitig: ein ausgezeichneter Bodendecker und ein ebenso hervorragender Kletterer für senkrechte Wände und Steilhänge. Eine Mischung aus einfarbig grünen Sorten mit panaschierten ergibt ein reizvolles Bild.

Steilhänge und Böschungen

Hier stellt sich ein dreifaches Problem: Welche Arten eignen sich für solche Stellen? Wie gestaltet man den Hang gefällig? Wie wird das Erdreich befestigt? Da der Hang schwer begehbar ist, kommen nur robuste, anspruchslose Pflanzen in Frage, die wenig Pflege brauchen. Geeignet sind Schling- oder Kletterpflanzen; es gibt auch widerstandsfähige Bodendecker wie Efeu, Erika, Immergrün, Johanniskraut oder Kriech-Wacholder. Sie sind alle pflegeleicht und befestigen den Boden.

Pflanzen für Böschungen	
Bergenie	Immergrün
Besenheide	Heckenkirsche
Efeu	Johanniskraut
Feldthymian	Kriechender Günsel
Filziges Hornkraut	Kriech-Wacholder
Geißklee	Sonnenröschen
Ginster	Strauchveronika
Glockenblume	Zwergmispel
Goldnessel	

Das weißfilzige Hornkraut oder Zwergsilberkraut, *Cerastium tomentosum,* befestigt rutschgefährdete Böschungen und sieht das ganze Jahr über hübsch aus (links unten). Es wuchert, daher Vorsicht bei der Standortwahl! Immergrün (links oben) ist ein für alle Hänge geeigneter Bodendecker, der keine Pflege verlangt. Lippenblütler sind zum Teil ebenfalls gute Bodendecker.

Vernachlässigte Gärten

Gärten, die aus irgendwelchen Gründen monate- oder jahrelang vernachlässigt worden sind, verwandeln sich allmählich in eine undurchdringliche Wildnis. Eine vernünftige Planung scheint unmöglich, weil der ganze Garten gleichzeitig Pflege verlangt. Bei richtiger Planung läßt sich die Wildnis aber doch recht schnell bezähmen.

Zunächst bahnt man einen Weg zur Mitte oder zu einem anderen markanten Platz und legt dort eine Feuerstelle an. Dann wird ein Kompostplatz geschaffen. Den Weg als Bezugspunkt betrachtend, markiert man alle Pflanzen, die erhaltenswert erscheinen. Gleichzeitig sucht man nach den Umrissen von Beeten, Rabatten und Rasenflächen. Der Rasen, längst zur Wiese ausgewachsen, wird mit der Sense gemäht, und Beet für Beet wird gesäubert; man arbeitet dabei vom Haus weg in den Garten hinein. Sträucher und Bäume werden zurückgeschnitten und das Schnittgut zur Feuerstelle gebracht. Unerwünschte Pflanzen, Dorngestrüpp, Schößlinge müssen mit Gabel, Spaten, Hacke und Rosen- oder Astschere beseitigt werden. Dort, wo hartnäckige Wildkräuter wie der Giersch wuchern, beseitigt man die oberirdischen Teile und kümmert sich später um die im Boden verbliebenen Wurzelstücke.

Danach bringt man die erhaltenswerten Pflanzen in Ordnung: tote und abgebrochene Äste und Zweige, verwelkte Blüten und Blätter, kranke, faulende Teile und angefressene Knollen, Zwiebeln und Wurzeln werden beseitigt. Den Rasen in kurzen Abständen wiederholt mähen, bringt eine ganze Reihe von unerwünschten Kräutern zum Verschwinden; danach kann die Grasnarbe abgehoben und der Boden zur Neueinsaat vorbereitet werden. Den Boden brachliegen lassen. Neuanpflanzungen erst im nächsten Jahr.

In vernachlässigten Gärten ist der Rasen zur Wiese ausgewachsen, auf Staudenbeeten haben sich standortgemäße Pflanzen angesiedelt. Das Nebeneinander von Kultur- und Wildpflanzen erscheint verwirrend, läßt sich aber bei systematischem Vorgehen ordnen. Wenn die Wiese gemäht ist und Wildkräuter und Laub beseitigt sind, kommt der ursprüngliche Grundplan des Gartens zutage. Wenn alles abgeharkt ist, sind auch die einstigen Rasenflächen und Beete wieder zu erkennen.

Der pflegeleichte Garten

Für den, der wenig Zeit und nicht genug Energie hat, ist ein Garten erstrebenswert, der keiner Pflege bedarf. Leider sind viele Gärten auf ständige Pflege angewiesen, wenn sie ansprechend und ordentlich aussehen sollen; sie verwildern und werden unansehnlich, wenn man keine Zeit für sie hat. Es gibt jedoch Möglichkeiten, der ständigen Gartenarbeit zu entgehen.

Als erstes verzichtet man auf einen Rasen und ersetzt ihn zum Beispiel durch Bodendecker wie Feldthymian, *Thymus serpyllum,* oder Poleiminze, *Mentha pulegium;* man kann auch Blumenbeete anlegen oder die ganze Fläche mit Steinplatten belegen und dazwischen Pflanzen wachsen lassen. Die Blumenbeete sollten so dicht bepflanzt sein, daß unerwünschte Kräuter gar nicht hochkommen. Hilfreich sind auch Stauden, die längere Zeit am gleichen Platz wachsen. Bei Sommerblumen muß man ständig auf der Hut sein, muß säen, pikieren, setzen und jäten. Man pflanzt auch keine großblütigen Teerosen und keine vielblütigen Polyantha-Rosen, weil man bei ihnen ständig schneiden, düngen, lockern, jäten, köpfen und mulchen muß. Man beschränkt sich vielmehr auf alte Strauchrosen, Kletterrosen, Geißblatt, Efeu und Winterjasmin, weil man diese Pflanzen sich selbst überlassen kann. Empfehlenswert sind viele Zwiebel- und Knollenpflanzen, die man im Boden lassen kann; Gladiolen und manche Tulpen muß man nach dem Blühen herausnehmen, auf diese sollte man verzichten.

Man pflanzt Stauden, die keine Stütze brauchen, und Sträucher, die viel Platz einnehmen. Pflanzen, die beseitigt werden müssen, ersetzt man gleich, damit keine Wildkräuter hochkommen. Auf einen Steingarten kann man verzichten; man begnügt sich mit Pflanzen, denen die vorhandenen Bedingungen zusagen. Abgesehen von allem anderen erspart man sich das Spritzen gegen Schädlinge und Krankheiten. Es muß dafür gesorgt werden, daß die Pflanzen ausreichend Platz haben, um ihre natürliche Größe zu erreichen. Sind Hecken nötig, setzt man blühende Sträucher, die nur gestutzt werden.

Links und **links oben.** Diese beiden Beispiele zeigen die Möglichkeiten für die Anlage von pflegeleichten Gärten. Zu einem kleinen Garten in der Stadt paßt ein gepflasterter Hof, in dem Kübelpflanzen und ein kleines Beet für Farbe sorgen (links oben). Das Rasenmähen entfällt, und die Gefäße brauchen eigentlich nur im Frühjahr eine Pflege. In das kleine Beet setzt man am besten Stauden und Zwiebelblumen. Sommerblumen sollte man besser kaufen als aus Samen ziehen. Wegen ihrer Größe mußte die gepflasterte Fläche (links) mit offenen Stellen für wintergrüne Koniferen und für ausdauernde Blütenpflanzen angelegt werden.

Gewächshäuser

Bei einem Gewächshaus kommt es auf die Größe an, denn je kleiner es ist, desto schwieriger ist die Regulierung von Temperatur und Feuchtigkeit, die sich in kleinen Räumen schnell ändern. Die Mindestgröße sollte 300 x 240 cm betragen. Wichtig ist die Belüftungseinrichtung; im Dach müssen mindestens zwei Lüftungsfenster sein, je eines an jedem First und weitere unter den Stellagen.

Das Innere des Gewächshauses sollte möglichst viel Licht erhalten. Aluminiumkonstruktionen sind gut, weil sie schmal sind, kein Licht wegnehmen und dazu wenig Pflege benötigen. (Jedes Gewächshaus muß freilich innen mindestens einmal im Jahr desinfiziert werden, auch die Stellagen und die gesamte Einrichtung.) Die Wände können aus stabilem Glas oder Kunststoff sein. Bis zum Boden verglaste Wände lassen mehr Licht herein, aber auch mehr Wärme hinaus als solche, die einen gemauerten Sockel haben. Will man den Boden nutzen, ist mehr Licht nötig. Im Sommer muß Schattierung möglich sein, damit die Gewächshaustemperatur nicht zu hoch steigt. Die Tür sollte breit genug für eine Schubkarre sein und hoch genug für einen selbst (z. B. 75 x 180 cm). Bei Schiebetüren sammelt sich leicht Schmutz in der unteren Schiene. Ein Dach mit einem Neigungswinkel über 30° kann leicht durch Schneelast einstürzen.

Damit alle Pflanzen gleichmäßig viel Licht bekommen, wird das Gewächshaus in Nord-Süd-Richtung aufgestellt, vor allem, wenn im Winter Gemüse darin gezogen werden soll. Bei einer Ausrichtung nach Ost-West kann man verschiedene Pflanzen pflegen, auch solche, die es lieber kühler und weniger hell mögen. Es sollte kein Schatten auf das Glashaus fallen, zumal von Bäumen, die außerdem im Herbst ihr Laub abwerfen; andererseits sind Wasserzuleitungen, Stromanschluß und Heizung einfacher zu installieren, wenn das Wohnhaus nicht zu weit entfernt steht. Der Untergrund muß trocken sein. Ein Mittelweg aus Betonplatten ist leichter sauberzuhalten als festgetretene Erde. Man kann auch lose aufgelegte Steinplatten oder einen Lattenrost aus Holz hineinlegen, der allerdings nicht sehr bequem ist.

Die Stellage kann aus Holz und Brettern oder aus Metall mit auswechselbaren Metallkästen oder aus einer Mischung von beiden sein; sie sollte so hoch sein, daß bequemes Arbeiten darauf möglich ist.

Bei Gewächshaus-Chrysanthemen gibt es frühe und späte, gefüllte und ungefüllte Sorten; bei letzteren sind die Röhrenblüten von fünf bis sechs Reihen Zungenblüten umgeben (oben). Die Celosien sind Gewächshauspflanzen, die nur im Sommer ins Freiland ausgepflanzt werden können. Der Hahnenkamm, *Celosia argentea* 'Cristata', mit seinem aparten Blütenstand (rechts) ist eine attraktive Zwergform.

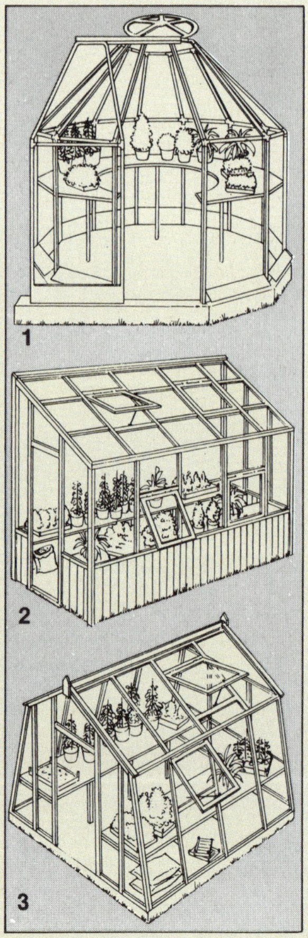

Es gibt vier Grundtypen von Gewächshäusern (links): das sechs-bis achteckige „Rundhaus" (1), das Anlehn- oder Pultdachhaus (2), das Schrägwandhaus (3) und schließlich das Satteldachhaus (rechts). Im Rundhaus lassen sich die Pflanzen dekorativ zur Schau stellen; es ist aber nicht besonders praktisch. Das Anlehnhaus hält meist die Wärme besser als die anderen Typen, besonders wenn es an einer Südwand steht. Bei allen Typen muß das Dach so schräg sein, daß nichts darauf liegen bleibt (z. B. Schnee), was den Lichteinfall vermindern würde. Das Schrägwandhaus läßt am meisten Licht einfallen, aber zu schräge Wände verkleinern den Platz im Innern. Das Satteldachhaus mit senkrechten Wänden ist am weitesten verbreitet und am vielseitigsten verwendbar; es eignet sich für fast alle Pflanzen, und der Platz wird besser ausgenutzt, da auch unter Stellagen Pflanzen stehen können. Bis auf den Boden reichende Glaswände vergrößern den Lichteinfall.

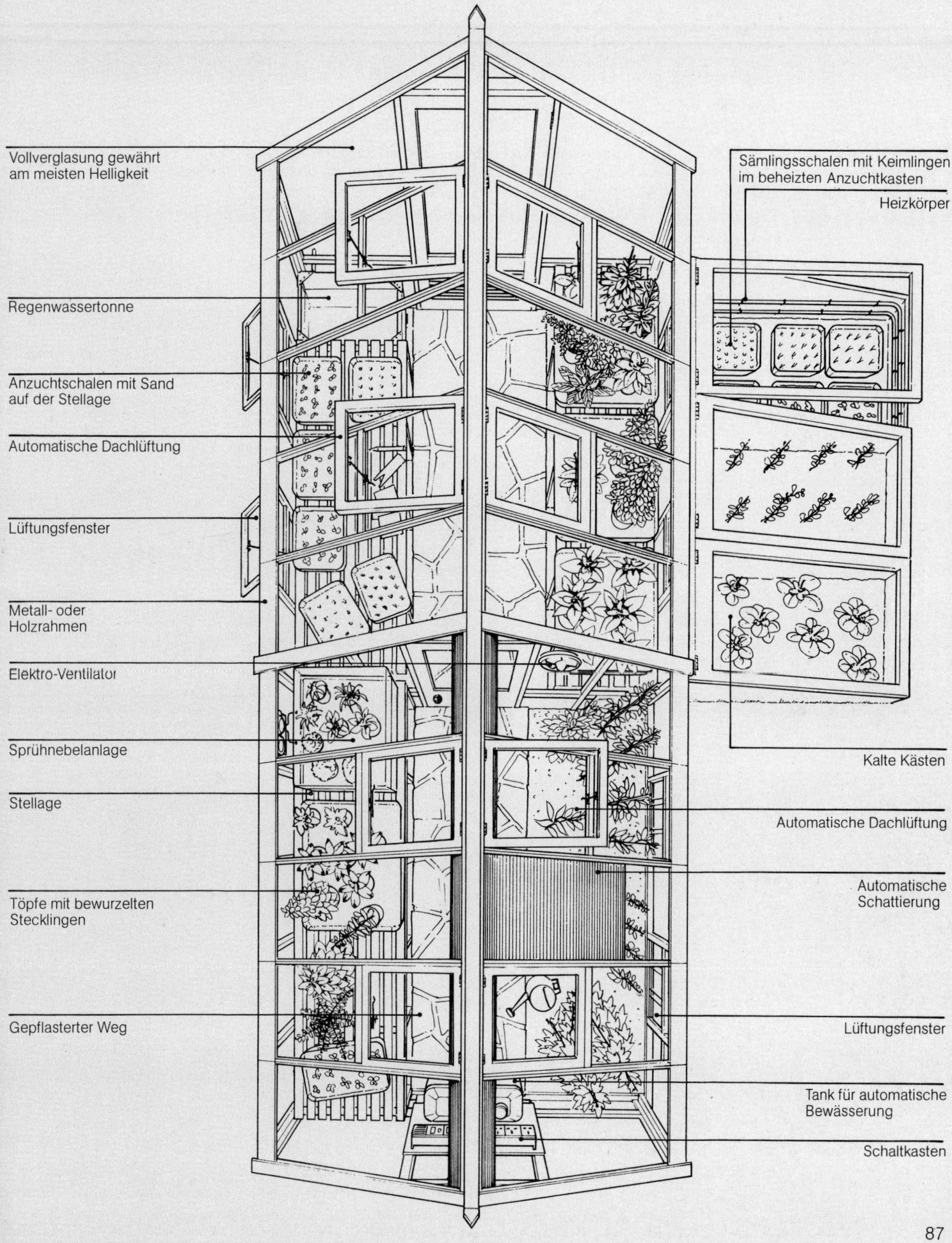
Vollverglasung gewährt am meisten Helligkeit
Regenwassertonne
Anzuchtschalen mit Sand auf der Stellage
Automatische Dachlüftung
Lüftungsfenster
Metall- oder Holzrahmen
Elektro-Ventilator
Sprühnebelanlage
Stellage
Töpfe mit bewurzelten Stecklingen
Gepflasterter Weg
Sämlingsschalen mit Keimlingen im beheizten Anzuchtkasten
Heizkörper
Kalte Kästen
Automatische Dachlüftung
Automatische Schattierung
Lüftungsfenster
Tank für automatische Bewässerung
Schaltkasten

Gärten für Behinderte

Für Behinderte kommt schwere Gartenarbeit wie Tragen, längeres Graben, Sägen und Mähen meist nicht in Frage. Sie können aber planen und Pflanzen aussuchen, meistens auch mit der Jätegabel arbeiten, säen, Stecklinge schneiden, köpfen und ausputzen, pflücken, hacken und ein bißchen graben und Containerpflanzen setzen oder Pflanzen in Hydrokultur pflegen.

Es arbeitet sich leicht in Hochbeeten in Gürtelhöhe; darin lassen sich bequem Sommerblumen, Steingartenpflanzen, viele Stauden, Zwiebel- und Knollenpflanzen, Gemüse und verschiedene Obstsorten wie Melonen und Erdbeeren ziehen.

Für Rollstuhlfahrer sind betonierte oder gepflasterte Wege ausreichend breit und Rampen statt Treppen erforderlich. Eine große Hilfe sind auch geeignete Gerätschaften, die manche Arbeit übernehmen können, die die Hände nicht schaffen oder die ein steifes Kreuz oder steife Knie nicht erlauben. Es gibt jetzt Spezialgeräte, mit denen man graben und hacken, schwer erreichbare Teile eines Beetes bearbeiten, aber auch Gegenstände aufheben, halten und tragen kann, ohne sich zu bücken. Dann gibt es ferner Geräte für Blinde, mit denen man in Reihen säen und gleichmäßig pikieren, Düngemittel abmessen und genaue Mengen abwiegen kann.

Für blinde Menschen sind duftende Pflanzen besonders wichtig; daher empfehlen sich Gewürz- und Heilkräuter, deren Vorzug nicht das Aussehen, sondern der aromatische Duft ist. Ein Garten für Behinderte muß gut geplant und so angelegt werden, daß er beständig ist und Markierungspunkte zur Orientierung unverändert bleiben.

1 Engelwurz
2 Fenchel
3 Mädesüß
4 Majoran
5 Thymian
6 Minze
7 Waldmeister

Ein Garten für Behinderte muß sorgfältig geplant werden (unten). Auf Rasen verzichten, der schwere körperliche Arbeit verlangt, und auf dem ein Rollstuhl schlecht fahren kann. Freie Flächen pflastern, Blumenbeete sollten als Hochbeete angelegt sein, damit sie zugänglicher werden. Bei Höhenunterschieden sind Rampen praktischer als Treppen. Ein weiterer Gesichtspunkt ist die sorgfältige Auswahl der Pflanzen. Gewürzpflanzen (links unten) sind wegen ihrer praktischen Verwendbarkeit und wegen ihres aromatischen Duftes beliebt.

Duftpflanzen

Basilikum	Geranium	Zitronenmelisse
Bohnenkraut	Hyazinthen	Rosen
Estragon	Koriander	Rosmarin
Fenchel	Maiglöckchen	
Flieder	Majoran	

Der Storchschnabel (links) ist beliebt, weil er vielseitig verwendbar ist, in Steingärten und Rabatten wie als Bodendecker. Der Pfeifenstrauch, *Philadelphus coronarius*, ist sehr attraktiv und pflegeleicht (ganz oben); einer seiner Hauptvorzüge ist der starke, an Orangenblüten erinnernde Duft. In der Tabelle sind einige andere, besonders stark duftende Pflanzen aufgeführt.

Gartenpflanzen von A–Z

Es ist wichtig, allen Pflanzen, die man im Garten pflegt, die bestmöglichen Wachstumsbedingungen zu bieten und sie durch richtige Pflege gesund zu erhalten. Die Bedürfnisse der einzelnen Pflanzenarten sind ebenso verschieden wie die Schädlinge und Krankheiten, von denen sie befallen werden können.

Deutscher Name

Pflanzentyp

Familie

Gattung

Hintergrundinformation zur richtigen Pflanzenauswahl und Pflege

Die wichtigsten Schädlinge und Krankheiten, die die besprochene Pflanze befallen können, mit Anregungen zur Vorbeugung und Behandlung spezieller Probleme

Abbildungen beliebter Arten und Sorten und häufig auftretender Schadbilder

LAUBABWERFENDE ODER IMMERGRÜNE KLETTERSTRÄUCHER
Waldrebe

RANUNCULACEAE

Clematis

Die Waldrebe *(Clematis vitalba)* ist in Europa, von Nordafrika bis Großbritannien verbreitet. Die meisten Gartenformen lassen sich daher leicht in kühlgemäßigtem Klima pflegen; selbst die etwas empfindlichen Arten wie *Clematis armandii* und *Clematis alpina* nehmen nur in strengen Wintern Schaden. Einige Sorten entfalten ihre ganze Farbenpracht am schönsten an einer der Sonne abgewandten Wand, zum Beispiel 'Nelly Moser' und 'Blue Gem'; andere Sorten brauchen Sonne, zum Beispiel 'Lady Northcliffe', 'President' und 'Lady Betty Balfour'. Je nach Sorte erscheinen die Blüten zwischen Frühjahr und Herbst. Die großblütigen Sorten blühen am schönsten im Sommer. Sie blühen in allen Farben und werden 240 bis 900 cm hoch.

SCHADURSACHEN

Clematiswelke. Sie tritt vor allem bei frischgesetzten und jungen Pflanzen während der ersten paar Jahre auf. Die kräftig wachsenden Triebe welken innerhalb von Tagen vollständig, ohne sich zu erholen. Die Ursache ist noch unbekannt. Schneidet man die welken Triebe dicht am Boden ab, treiben später im Jahr manchmal neue aus.
Ohrwürmer. Sie verursachen keinen nennenswerten Schaden. An den Kronblättern und Laubblättern können sie Löcher fressen.
Rüsselkäfer. Sie fressen gelegentlich die Blattränder an.

Kletterpflanzen, die kahle Wände verkleiden und einen buntfarbenen Teppich darüberbreiten, sind für jeden Garten eine Zierde. Bei der Waldrebe sind die Blätter in Ranken umgewandelt, und diese Ranken winden sich um die nächstbeste Stütze, sei es ein Spalier, ein Zaun, das Geäst eines Baumes oder ein gespannter Rankdraht. Die prachtvollen großblütigen Hybriden (oben und rechts außen) blühen im Frühsommer und werden 340–500 cm hoch. Reizvoll sind auch die Wildarten, zum Beispiel *Clematis macropetala* (rechts) mit spitzen Kronblättern und langen Staubfäden.

110

Boden		Standort	Vermehrung
trocken	Al alkalisch	vollsonnig	Teilung
feucht	S sauer	hell	Steckling
gut durchlässig	N neutral	halbschattig	Ableger
nährstoffreich	S/N sauer bis neutral, je nach Art und Sorte	schattig	Samen

Grün bezeichnet richtige Bedingungen und Pflege

Waldrebe

BODEN

Braucht gut durchlässige, nährstoffreiche, eher kalkhaltige Erde.

STANDORT

Ideal ist ein Platz mit viel Sonne, aber beschattetem Wurzelbereich.

VERMEHRUNG

Durch Ableger von eineinhalbjährigen Pflanzen zwischen Oktober und November

PFLANZUNG

Winter	Frühjahr	Sommer	Herbst

März bis April, nur in ganz milden Klimabereichen ab Herbst.

SCHUTZ

Nur *Clematis armandii* braucht bei strenger Kälte etwas Schutz, sonst im allgemeinen nicht nötig.

DÜNGEN

Jedes Frühjahr kräftig mulchen.

WÄSSERN

In Trockenzeiten reichlich gießen.

STÜTZEN UND SCHNEIDEN

Braucht Spanndrähte oder Gerüst für die Ranken. Schneiden nur vorsichtig: Die großblütigen Formen kräftig zurückschneiden, so daß alles tote Holz entfernt wird. Die Frühblüher ebenfalls zurückschneiden und dabei 2 der ältesten Triebe entfernen.

111

Information über den richtigen Bodentyp

Standort im Garten

Übliche Vermehrungsart

Günstigste Jahreszeit zum Säen und Pflanzen mit Hinweisen zur Methode

Schutzbedarf und Art des Schutzes

Düngen wann, womit, wieviel?

Wässern wann und wieviel?

Stützen und Schneiden mit Tips womit, wann und wie.

Agapanthus

Schmucklilie

Stammt aus dem warmen Klima Südafrikas. Ihre Kälteempfindlichkeit war ein großes Problem bei dem Versuch, die Pflanze auch in kühleren Klimabereichen zu kultivieren. Jedoch eine Gruppe, die *Headbourne*-Hybriden, überwindet diese Schwierigkeit, vorausgesetzt, man gibt den Pflanzen einen sonnigen, windgeschützten Platz.

Die Pflanzen bilden im Sommer Dolden wunderschöner mittel- oder himmelblauer Blütenglöckchen auf einem 60 cm hohen Stiel, der einem Büschel ebenso langer, bandförmiger Blätter entspringt.

Unten. Die blaue Schmucklilie ist eine der dekorativsten Stauden, die in jüngster Zeit entwickelt wurden. Die *Headbourne-Hybriden* vertragen auch ganz strenge Kälte, wenn sie im Winter etwas Schutz bekommen.

SCHADURSACHEN

Schmucklilien sind kaum anfällig gegen Schädlinge und Krankheiten. Gelegentlich findet man Wolläuse. Blattspitzendürre kann vorkommen. Sie wird mit einem Kupfersprühmittel behandelt.

Rechts. Schmucklilien zeigen ihre herrlich blaue Blütenpracht, wenn andere Blüten welken. Jede der 7–10 cm breiten Dolden besteht aus mindestens 20 Einzelblüten, die etwa einen Monat halten.

BODEN

Jede fruchtbare, gut durchlässige Erde eignet sich für diese Pflanzen, sollte aber vorher mit Lauberde verbessert werden.

STANDORT

Die Schmucklilie verlangt einen vollsonnigen und windgeschützten Platz.

VERMEHRUNG

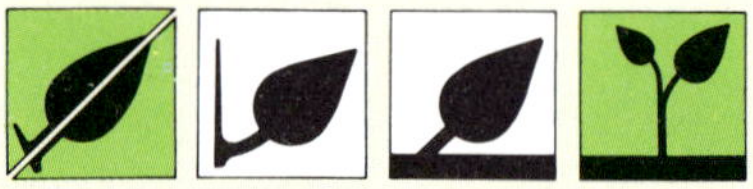

Teilen und neu einpflanzen im späten Frühjahr oder Aussaat sind die besten Vermehrungsmethoden für diese Pflanzen.

PFLANZUNG

Winter	Frühjahr	Sommer	Herbst
	■ ■ ■		

Im Frühjahr pflanzen, dabei vorsichtig mit den fleischigen, aber zerbrechlichen Wurzeln umgehen, da sie leicht beschädigt werden und abbrechen, was die Pflanzen zum Absterben bringen kann. Die Wurzeln im Pflanzloch sorgfältig ausbreiten, und mit krümeliger Erde auffüllen. Die Sproßachse dabei nicht zudecken. Der Wurzelansatz muß mit der Erdoberfläche gleich sein.

SCHUTZ

Schutz gegen Kälte ist lebensnotwendig, besonders im ersten Winter. Am besten gut mulchen oder mit Folie abdecken.

DÜNGEN

Ein Mulch aus Lauberde, im Hochsommer ausgebracht, sorgt für kräftiges und gesundes Wachstum.

WÄSSERN

Wichtig ist das Gießen bei jungen Pflanzen und immer bei anhaltender Trockenheit.

STÜTZEN UND SCHNEIDEN

Braucht keinen Schnitt und in geschützter Lage auch keine Stütze.

Althaea

Stockrose

Stockrosen oder Malven sollen im Mittelalter von Kreuzfahrern aus dem Heiligen Land mitgebracht worden sein. Wie viele alte Gartenpflanzen wurden sie vielfach in der Medizin verwendet, unter anderem zur Blutgerinnung.

Die Stockrosen sind beliebte Blumen in Bauerngärten, wo man die 180 bis 240 cm hohen Pflanzen oft dicht an der Hauswand stehen sieht.

Althaea rosea stammt ursprünglich aus China, wächst aber jetzt wild in vielen Teilen Asiens und im Nahen Osten, auch in Europa und in Nordamerika. Sie ist winterhart, wird aber im Alter leicht anfällig für Rost. Der Befall kann so stark sein, daß die Pflanze im Hochsommer alles Laub verliert und womöglich eingeht. Bei Berufs- und Hobbygärtnern verlor sie daher an Beliebtheit. Doch neuerdings gibt es Saatgut, das mehr oder weniger widerstandsfähige Pflanzen hervorbringt. Wenn die Krankheit doch auftritt, kann man mit einem Fungizid spritzen.

Stockrosen haben langgestielte, herzförmige, mehrlappige, gekerbte Blätter und kurzgestielte Blüten, die einzeln oder zu zweit in den Blattachseln einer langen Traube sitzen. Typische Farbe ist Rosa, manchmal auch Weiß. Neuere Hybriden haben gefüllte, wie Kreppapier-Rosetten aussehende Blüten in verschiedenen Farben, zum Beispiel Rosenrot, Lachsrosa, Gelb, Karminrot, Lavendel und Weiß. Sie werden 75, 150 oder 240 cm hoch und blühen im Sommer.

SCHADURSACHEN

Rote Spinnmilben. Sie können in heißen Sommern eine ernste Gefahr sein.
Blattflöhe. Diese Insekten können die Blätter befallen, richten aber kaum Schaden an.

Die Stockrose ist eine der ältesten Bauerngartenblumen. Vor sonnigen Wänden können die Pflanzen viele Jahre alt werden. Aus der Wildform *Althaea rosea* sind rosa-, weiß, purpur- und karminrot blühende Sorten gezüchtet worden; es gibt auch gefüllte blühende Formen mit rosettenähnlich aussehenden Blüten in verschiedenen Farben einschließlich Gelb und Rahmweiß.

BODEN

Verlangt tiefgründigen, nährstoffreichen Boden mit etwas Lehm. Nässe kann zu Ausfällen führen.

STANDORT

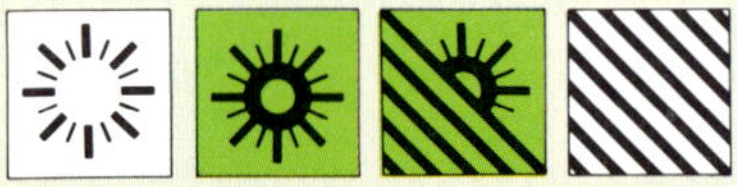

Am liebsten sonnig, gedeiht in geschützter Lage besonders gut, z. B. vor einer Hauswand.

VERMEHRUNG

Aussaat von Mai bis Juni ins offene Frühbeet, Sämlinge in humose Erde pikieren. Weitere Anzucht: im Abstand 30 x 30 cm auf Beete pflanzen oder in 10–12-cm-Töpfe pflanzen und an geschütztem Platz im Freiland, in den Boden eingesenkt, überwintern. Leichter Winterschutz.

PFLANZUNG

Winter	Frühjahr	Sommer	Herbst

Beste Pflanzzeit im Frühjahr, im Abstand von 75–100 cm an den endgültigen Platz.

SCHUTZ

Die zarten Jungpflanzen brauchen Schutz vor Witterungsunbilden, die ihnen gefährlich werden können, solange sie nicht festgewachsen sind.

DÜNGEN

Kurz vor der Blüte mit organischem Material mulchen; blüht dann kräftiger. Nährstoffmangel fördert Malvenrost. Befallene Blätter entfernen und verbrennen.

WÄSSERN

Meist nicht erforderlich; bei anhaltender Trockenheit aber reichlich gießen, damit kein Malvenrost aufkommen kann.

STÜTZEN UND SCHNEIDEN

Über 150 cm hohe Pflanzen brauchen in windiger Gegend eine Stütze. Nach der Blüte die Stiele abschneiden, damit keine Früchte entstehen. Schnittblumen für große Vasen.

Oben. Neben den einfach blühenden gibt es auch gefüllt blühende Sorten in weißen, gelben, rosa und roten Farbtönen.

Unten. Blattwanzenschaden an Blättern können zum Ärgernis werden.

Anemone

Beliebte Arten und Sorten für den Garten: *Anemone nemorosa* (Buschwindröschen), *Anemone apennina, Anemone blanda* (Frühlingsanemone), die de-Caen-Anemonen, St.-Brigid-Anemonen, die später blühen, und die Japan- oder Herbstanemonen, hochwüchsige Stauden.

Herbstanemonen wachsen auch dort, wo sonst kaum etwas wächst. Sie verwildern stark; man muß achtgeben, daß sie das Beet nicht völlig überwuchern.

Buschwindröschen bilden im zeitigen Frühjahr weiße, zart rosa überlaufene Blüten auf 12 cm langen Stengeln.

Gartensorten werden 10–20 cm hoch und blühen, je nach Pflanzzeit, vom Frühjahr bis zum Herbst. Sie blühen rot, blau, purpurn, weiß, rosa und rahmgelb.

Herbstanemonen blühen im Spätsommer weiß oder rosa und werden 60–75 cm hoch.

SCHADURSACHEN

Pflaumenrost, ein Pilz, der im Frühjahr an Blättern und Stengeln auftritt, die Blätter verformt und das Blühen verhindert. Kommt jedes Jahr wieder. Befallene Pflanzen ausgraben und vernichten. Keine Pflanzen in die Nähe von Zwetschenbäumen (Zwischenwirte) setzen.

Drei verschiedene Gruppen von Anemonen eignen sich für den Garten: die Gartensorten mit ihren bunten Blüten in kräftigem Scharlachrot, Blaulila, Rosa und Karminrot; das zartblühende Buschwindröschen, ein Frühblüher in Laubwäldern, und hohe Herbstanemonen, die im Spätsommer blühen.

BODEN

Buschwindröschen und Herbstanemonen gedeihen praktisch überall. Gartensorten verlangen nährstoffreiche, gut durchlässige Erde.

STANDORT

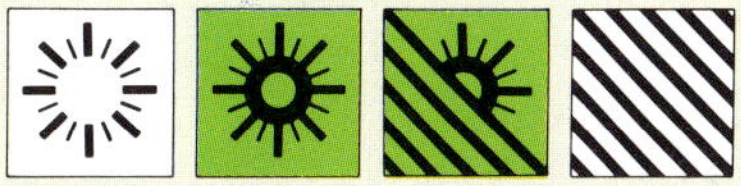

Anemonen sind anpassungsfähig und gedeihen in der Sonne wie im lichten Schatten.

VERMEHRUNG

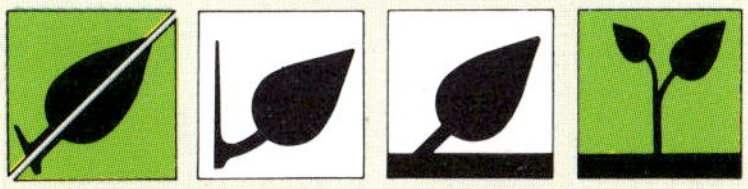

Gartensorten und Herbstanemonen durch Teilen der Wurzelstöcke, die im Herbst etwa 5 cm tief in die Erde gelegt werden.

PFLANZUNG

Winter	Frühjahr	Sommer	Herbst

Alle drei Gruppen pflanzt man am besten im Herbst, Gartensorten kann man auch im Sommer pflanzen, etwa 7 cm tief mit 15 cm Abstand. Buschwindröschen pflanzt man in einem Abstand von 10–15 cm, Herbstanemonen von 60 cm.

SCHUTZ

Die Pflanzen sind winterhart. Am besten gedeihen sie an frostgeschützten Stellen.

DÜNGEN

Herbstanemonen brauchen keinen Dünger; Gartensorten nach der Blüte und Buschwindröschen im Herbst mit Laubstreu mulchen.

WÄSSERN

Gießen ist nicht nötig, da Anemonen ohne zusätzliche Wassergaben auskommen.

STÜTZEN UND SCHNEIDEN

Ist nicht nötig. Bei Herbstanemonen sind überflüssige Wurzelstöcke zu entfernen.

Aquilegia

Akelei

Die Akelei ist eine alte Bauerngartenblume; die mehrfach gespornten Blüten sind blau, rosa, purpur oder karminrot. Sie ist beheimatet in einem mäßigen Klimabereich und wächst wild auf Wiesen, vor allem im Gebirge.
Aquilegia vulgaris wird rund 45 cm hoch und sät sich selbst aus. Sie bildet leicht Hybriden mit einfachen oder gefüllten Blüten. Durch Kreuzung entstanden die McKana-Hybriden. ‚McKana's Riesen' werden 80–100 cm hoch und bringen große, verschiedenfarbene Blüten hervor mit sehr langen Spornen. Die zweifarbigen Blüten können blaßgelbe, hell- und karminrote, weiße, blaue, rosa und lila Farbtöne aufweisen.

Die Arten blühen im frühen Sommer, die Sorten erst im späten Sommer. Selbst nichtblühende Akeleien wirken dekorativ durch ihre dreilappigen Blätter.

SCHADURSACHEN

Minierfliegen. Im Mai/Juni legen die Fliegen ihre Eier blattunterseits einzeln in die Mittelrippen. Die geschlüpften Larven fressen Minen ins Blattgewebe. Bei starkem Befall werden die Blätter dürr.
Blattlausbefall an den Blüten kann im Frühsommer manchmal sehr stark sein.
Raupen der verschiedensten Schmetterlingsarten ernähren sich durch Lochfraß von den Blättern.

Akeleien wachsen wild im Gebirge, auf Wiesen und an Wegrändern. Sie säen sich leicht selbst aus und bilden natürliche Hybriden. Die dreilappigen Blätter sind recht apart. Besonders schön sind die charakteristisch geformten Blüten (rechts). Diese Pflanzen sind kaum anfällig für Schädlinge und Krankheiten. Gelegentlich können Blattläuse und Minierfliegen auftreten.

Oben. Akeleien gibt es in vielen Farbnuancen. *Aquilegia alpina* ist eine seltene, in den Westalpen und im Apennin endemisch vorkommende Pflanze.

BODEN

Bescheidene Ansprüche, wächst in fast allen Böden, zieht aber einen gut entwässerten Standort vor.

STANDORT

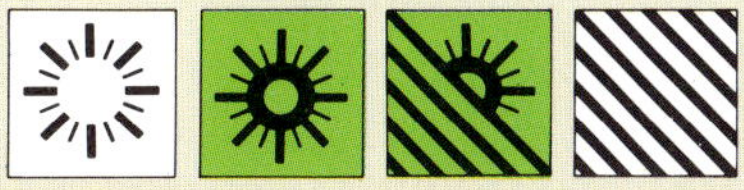

Paßt sich an sonnige wie schattige Standorte an. Gedeiht hier wie dort gleich gut auf feuchten, durchlässigen Böden.

VERMEHRUNG

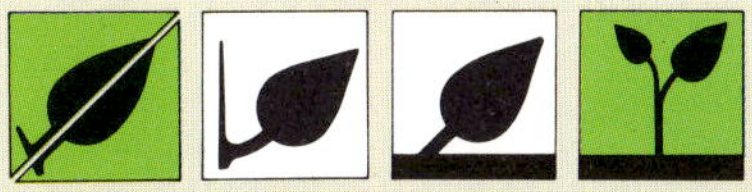

Durch Aussaat im Juli und August oder im März ins Frühbeet. Auch Teilung im Frühjahr oder Herbst ist möglich.

PFLANZUNG

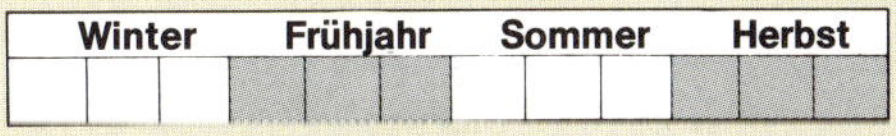

Akeleien kann man im Herbst oder im Frühjahr pflanzen.

SCHUTZ

Sie sind widerstandsfähig und brauchen das ganze Jahr über keinerlei Schutz.

DÜNGEN

Ist nicht notwendig.

WÄSSERN

Nur bei anhaltender Trockenheit wässern.

STÜTZEN UND SCHNEIDEN

Wenn keine Samen benötigt werden, Blütenstengel nach dem Verblühen abschneiden.

Aster

Die Glattblattaster, *Aster novi-belgii*, wird bis 120 cm hoch und bildet im Herbst lockere, verzweigte Rispen aus violetten Blütenköpfchen. Sie stammt aus Nordamerika. Dort ist auch die Rauhblattaster, *Aster novae-angliae*, beheimatet. Sie blüht rosa oder hell purpurviolett und wird bis 180 cm hoch. Durch Kreuzung dieser beiden Arten entstanden die modernen Gartenhybriden, die nur etwa 90 cm hoch werden und Blüten in den verschiedensten Rottönen hervorbringen. Eine hier herausgezüchtete Zwergform wird nur 22–30 cm hoch. Sie bildet kleine Büsche und blüht in ähnlichen Farben. Astern sind zweifellos wunderschöne Blumen, die am schönsten blühen, wenn andere Blumen bereits verwelkt sind.

SCHADURSACHEN

Mehltau. Astern sind anfällig für Echten Mehltau. Blätter, manchmal auch Stengel, mit weißem mehligem Belag. Die Pflanze stirbt ab lange vor dem Verblühen. Es gibt aber widerstandsfähige Sorten, und es lohnt sich, diese anzuschaffen. Man schaut am Ende des Sommers in benachbarte Gärten und merkt sich die nicht befallenen Sorten. Ist dies nicht möglich, so beugt man einem Befall vor durch angemessene Pflanzabstände, lichtet zu dichte Büsche aus, wässert reichlich bei Trokkenheit und gibt mehrmals kleine Gaben eines Volldüngers.
Blattälchen befallen vor allem die Zwergsorten. Da es gegen sie kein wirksames Mittel gibt, muß man die Pflanzen aus guten Gärtnereien besorgen.
Befallene Pflanzen verkrüppeln, haben verdrehte Blätter und wenige Blüten, die mißgebildet sind. Befallene Pflanzen sind schleunigst samt Wurzeln zu vernichten. Verseuchte Beete dürfen mehrere Jahre nicht mehr mit anfälligen Arten bepflanzt werden.
Schnecken schädigen die Blätter durch Rand- und Lochfraß. Sie hinterlassen glänzende Schleimspuren und feuchte, etwas schmierige Kothäufchen.
Blattläuse und Raupen befallen gelegentlich Blätter und Stengel.

Durch ihre Formfülle und vielfältige Blütenpracht bieten die Astern einen wunderschönen Anblick. *Aster novi-belgii* aus Nordamerika ist an den schlanken, spitzen, sattgrünen Blättern erkennbar. Die Sorte 'Freda Ballard' (oben) bildet leuchtendrote, halbgefüllte Blüten. Sie wird 80 cm hoch und ist eine sehr gute Schnittsorte. 'Marie Ballard' (ganz links) hat hellblaue, gefüllte Blüten und wird 90 cm hoch. Astern sollten nie zu dicht stehen, da sie für Mehltau anfällig sind (links).

BODEN

Die meisten Böden genügen den Ansprüchen der Aster, sofern sie nicht zu feucht sind und ausreichend Nährstoffe enthalten.

STANDORT

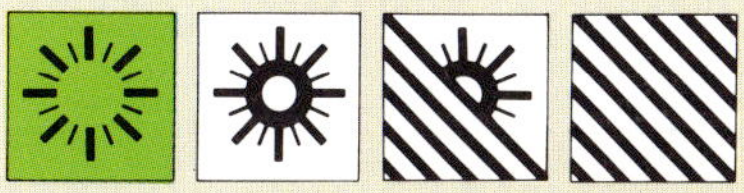

Astern wollen hell und am liebsten sonnig stehen.

VERMEHRUNG

Meist durch Teilung im Herbst oder Frühjahr. Stecklingsvermehrung gelingt nur im Sommer unter Glas.

PFLANZUNG

Winter	Frühjahr	Sommer	Herbst

Zum Pflanzen sind Herbst und Frühjahr die günstigsten Jahreszeiten.

SCHUTZ

Die robusten Pflanzen überstehen praktisch jedes Wetter ohne besonderen Schutz.

DÜNGEN

Im Sommer mit kalireichem Mischdünger, der gut eingeschwemmt werden muß, düngen.

WÄSSERN

Während der heißen Jahreszeit stets gut feucht halten, damit die Pflanzen gesund bleiben.

STÜTZEN UND SCHNEIDEN

Bei hohen Pflanzen am Sommeranfang die schwachen Triebe entfernen und nur 5 oder 6 kräftige Triebe belassen. Bei Bedarf Stützen anbringen.

Buchsbaum

Buxus

Buchsbaum wird vorwiegend für Hecken und Einfassungen verwendet, aber auch als Solitärgehölz, da er langsam wächst und sich gut für den Formschnitt eignet. Die Art *Buxus sempervirens* besitzt dicht stehende, kleine längliche Blättchen. Dieser Gemeine Buchsbaum kann sich zu einem Strauch oder zu einem 6 m hohen Baum entwickeln. Eine Sorte davon, die Zwergform 'Suffruticosa' wird etwa 30 cm hoch. Der Buchsbaum stammt aus dem Mittelmeerraum. In Europa und Nordamerika wird er vor allem für Hecken verwendet, eignet sich aber auch als Sichtschutz für Kübel und als Unterpflanzung unter Bäumen.

SCHADURSACHEN

Buchsbaumblattflöhe. Durch ihre Saugtätigkeit krümmen sich die Blätter an den Triebenden löffelförmig nach oben („Löffelblättrigkeit"). Sie weisen einen klebrigen, später schwarz werdenden, krustigen Belag auf (Rußtau). Im Winter werden alle im vorangegangenen Sommer befallenen Triebe bis weit in das gesunde Holz zurückgeschnitten.

Buchsbaumgallmücken. Bei Befall zeigen sich auf der Blattoberseite längs der Mittelrippe gelblichgrüne, runde Flecken, auf der Blattunterseite beulige, blasenartige Auftreibungen (Gallen), in denen orangegelbe beinlose Larven leben. Befallene Triebe ausschneiden.

Spitzendürre. Sie wird durch einen Pilz verursacht. Die befallenen Triebspitzen werden dürr, anscheinend grundlos, ohne vorhergehende Hinweise, mitten in der Wachstumszeit. Befallene Triebe bis weit in das gesunde Holz zurückschneiden und verbrennen.

Buchsbaum eignet sich gut für Formhecken. Die Sorte 'Suffruticosa' wird gern für Beeteinfassungen verwendet.

BODEN

Anspruchslos. Wächst überall.

STANDORT

Anpassungsfähig, gedeiht in der Sonne wie im Schatten.

VERMEHRUNG

Durch Stecklinge, die am Ende des Sommers 7 cm lang geschnitten werden und im Freien an geschütztem Platz zum Bewurzeln in sandiges Substrat gesteckt werden. Durch Ableger im Herbst.

PFLANZUNG

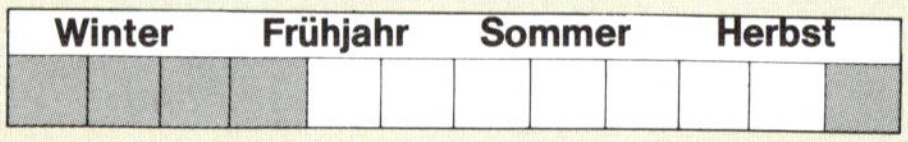

Pflanzzeit vom Herbst bis zum Frühjahr. Pflanzabstand für Hecken 30 cm, für Einfassungen 15 cm.

SCHUTZ

Unnötig, da Buchsbaum robust ist und jedes Wetter aushält.

DÜNGEN

Einmal im Jahr mulchen ist eine Grundvoraussetzung, wenn die Hecke kräftig wachsen soll.

WÄSSERN

Zusätzliches Gießen ist nicht nötig.

STÜTZEN UND SCHNEIDEN

Hecken müssen vom Spätfrühjahr bis Sommerende etwa dreimal geschnitten werden. Stützen sind nicht erforderlich.

Sommeraster

Callistephus

Sommerastern gehören mit ihren Blüten in allen Farbschattierungen von Blau, Purpur-, Karmin-, Rosen- und Scharlachrot, über Rosa, Rahmgelb und Weiß zu den hübschesten Sommerblumen. Die Blüten sind sehr variabel in Form und Größe. Die Art hat dunkle purpurfarbene Zungenblüten und gelbe Röhrenblüten. Die einjährigen Pflanzen werden bis 90 cm hoch. Die wechselständigen Blätter sind grob gezähnt oder eingeschnitten. Blütezeit von Juli bis Oktober. Aus der Stammform wurden zahlreiche Sorten herausgezüchtet. Es entstanden umfangreiche Sortengruppen mit einer Vielfalt in Wuchseigenschaft, Blütenformen und -farben.

Am besten gedeihen Astern in voller Sonne auf lehmig-humosen Böden. Es gibt hohe, halbhohe und niedrige Sorten. Die ersten beiden Gruppen sind beliebte Schnittblumen, die niedrigen mehr Topf- und Grabpflanzen. Ältere hohe Sorten: Straußenfeder und Prinzeß astern. Neuere Sorten sind vor allem witterungsbeständiger.

SCHADURSACHEN

Asternwelke. Befallene Pflanzen welken plötzlich, meist zu Beginn der Blüte. Die Stengel werden schwarz und sterben ab. Erreger ist ein Pilz, der vom Boden her in die Gefäße eindringt, sie mit seinem Myzel verstopft und Wasseraufnahme verhindert. Befallene Pflanzen vernichten. Astern jährlich auf neuen Platz setzen und weniger anfällige Sorten verwenden.

Stengelgrundfäule. Pilzinfektion vom Boden her. Stiel der jungen Pflanze wird braun, sie fällt um; manchmal vergilben vorher die Blätter. Langsam wachsende Pflanzen mit kleineren Blättern sind bereits verdächtig. Resistente Sorten gibt es nicht. Pflanzen bald vernichten.

Gurkenmosaik-Krankheit. Sie verursacht gelb gefleckte Blätter. Befallene Pflanzen bringen auffallend viele kleine, mißgebildete Blüten hervor. Erkrankte Pflanzen schleunigst vernichten.

Blattläuse und Wurzelläuse können bei heißer, trockener Witterung sich stark vermehren. Deshalb für gleichmäßige Feuchtigkeit und angemessenen Pflanzabstand sorgen.

BODEN

Sommerastern gedeihen am besten auf gut durchlässigem, nährstoffreichem Boden.

STANDORT

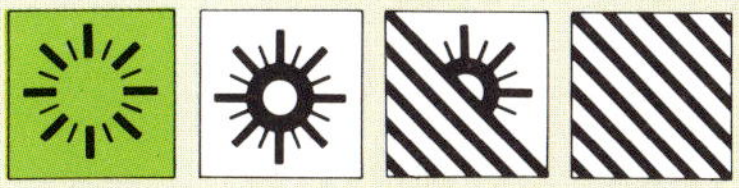

Besonders günstig für die Blütenbildung ist ein freier, sonniger Platz.

VERMEHRUNG

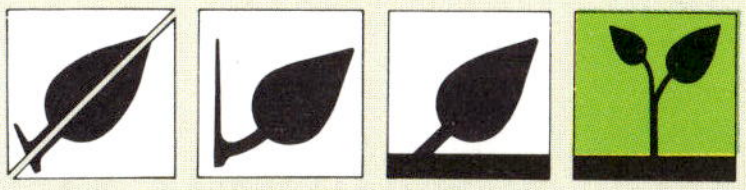

Aussaat von Februar bis April bei günstiger Witterung, sonst ab Mitte März. Zunächst ins Frühbeet, von dort ab Mitte Mai die Sämlinge ins Freiland auspflanzen. Pikieren ist nur nötig bei den frühen Aussaaten.

PFLANZUNG

Pflanzabstand, je nach Sorteneigenschaft, 20–40 cm. Beim Einpflanzen die Sämlinge sorgsam behandeln; vor allem die Wurzeln dürfen nicht beschädigt werden.

SCHUTZ

Frisch gesetzte Jungpflanzen sind frostempfindlich, daher erst ab Mitte Mai nach den Eisheiligen auspflanzen.

DÜNGEN

Während des Wachstums muß zusätzlich gedüngt werden. Frischen Stalldung vermeiden. Böden mehrmals lockern.

WÄSSERN

Während des Wachstums reichlich gießen.

STÜTZEN UND SCHNEIDEN

Beides ist nicht erforderlich.

Camellia

Kamelie

Diese wunderschön blühenden Sträucher stammen aus Ostasien. Am bekanntesten ist *Camellia sinensis*, der Tee. *Camellia japonica* wächst in den kühleren Bergregionen. Sie blüht im Frühjahr. Seit dem letzten Jahrhundert wird sie kultiviert und züchterisch verwendet. Viele prachtvolle Sorten mit einfachen und gefüllten Blüten verschiedenster Größen. Nur ältere Pflanzen, etwa zu groß gewordene Zimmerpflanzen, können in milden Gegenden (Weinbauklima) an geschütztem Platz mit wenig Sonne im Garten ausgepflanzt werden, brauchen aber äußerst sorgfältigen Winterschutz. Am besten für Wintergärten geeignet.

Kamelien sind eindrucksvolle Blütensträucher mit prachtvollen Blüten. Je nach Sorte blühen sie zwischen November und März. Es gibt Sorten mit gefüllten (rechts), anemonenähnlichen (links unten) und päonienähnlichen Blüten (ganz rechts).

SCHADURSACHEN

Anfällig für Woll- und Schildlausbefall. Dickmaulrüßler-Larven fressen an den Wurzeln. Viruserkrankung verursacht gelbliche oder weiß panaschierte Blätter und weißgefleckte Blüten. Die Panaschierung kann geradezu dekorativ wirken, da die Pflanze im Wachstum nicht beeinträchtigt wird. Braune Knospen und braun- gerandete Kronblätter bilden sich an zu sonnigem Standplatz.

Falsche Pflege verursacht Knospenfall und Blattkrankheiten. Knospentragende Pflanzen daher möglichst hell und kühl stellen, am besten gedeihen sie im Wintergarten. Die Knospen wachsen zum Licht hin, sie fallen jedoch ab, wenn man die Pflanze dreht. Möglichst nicht in lufttrockenen Zimmern aufstellen. Chlorose tritt auf bei zu hohem Kalkgehalt im Boden, erkennbar an vergilbenden Blättern.

Unten. Kamelienblüte mit Frostschäden, erkennbar an den braunfleckigen Kronblättern. Knospen, die Frost erlitten haben, öffnen sich nicht.

BODEN

Wächst am besten auf sauren bis neutralen Böden und kommt bei zusätzlichen, reichlichen Humusgaben zum Blühen.

STANDORT

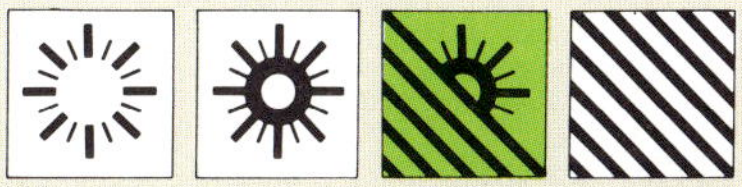

Im Sommer schattig bis halbschattig im Freien, im Winter an hellem, kühlem Fensterplatz ohne Heizung.

VERMEHRUNG

Im Januar oder August durch Kopfstecklinge mit 3 Blättern oder Augen, die in Sand/Torfgemisch gesteckt und bei 18–20 °C gehalten werden.

PFLANZUNG

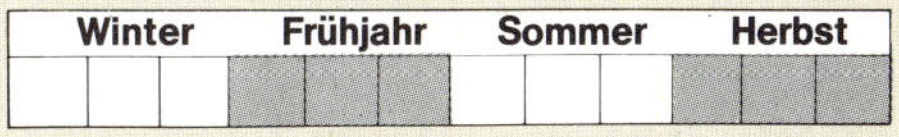

Im Herbst oder Frühjahr, dabei auf genügend großen Wurzelraum achten.

SCHUTZ

Nicht winterhart, muß vor den ersten Frösten im Herbst ins Haus gebracht und bei 8–10 °C überwintert werden.

DÜNGEN

Im Wachstum bis zur Knospenbildung alle 2 Wochen mit kalkfreier, 0,2%iger Nährlösung.

WÄSSERN

Topfballen gleichmäßig feucht halten. Im Winter lauwarmes Wasser in den Untersetzer geben. Für gleichmäßige Luftfeuchtigkeit sorgen.

STÜTZEN UND SCHNEIDEN

Jungpflanzen etwas stützen. Nach der Blüte kann etwas beschnitten werden.

Ceanothus

Säckelblume

Bis vor kurzem ein ziemlich unbekannter Strauch, den man jetzt mit seinen schmutzigblauen Blütenähren gelegentlich in einem Garten finden kann. Die Säckelblume ist frostempfindlich und nicht winterhart. Sie braucht einen windgeschützten, warmen Platz, am besten vor einer besonnten Wand. Sie kann 180 bis 360 cm hoch werden, doch gibt es auch niedrige Formen. Eine Stütze braucht sie nicht. Sie wurde züchterisch bearbeitet. Manche Sorten blühen im Frühjahr, andere im Sommer oder Herbst. Beide Gruppen bilden auch während der Wachstumszeit hin und wieder Blüten.

Säckelblumen können frei stehen oder vor einer Wand. Am besten gedeihen sie auf Kalkboden an einem windgeschützten Platz.

BODEN

Gedeiht am besten in gut durchlässiger, nährstoffreicher Erde.

STANDORT

Verlangt einen sonnigen, vor Winden geschützten Platz.

VERMEHRUNG

Durch Stecklinge, die September/Oktober 7 cm lang geschnitten werden. Zum Bewurzeln ins Kalthaus stellen.

PFLANZUNG

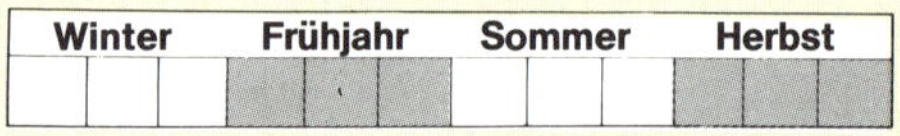

Umpflanzen ins Freiland bei feuchtwarmem Wetter im Frühjahr, wenn keine Spätfröste mehr zu erwarten sind. Nur in klimatisch extrem milden Gebieten im Herbst, dann aber bei gutem Winterschutz.

SCHUTZ

Vor dem ersten Frost im Spätherbst hereinnehmen; nur in Ausnahmefällen (s. o.) im Freiland gut geschützt überwintern.

DÜNGEN

Die ausgepflanzten Stecklinge nach dem Anwachsen düngen, damit sie kräftig wachsen und gesunde Blüten hervorbringen.

WÄSSERN

Zusätzliches Gießen erübrigt sich; nur in Trockenzeiten bei Bedarf wässern.

STÜTZEN UND SCHNEIDEN

Immergrüne Formen, die im Herbst blühen, im Frühjahr zurückschneiden, die im Frühjahr blühenden gleich nach der Blüte leicht stutzen. Laubabwerfende Formen gleichzeitig schneiden, doch erfolgt hier der Rückschnitt bis ins vorjährige Holz.

Centaurea

Flockenblume

Diese Staude wird selten erwähnt oder in Gärten gesehen, dabei ist sie höchst dekorativ, dankbar und äußerst unempfindlich. Die Art blüht leuchtend blau, die Sorten auch weiß und rosa. 'Pinkie' blüht zum Beispiel rosarot und 'Jolly Joker' lilarosa. Es sind hübsche Schnittblumen für die Vase. Unter günstigen Bedingungen blühen sie mehrmals. Ihre Blätter erscheinen durch die weiche Behaarung graugrün, ebenso die Stengel, die etwa 60 cm hoch werden.

Die anspruchslosen Flockenblumen gehören zu den pflegeleichtesten Stauden. Bei anhaltend feuchter Witterung werden Blätter und Blüten gelegentlich durch Schneckenfraß geschädigt. Im Sommer tritt manchmal Mehltau (unten rechts) auf.

SCHADURSACHEN

Schnecken. Sie fressen an Blättern und Blüten.
Mehltau. Befällt im Hochsommer vorjährige Triebe, die nicht abgeschnitten wurden, und nun mit den neuen dicht zusammenstehen.

BODEN

Verlangen durchlässigen, nicht zu trockenen Boden.

STANDORT

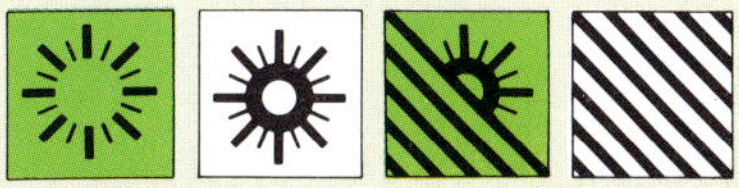

Nur auf vollsonnigem Standort kommt reiche Blüte zustande; bei Lichtmangel werden sie dünnstengelig.

VERMEHRUNG

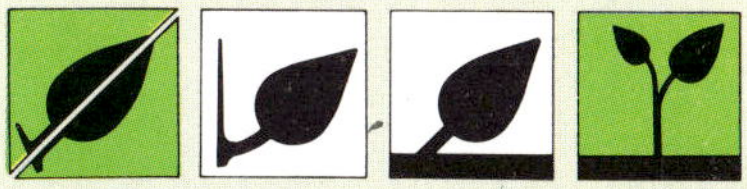

Aussaat direkt ins Freiland schon im Herbst oder im zeitigen Frühjahr. Die Sämlinge auf 15–20 cm Abstand verziehen.

PFLANZUNG

Im Herbst oder Frühjahr.

SCHUTZ

Die dankbaren, unempfindlichen Pflanzen benötigen keinen Wetterschutz.

DÜNGEN

Braucht nur auf extrem leichten, sandigen Böden Dünger im zeitigen Frühjahr.

WÄSSERN

Im allgemeinen braucht nicht gegossen zu werden; doch bei anhaltender Trockenheit Boden gleichmäßig feucht halten.

STÜTZEN UND SCHNEIDEN

Sowie sich Blüten bilden, laufend schneiden, damit ständig neue Blütenstengel nachwachsen.
Stützen ist nur nötig bei schwach entwickelten Stielen oder wenn die Pflanzen durch Wind und Regen beschädigt worden sind.

Chaenomeles

Zierquitte

Der altbekannte, langsam wachsende Strauch blüht im zeitigen Frühjahr: Stets erscheinen die roten Blüten vor den Blättern. An einem sonnigen Standort blühen sie schon ab März. Die gelben, quittenähnlichen Früchte lassen sich im Herbst zu Gelee verarbeiten. Es gibt verschiedene Sorten, zum Beispiel 'Fire Dance' signalrot und sehr reich blühend, 'Nicoline' mit auffallend großen, tief scharlachroten Blüten oder 'Red Chief' mit gefüllten, tiefroten Blüten. Sie werden 100 bis 200 cm hoch. Die Zweige sind an den Blattansätzen bedornt. Die Arten werden vielfach höher.

SCHADURSACHEN

Feuerbrand tritt ganz selten auf.
Vögel picken im Winter oft die Blütenknospen an.

Unten. Die Zierquitte läßt sich auch als Spalier an einer Wand hochziehen. Manche Sorten werden über 3 m hoch.

BODEN

Der anspruchslose Strauch gedeiht fast auf allen Böden.

STANDORT

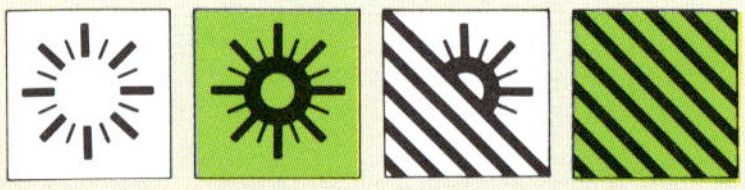

Wächst in der Sonne so gut wie im Schatten.

VERMEHRUNG

Durch Stecklinge wie durch Aussaat.

PFLANZUNG

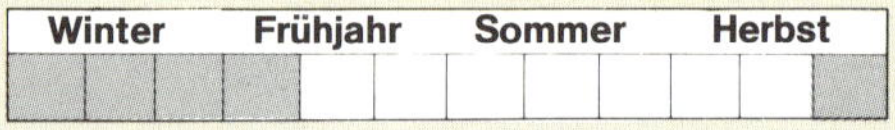

Jederzeit zwischen Herbst und Frühjahr, sofern der Boden nicht gefroren ist. Pflanzabstand 100–250 cm.

SCHUTZ

Benötigt keinen besonderen Schutz.

DÜNGEN

Eine Gabe von stark kaliumhaltigem Dünger im Hochsommer fördert die Blütenbildung, ist aber nicht lebensnotwendig.

WÄSSERN

Nur bei anhaltender Trockenheit gießen.

STÜTZEN UND SCHNEIDEN

Ein Rückschnitt mitten im Sommer fördert die Blütenbildung. Diesjährige Seitentriebe um zwei Drittel, jeden neuen Zuwachs an den Haupttrieben um die Hälfte zurückschneiden. Ein Spaliergerüst ist nur nötig, wenn der Strauch an einer Wand wächst. Die Seitentriebe werden dann an waagerechten Drähten befestigt.

Cheiranthus

Vom Goldlack sind 10–12 Arten bekannt. Viele wachsen buschig verzweigt und haben längliche, weich behaarte Blätter. Viele Einzelblüten bilden dichte traubige Blütenstände am Stengelende. Die Goldlackblüten duften auffallend, besonders bei warmer Witterung. Sie blühen in warmgelben, braunen oder purpurvioletten Farbtönen von Mai bis Juni/September, je nach Sorte. Es gibt ein- und zweijährige Sorten.

SCHADURSACHEN

Bei richtiger Behandlung und guten Wachstumsbedingungen gedeiht Goldlack ohne Probleme.

Weißer Rost. Eine Pilzkrankheit, die vor allem junge Triebe befällt. Es bilden sich Beulen, die aufreißen und weiße Sporen entlassen.
Befallene Teile verkrüppeln. Verbrennen der erkrankten Pflanzen. Auch alle Rückstände solcher Pflanzen vernichten.

Erdflöhe. Sie erscheinen gegen Ende des Frühjahrs und fressen kleine runde Löcher in die Blätter von Keimlingen und Jungpflanzen. Der Befall läßt sich verhüten, wenn der Boden gut gewässert und von Abfällen freigehalten wird.

Kleine Kohlfliege. Ihre Larven können vom Frühjahr bis zum Spätherbst an den Wurzeln junger Pflanzen fressen. Geschädigte Pflanzen stellen das Wachstum ein, welken bei sonnigem Wetter und können absterben. Besonders gefährdet sind Sämlinge und umgesetzte Pflanzen. Der Befall wird eingeschränkt oder gar verhütet, wenn neue Pflanzungen der gleichen Art an anderer Stelle erfolgen.

Falscher Mehltau. Blätter oberseits leicht durchscheinend, gelblich gefleckt, sich bald bräunend, unterseits schmutzig-weißer Pilzrasen. Stengel und Triebspitzen verdickt, mit Verwachsungen und Verkrüppelungen, keine Blütenbildung, Pflanzen welken und werden dürr. Vor allem bei warmem Regenwetter. Befallene und dürre Pflanzen vernichten.

Oben und rechts. Goldlack ist wie der Kohl ein Kreuzblütler und wird von denselben Schädlingen und Krankheiten befallen. Guter durchlässiger Boden, sonniger Standort und festes Einpflanzen tragen dazu bei, daß die Pflanzen kräftig, buschig und widerstandsfähig werden.

BODEN

Verlangt kalkhaltigen, tiefgründigen, nährstoffreichen Boden.

STANDORT

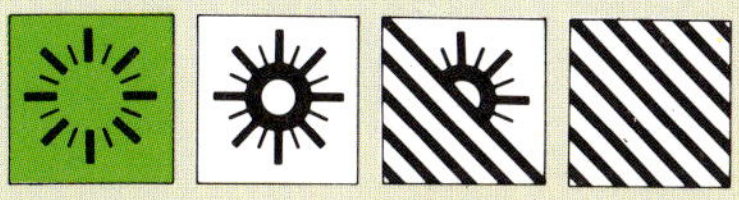

Benötigt viel Licht und Luft, ist aber empfindlich gegen Zugluft. Frühbeet möglichst häufig lüften. Im Winter bei tiefen Temperaturen direkte Besonnung vermeiden.

VERMEHRUNG

Eigene Anzucht etwas kompliziert, daher Jungpflanzen beim Gärtner kaufen. Sonst Aussaat im Mai oder Anfang Juni ins Frühbeet. Dunkelkeimer, daher bis zur Keimung schattieren.

PFLANZUNG

Winter			Frühjahr			Sommer			Herbst		
										■	

Wenn die Sämlinge 5 cm hoch sind, auspflanzen im Abstand von 25–30 cm, ab Herbst in 12-cm-Töpfe umpflanzen und im Frühbeet frostsicher überwintern.

SCHUTZ

Kälteempfindlich. Winterschutz stets empfehlenswert.

DÜNGEN

Kalihaltige Mischdünger im Frühjahr fördern die Blütenbildung.

WÄSSERN

Stets für gleichmäßige Feuchtigkeit sorgen.

STÜTZEN UND SCHNEIDEN

Für buschigen Wuchs sind Haupt- und Nebentriebe zu schneiden. Stützen nicht nötig.

Chrysanthemum

Wucherblume

Von dieser Gartenblume gibt es so viele verschiedene Arten (über 200), daß man während der ganzen Vegetationszeit ständig blühende Pflanzen haben kann. Die Blüten bilden einen korbartigen Blütenstand am Ende hoher Stengel. Sie kommen in verschiedenen Farben vor, selbst innerhalb einer Art gibt es ein- oder mehrfarbige Blumen. Auch ohne Blüten erkennt man die Pflanzen an ihren doppelt-fiederschnittigen Blättern.

Die robusten einjährigen Formen blühen von Juli bis Oktober, die frühen Gewächshausformen blühen später im Sommer bis weit in den Herbst hinein, die späten Sorten können bei milder Witterung bis über den Oktober hinaus noch blühen.

Allesamt sind sie dekorative Gartenpflanzen, die sich ausgezeichnet als Schnittblumen verwenden lassen.

Die unempfindlichen Sommerblumen haben einfache Blüten mit verschiedenen Farbzonen, die kreisförmig über die Kronblätter verlaufen. Sie werden 50–80 cm hoch. Die Gewächshauschrysanthemen werden 75–150 cm hoch und haben große Blüten, die einfach oder gefüllt sein können. Diese gefüllten Blüten haben einwärts- oder zurückgebogene Kronblätter. Sie gibt es in den verschiedensten Farben wie Bronze, Rost, Gelb, Orange, Weiß und auch zweifarbig.

Oben und rechts. Die wunderschönen Chrysanthemen sind dankbare Schnittpflanzen, die in der Vase lange halten. Warme Herbstfarben sind typisch für die großblütigen Sorten.

SCHADURSACHEN

Die meisten Schädlinge und Krankheitserreger beschränken sich auf die Gewächshausformen, die Freilandpflanzen sind robuster.

Blattälchen. Sie befallen vor allem die Blätter. Es bilden sich zunächst gelblich-braune, später dunkelbraune bis schwarze Flecken, die von den Blattadern geradlinig begrenzt werden. Die Blätter vertrocknen oder faulen, und schließlich stirbt die ganze Pflanze ab.
Die Gefahr läßt sich bändigen, wenn nur einwandfreies, gesundes Material verwendet und für ausgewogene Ernährung gesorgt wird.
Befallene Pflanzen frühzeitig entfernen und samt Wurzeln und Rückständen verbrennen. Auf dem verseuchten Beet mehrere Jahre lang diese oder nahe verwandte Pflanzen nicht mehr anpflanzen.

Verticillium-Welke. Meist während der Knospenbildung welken die Pflanzen plötzlich von unten nach oben. Der Pilz dringt in die Wurzeln ein und wächst in den Gefäßen hoch, so daß die Pflanzen kein Wasser mehr aufnehmen können und welken. Der Stengelquerschnitt zeigt gebräunte Gefäße.
Befallene und abgestorbene Pflanzen rasch vernichten. Keine anfälligen Arten und Sorten verwenden. Sind die Befallsherde noch klein, kann man die Pflanzen samt umgebender Erde spatentief herausheben und sorgfältig entfernen, dabei nichts verstreuen und auf keinen Fall auf den Kompost werfen.

Blattfleckenkrankheit. Kreisförmige, dunkelgraue bis schwärzliche Flecken, häufig zusammenfließend an den Blättern; diese vergilben und sterben ab. Vor allem bei feuchtwarmer Witterung im Sommer und Herbst und auf zu stark gedüngten Böden.
Kranke und abgestorbene Pflanzen vernichten, Anbaufläche wechseln, nur gesundes Saatgut verwenden, für ausreichende Luft und Bewässerung sorgen.

Chrysanthemenrost. Blätter unterseits mit kleinen rotbraunen Pusteln, die von hellerem Hof umgeben sind, oberseits mit hellgrünen bis gelblichen Flecken. Kranke Blätter und Triebe sofort abschneiden und vernichten.

Echter Mehltau. Der Pilz überzieht Stengel und Triebe, aber auch Blätter, Blüten und Knospen mit einem weißpuderigen Belag, der fleckig oder gleichmäßig verteilt in Erscheinung treten kann. Die befallenen Pflanzenteile werden verunstaltet, Blätter verkrüppeln, welken und sterben ab, Knospen vertrocknen. Erkrankte Pflanzenteile abschneiden und verbrennen. Vorbeugend günstige Wachstumsbedingungen schaffen, damit die Pflanzen kräftig heranwachsen und widerstandsfähig sind. Auf ausreichenden Pflanzabstand achten, Dünger in ausgewogener Zusammensetzung zuführen, für gute Bodenbeschaffenheit sorgen.

Blattwanzen. Sie schädigen die Pflanze durch ihre Saugtätigkeit: Blätter, Blütenstände und Triebspitzen stellen das Wachstum ein, verkrümmen, verkrüppeln und sterben ab. Auf der Blattfläche sind die Saugstellen als gelbliche Punkte zu erkennen, die braun werden, absterben, herausbrechen und kleine Löcher hinterlassen. Blattwanzen übertragen u. a. auch Viruskrankheiten. Sie überwintern im Fallaub; Gartenhygiene ist daher besonders angebracht. Vorbeugend die Pflanzen gut pflegen, damit sie kräftig heranwachsen, in Trockenzeiten reichlich wässern und eventuell schattieren. Fangpflanzen, z. B. Sonnenblumen, anbauen.

Spinnmilben. Man erkennt ihr Vorhandensein an der hell gesprenkelten Blattoberfläche. Die Tiere selbst sind rötlich und sitzen blattunterseits in feinen Gespinsten. Sie bringen die Blätter zum Welken und Absterben. Vorbeugend gesunde, kräftige Pflanzen in nährstoffreicher Komposterde heranziehen, Boden gleichmäßig feuchthalten und natürliche Feinde fördern.

BODEN

Einjährige Wucherblumen wachsen am besten auf sandig-lehmigen Böden.

STANDORT

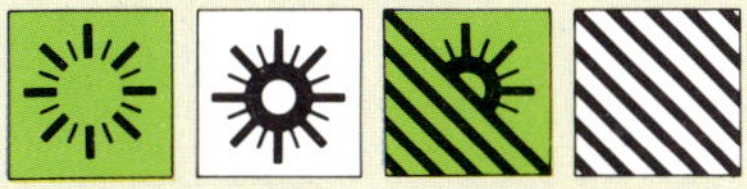

Alle verlangen sie einen sonnigen Platz. Für hochwachsende Sorten ist außerdem ein windgeschützter Stand günstig.

VERMEHRUNG

Sommerblumen durch Aussaat im Frühjahr, Gewächshausblumen durch Stecklinge im Winter. Diese immer wieder umtopfen und frühblühende schließlich ins Freiland setzen.

PFLANZUNG

Sommerblumen im April/Mai direkt ins Freiland. Gewächshaussorten, die im Sommer blühen, werden Ende Mai gepflanzt.

SCHUTZ

Schutz ist notwendig, je nach Klima- und Standortbedingungen.

DÜNGEN

Nicht einseitig mit Stickstoffdüngern, sondern ausgewogene Dünger verabreichen.

WÄSSERN

Besonders Gewächshauspflanzen, solange sie jung sind, und bei gleichmäßiger Witterung gleichmäßig feucht halten.

STÜTZEN UND SCHNEIDEN

Triebspitzen im Mai abzwicken. Bei Gewächshaussorten läßt man nur die obersten Knospen, damit sich schöne, große Blüten bilden. Gewächshauspflanzen, die ins Freie gebracht werden, brauchen etwas Stütze.

Farben und Formen der Chrysanthemenblüten variieren sehr. Von den dekorativen Sorten (links und ganz unten) gibt es viele in mannigfaltigen Farbtönen. Die Spinnenchrysantheme unterscheidet sich von anderen Sorten durch die lang ausgezogenen, röhrenförmigen Kronblätter (unten).

Clematis

Waldrebe

Die Waldrebe *(Clematis vitalba)* ist in Europa, von Nordafrika bis Großbritannien verbreitet. Die meisten Gartenformen lassen sich daher leicht in kühlgemäßigtem Klima pflegen; selbst die etwas empfindlichen Arten wie *Clematis armandii* und *Clematis alpina* nehmen nur in strengen Wintern Schaden. Einige Sorten entfalten ihre ganze Farbenpracht am schönsten an einer der Sonne abgewandten Wand, zum Beispiel 'Nelly Moser' und 'Blue Gem'; andere Sorten brauchen Sonne, zum Beispiel 'Lady Northcliffe', 'President' und 'Lady Betty Balfour'. Je nach Sorte erscheinen die Blüten zwischen Frühjahr und Herbst. Die großblütigen Sorten blühen am schönsten im Sommer. Sie blühen in allen Farben und werden 240 bis 900 cm hoch.

SCHADURSACHEN

Clematiswelke. Sie tritt vor allem bei frischgesetzten und jungen Pflanzen während der ersten paar Jahre auf. Die kräftig wachsenden Triebe welken innerhalb von Tagen vollständig, ohne sich zu erholen. Die Ursache ist noch unbekannt. Schneidet man die welken Triebe dicht am Boden ab, treiben später im Jahr manchmal neue aus.
Ohrwürmer. Sie verursachen keinen nennenswerten Schaden. An den Kronblättern und Laubblättern können sie Löcher fressen.
Rüsselkäfer. Sie fressen gelegentlich die Blattränder an.

Kletterpflanzen, die kahle Wände verkleiden und einen buntfarbenen Teppich darüberbreiten, sind für jeden Garten eine Zierde. Bei der Waldrebe sind die Blätter in Ranken umgewandelt, und diese Ranken winden sich um die nächstbeste Stütze, sei es ein Spalier, ein Zaun, das Geäst eines Baumes oder ein gespannter Rankdraht. Die prachtvollen großblütigen Hybriden (oben und rechts außen) blühen im Frühsommer und werden 340–500 cm hoch. Reizvoll sind auch die Wildarten, zum Beispiel *Clematis macropetala* (rechts) mit spitzen Kronblättern und langen Staubfäden.

BODEN

Braucht gut durchlässige, nährstoffreiche, eher kalkhaltige Erde.

STANDORT

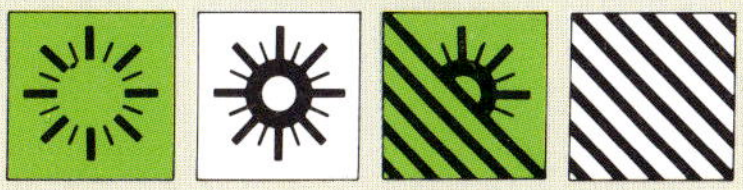

Ideal ist ein Platz mit viel Sonne, aber beschattetem Wurzelbereich.

VERMEHRUNG

Durch Ableger von eineinhalbjährigen Pflanzen zwischen Oktober und November.

PFLANZUNG

Winter	Frühjahr	Sommer	Herbst

März bis April, nur in ganz milden Klimabereichen ab Herbst.

SCHUTZ

Nur *Clematis armandii* braucht bei strenger Kälte etwas Schutz, sonst im allgemeinen nicht nötig.

DÜNGEN

Jedes Frühjahr kräftig mulchen.

WÄSSERN

In Trockenzeiten reichlich gießen.

STÜTZEN UND SCHNEIDEN

Braucht Spanndrähte oder Gerüst für die Ranken. Schneiden nur vorsichtig: Die großblütigen Formen kräftig zurückschneiden, so daß alles tote Holz entfernt wird. Die Frühblüher ebenfalls zurückschneiden und dabei 2 der ältesten Triebe entfernen.

Crataegus

Weißdorn

Er trägt im späten Frühjahr, je nach Art und Sorte, weiße, rosa oder rote, einfache oder gefüllte Blüten und später leuchtend rote oder orangefarbene Früchte. Der Weißdorn ist ein dicht verzweigter Baum, bildet aber auch dichte, wegen der Dornen undurchdringliche Hecken. Der Gemeine Weißdorn *Crataegus laevigata* wird durchschnittlich 4,5 m hoch und fast ebenso breit. *Crataegus monogyna* 'Biflora' blüht in milden Gegenden manchmal schon vor der eigentlichen Hauptblütezeit.

SCHADURSACHEN

Feuerbrand. Eine sich rasch ausbreitende, oft tödlich verlaufende Bakterien-Krankheit. Die Symptome, z. B. braune und schwarze, wie verbrannt aussehende Blätter und abgestorbene Blüten, zeigen sich zuerst im späten Frühjahr. Die Krankheit, die auch andere Rosengewächse, vor allem Birnbäume befällt, muß dem zuständigen Pflanzenschutzamt gemeldet werden.
Raupen. Verschiedene Schmetterlingsarten entwickeln sich an *Crataegus*. Ihre Raupen ernähren sich von den Blättern und legen hier Gespinste an. Sie finden sich auch an *Cotoneaster*, Zieräpfeln und anderen Gewächsen.
Crataegus ist ein Nährgehölz für Vögel. Sie holen sich die Früchte.
Echter Mehltau tritt gelegentlich im Spätsommer auf.

Weißdorn ist vielseitig verwendbar, als blühender Baum, als Hecke oder als Strauch. Die bei uns vorkommende Art *Crataegus oxyacantha* (oben) blüht im späten Frühjahr und trägt rote (gelbe bei der Varietät *aurea*) Früchte.

BODEN

Wächst und gedeiht überall.

STANDORT

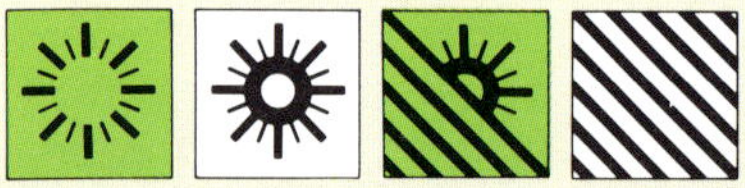

Liebt Sonne ebenso wie Schatten.

VERMEHRUNG

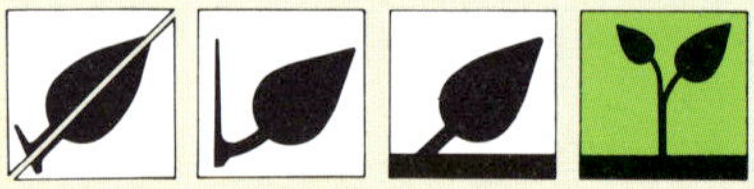

Durch Aussaat; die Früchte müssen jedoch zuvor 1 Jahr im Freien in feuchtem Sand gelegen haben.

PFLANZUNG

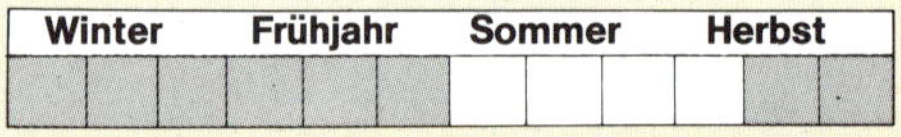

Bei milder Witterung im Herbst oder Frühjahr. Bei Hecken Pflanzabstand von 10 cm einhalten.

SCHUTZ

Braucht selbst in strengen Wintern keinen Schutz.

DÜNGEN

Ist anspruchslos, braucht keine zusätzlichen Düngergaben.

WÄSSERN

Bei anhaltender Trockenheit etwas gießen, sonst nicht.

STÜTZEN UND SCHNEIDEN

Junge Bäumchen brauchen einen Stützpfahl, damit sie gerade wachsen. Nur Formhecken müssen geschnitten werden: im Frühjahr und im Herbst. Zur Brutzeit dürfen jedoch keine Hecken geschnitten werden.

Crocus

Krokus

Von den etwa 80 Krokusarten gibt es zahlreiche Sorten, die teils früh, teils spät blühen. Die häufigsten Blütenfarben sind Violett, Gelb und Weiß, doch gibt es auch andere farbenprächtige Sorten und solche mit gestreiften und geflammten Blüten. Viele Arten eignen sich zur Bepflanzung von Töpfen und Schalen. Im Garten läßt man sie jahraus und jahrein am selben Platz. Am besten passen sie in den Steingarten. Wer sie im Zierrasen will, darf erst mähen, wenn die Krokusblätter vergilben.

SCHADURSACHEN

Krokusse haben kaum unter Schädlingen und Krankheiten zu leiden. Viele Pilzkrankheiten kämen auch für sie in Frage, doch ein wirklicher Befall kommt selten vor. Am häufigsten sind es solche, die auch bei anderen Knollen- und Zwiebelpflanzen auftreten.

Vögel, besonders Spatzen und Amseln greifen die gelbblütigen Formen an. Man kann sie durch Netze fernhalten.

Wühlmäuse fressen gelegentlich an den Knollen.

Die sehr früh blühenden Krokusse eignen sich am besten für den Zierrasen. Bis zum ersten Mähen sind sie verblüht, und die Blätter fangen an zu vergilben. Andere blühen erst im Herbst und strecken ihre bunten Blüten zwischen dem Fallaub hervor.

BODEN

Blühen am besten in durchlässiger Erde.

STANDORT

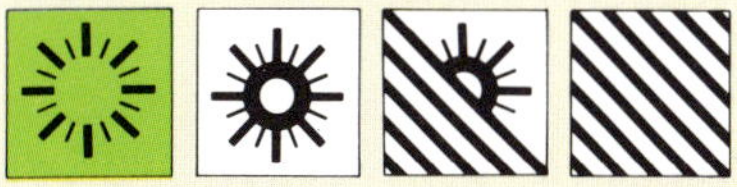

Viel Sonne auf freiem Platz.

VERMEHRUNG

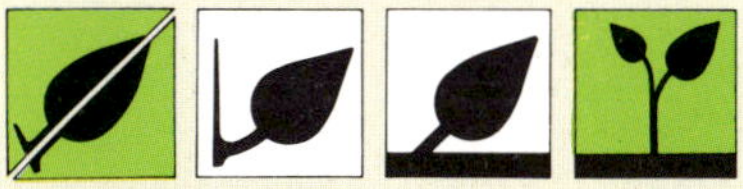

Durch Aussaat; sie säen sich auch selbst aus. Durch Abtrennen der Tochterknollen.

PFLANZUNG

Winter	Frühjahr	Sommer	Herbst

Herbstkrokusse werden im Spätsommer gepflanzt, alle anderen im Oktober, etwa 7 cm tief.

SCHUTZ

An windgeschützten Stellen blühen sie früher. Besonderen Schutz brauchen sie nicht.

DÜNGEN

Nach der Blüte tun etwas Hornspäne oder Kalidünger gut.

WÄSSERN

Gießen ist nicht notwendig.

STÜTZEN UND SCHNEIDEN

Beides nicht nötig.

Dahlia

Dahlie

Die ausdauernden Pflanzen besitzen knollige Wurzeln. Die zahlreichen Sorten unterscheiden sich in Blütenform und -farbe sowie in der Wuchshöhe. Die Dahlien kamen im letzten Jahrhundert aus Amerika und wurden in Europa intensiv züchterisch bearbeitet. Die nickenden, oft langgestielten Blütenköpfe variieren in der Größe. Es gibt einfache, halbgefüllte und gefüllte Formen. Manche zeichnen sich durch eine früh einsetzende, langanhaltende Blüte aus. Die hohen und mittelhohen Sorten werden gern als Schnittblumen verwendet. Die niedrig bleibenden sind beliebt durch ihre kompakte, kleinblättrige Wuchsform.

Für jeden Platz im Garten gibt es geeignete Dahlien. Vielseitig verwendbar sind die Schmuckdahlien (oben und ganz rechts). Die kleinen, bis 30 cm hoch werdenden einfachen Sorten (rechts) eignen sich für Gruppenpflanzungen im Beet, wo sie ab Juli ihre Farbenpracht entfalten.

BODEN

Der Boden muß nährstoffreich, feucht, aber gut durchlässig sein.

STANDORT

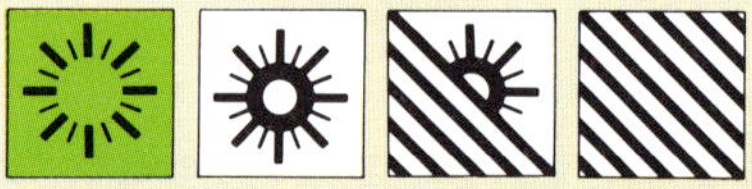

Am besten wachsen und blühen sie an vollsonnigem Standort.

VERMEHRUNG

Durch Stecklinge (vor allem mittelhohe und hohe Sorten), Teilung der Knollen und Aussaat ins Frühbeet von Februar bis April.

PFLANZUNG

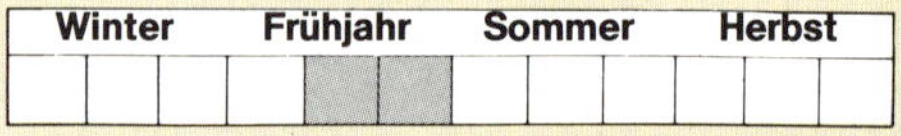

Im Mai Knollen ohne Sprosse 7 cm tief einpflanzen. Pflanzabstand, je nach Sorte 45–180 cm, durchschnittlich 90 cm. Oder: Knollen mit einem Auge bei 13 °C einzeln in Töpfe pflanzen und im späten Frühjahr ins Freiland bringen.

SCHUTZ

Alle Knollen im Herbst herausnehmen und frostfrei überwintern in Erde oder feuchtem Torf.

DÜNGEN

Während der Vegetationsperiode wöchentlich eine Gabe Flüssigdünger.

WÄSSERN

Häufig und reichlich gießen.

STÜTZEN UND SCHNEIDEN

Hohe Sorten an Stäbe binden. Zurückschneiden erst vor dem Überwintern.

SCHADURSACHEN

Ohrwürmer. An sich recht nützliche Tiere, können bei Dahlien an Blüten und Blättern Lochfraß verursachen. Die Pflanzen werden nicht weiter beeinträchtigt.
Grauschimmelfäule. Sie entsteht durch Pilzbefall an Blättern, Blüten und Stengeln, erkennbar an mißfarbenen bräunlichen Faulstellen, bei feuchter Witterung mit mausgrauem Schimmelrasen. Die befallenen Pflanzenteile sterben ab. Ungünstige Wachstumsbedingungen wie falsche Ernährung, geringer Pflanzabstand, hohe Luftfeuchtigkeit schwächen die Pflanzen und machen sie anfällig für den Pilzbefall. Kulturbedingungen verbessern, vor allem Stickstoff-Überdüngung vermeiden, widerstandsfähige Sorten wählen.
Blattwanzen. Sie befallen Blätter, die zunächst gelbliche, dann bräunlich eintrocknende Fleckchen aufweisen, schließlich verbogen und zerrissen durchlöchert werden. Die Triebenden werden verunstaltet. Die Blattwanzen kommen bei heißem, trockenem Wetter an windgeschützten Stellen leicht zur Massenvermehrung und können dann sehr gefährlich werden, vor allem, weil alle Entwicklungsstadien die Pflanzen schädigen. Die Wanzen von den Pflanzen schütteln und auf Pappdeckel fallen lassen, die mit Raupenleim bestrichen sind. Die Massenvermehrung wird unterbunden durch reichliches Gießen und etwas Schattieren. Anfällige Sorten wie 'Danebrog' nicht verwenden.
Spinnmilben treten unter gleichen Bedingungen auf. Für gesunde, kräftige Pflanzen sorgen und ihre natürlichen Feinde wie Raubmilben und Raubwanzen fördern.
Der Dahlien-Mosaikvirus wird durch saugende Insekten, z. B. Blattläuse übertragen. Alle befallenen und abgestorbenen Pflanzen vernichten.

Raupen fallen auf durch Lochfraß an Blättern und Blüten. Sie nehmen nicht überhand, wenn man die Pflanzen laufend kontrolliert und die Raupen abliest. Minierfliegenlarven minieren das Blattgewebe. Ihre Miniergänge sind auf der Blattoberseite als blasse Linien erkennbar (ganz unten rechts). Befallene Blätter sofort abpflücken und vernichten. Frost läßt alle oberirdischen Teile schwarz werden. Die Pflanze stirbt ab. Beim ersten Herbstfrost müssen die Knollen aus dem Boden. Im Frühjahr schützt man die jungen Sprosse mit Plastikhauben vor Spätfrösten.

Delphinium

Rittersporn

Die ein- oder mehrjährigen Pflanzen sind in gemäßigten Klimazonen weit verbreitet. Sie besitzen geteilte oder gelappte Blätter. Sie tragen an langen Stielen endständige Blütentrauben mit einfachen oder gefüllten Einzelblüten in unterschiedlichen Farben. Die einzelnen Blüten können bis 3 cm breit sein; ihre pelzigen Staubfäden bilden ein goldenes oder schwarzes Auge, und die Blütenblätter sind in einen oder zwei Spornen auslaufend. Die modernen Sorten werden 90–210 cm hoch. Besonders schön sind die Pacific-Sorten. Alle Sorten brauchen einen Pfahl als Stütze, nur bei Belladonna-Hybriden kann man darauf verzichten, wenn sie nicht an windexponierter Stelle wachsen. Sie werden 90–120 cm hoch und haben kleinere Blüten. Sie sind gut zum Schnitt geeignet und halten sich lange in der Vase. Die roten, rosa- und orangefarbenen Formen werden nur 45–90 cm hoch und bilden kleinere, lockere Blütenstände wie die Wildform *Delphinium nudicaule*.

Die herkömmliche Blütenfarbe des Rittersporns ist Blau, es gibt aber auch Formen in Violett- und Lilatönen (rechts oben und rechts) sowie in Rahmgelb- und Weißtönen; sie können einfach oder halbgefüllt sein. Die Einzelblüte wird bis 3 cm breit, hat 5 Kronblätter und ein „Auge", das von den herausragenden, meist schwarzen Staubfäden gebildet wird. Rittersporn sät sich selbst aus und bildet leicht Hybriden (oben).

Links. Der Rittersporn beherrscht das Staudenbeet, wo seine prachtvollen Blütenkerzen die anderen Pflanzen überragen. Die meisten brauchen eine Stütze, damit sie nicht von Wind und Regen geknickt werden.

SCHADURSACHEN

Minierfliege. Die winzigen Larven der Minierfliege fressen Minengänge in das Blattgewebe. Man erkennt mit bloßem Auge die weißlichen geschlängelten Gangminen oder die Platz- und Blasenminen. Abpflücken und Verbrennen der madenhaltigen Blätter.

Blattfleckenkrankheit. Die Blätter zeigen auf der Oberseite schwarze, unregelmäßige Flecken mit winzigen Fruchtkörpern, die bei der Reife zahlreiche Sporen entlassen. Die Blätter welken und sterben ab. Erkrankte Blätter möglichst bald vernichten. Vorbeugen durch weiten Pflanzenabstand, ausreichend Bewässerung, geeignete Sortenwahl und Wechsel der Bepflanzungsfläche.

Echter Mehltau. Er überzieht Blätter, Stengel und Blütenstände mit weißem, puderigem Belag. Die Blätter fallen vorzeitig ab, die Blütenstände verkümmern, und schließlich stirbt die ganze Pflanze ab.

Schwarzfleckenkrankheit. Diese Bakterienkrankheit kommt vor allem an Blättern, aber auch an Stengeln und Blütenständen vor. Es bilden sich tiefschwarze eckige oder unregelmäßige, oberseits etwas erhabene, unterseits eingesunkene Flecken, die meist von den Adern begrenzt werden. Die Pflanzen verkrüppeln und sterben ab. Auch hier gilt: Geeignete Sorten wählen, die Pflanzen durch kaliumreiche Ernährung kräftigen, Überdüngung mit Stickstoff vermeiden, Boden- und Wasserversorgung optimal halten, Pflanzbeete wechseln und sehr sauber abräumen.

Verbänderung tritt gelegentlich auf, schadet aber nicht.

BODEN

Verlangt nährstoffreichen Gartenboden in gutem Zustand.

STANDORT

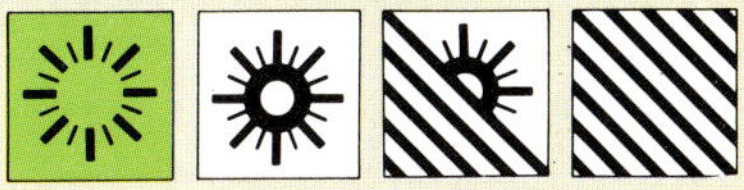

Vollsonnig und windgeschützt, vor allem für die hohen Sorten.

VERMEHRUNG

Durch Aussaat an Ort und Stelle ins Freiland im März, durch Teilung im Herbst und Frühjahr oder durch Stecklinge, die man 7 cm lang von jungen Trieben schneidet. Die Stecklinge werden im Frühjahr geschnitten und unter Glas in sandige Erde gesteckt.

PFLANZUNG

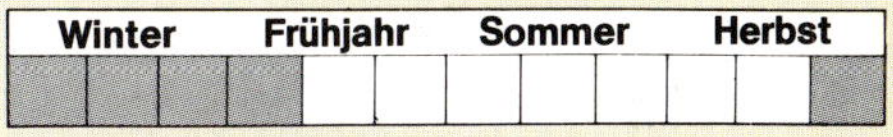

Im Herbst und im Frühjahr. Pflanzabstand je nach Sorte 20–30 cm und 60–90 cm.

SCHUTZ

An exponierten Stellen ist Windschutz nötig.

DÜNGEN

Jährlich im zeitigen Frühjahr mulchen, während des Sommers wiederholt Flüssigdünger verabreichen.

WÄSSERN

Bei trockener Witterung feucht halten. Sonst ist Gießen nicht notwendig.

STÜTZEN UND SCHNEIDEN

Die hoch werdenden Sorten durch Längsdrähte oder Stäbe abstützen. Alle Sorten sind Schnittblumen für die Vase.

Dianthus

Nelke

Die Nelken sind im Mittelmeergebiet beheimatet, teilweise kommen sie aus Mittel- und Ostasien oder Afrika. Viele Arten haben sich dort ihren vollsonnigen und lufttrockenen Standorten angepaßt. Dementsprechend sind die Blätter schmal und durch eine feine gräuliche Wachsausscheidung an der Oberfläche vor zu großer Wasserverdunstung geschützt. Sie besitzen verzweigte, tief in den Boden reichende Wurzeln. Die Kronblätter sind ganzrandig, gezähnt oder gefranst und an der Basis stiftförmig verschmälert. Sie blühen rot, rosa, weiß oder gelb und verströmen einen starken Duft. Die 30 cm hohen Beetnelken blühen im Sommer, die kleineren Sorten im Frühjahr. Die Bartnelke *Dianthus barbatus* unterscheidet sich von den übrigen Gartennelken durch ihre breitlanzettlichen, dunkelgrünen Blätter. Ihre farbigen Duftblüten sitzen büschelförmig endständig auf bis 50 cm hohen Stielen. Blütezeit Juni/Juli. Sie sind pflegeleicht und säen sich selbst aus. Ihre Sorten werden meist 50–60 cm hoch. Die Blüten sind nur selten gefüllt.

SCHADURSACHEN

Bartnelkenrost. Er befällt vor allem die Blätter. Oberseits bilden sich gelbgrüne, zart violett umrandete Flecken, unterseits Pusteln mit braunem Sporenpulver. Die Blätter sterben ab, später die ganze Pflanze. Kranke oder gar abgestorbene Pflanzen sofort herausnehmen und verbrennen. Nelken nicht in die Nähe von Wolfsmilcharten pflanzen, da diese als Zwischenwirt dem Rost weitere Lebenschancen bieten, resistente Sorten wählen und ausgeglichene Dünger geben.
Nelkenschwärze. Sie befällt Blätter, Stengel und Blütenkelche, erkennbar an graubraunen rundlichen, rötlich oder violett umrandeten Flecken, später mit grünlichschwarzem Pilzrasen in der Mitte. Die Blätter vertrocknen, die Pflanzen kümmern und sterben ab. Bartnelken sind bei hoher Luftfeuchtigkeit besonders gefährdet. Befallene Pflanzen umgehend vernichten. In feuchten Lagen auf Bartnelken verzichten, wenig düngen und resistente Sorten verwenden.
Welke- und Vergilbungskrankheit. Die Blätter vergilben und welken, die Pflanze stirbt allmählich ab. Kranke Pflanzen vernichten. Geeignete Sorten wählen, Bepflanzungsfläche wechseln.

Bartnelken sind alte Bauerngartenblumen, die sich an einem warmen Platz auf sandigen Böden leicht selbst aussäen. Das führt bei den Blüten zu großer Mannigfaltigkeit in den Farben und in der Zeichnung. Die typischen Blütenfarben der Wildformen sind hell- oder dunkelrot mit ringförmigen Zonen oder Streifen. Aber es kommen auch rosa, weiße, rosenrote, schwarzrote, purpurrote, zweifarbige, weißäugige und gefiederte Blüten vor. Sie blühen den ganzen Sommer und bieten bei dichter Gruppenpflanzung einen prächtigen Anblick.

Die sehr beliebten Gartennelken (rechts) gibt es in vielen kräftigen Blütenfarben. Manche duften sehr stark. Alle gedeihen gut auf sonnigen Beeten und Rabatten. Blütezeit Juli bis Oktober, die Sorten meist früher: Juni bis August. Sie wurden aus *Dianthus caryophyllus* und anderen Arten herausgezüchtet.

BODEN

Lehm- und kalkhaltiger Boden, durchlässig, aber doch feucht bleibend.

STANDORT

Alle Nelken verlangen einen freien, vollsonnigen Platz, gut eignen sich auch Süd- und Südwesthanglagen.

VERMEHRUNG

Durch Aussaat Ende Mai/Anfang Juni unter Glas, Auspflanzen ins Freiland ab Mitte Juli. Bartnelken ab Juli ins Freiland säen, später ausdünnen auf 7 cm Abstand.

PFLANZUNG

Gartennelken im Herbst oder Frühjahr, flach, aber fest einpflanzen, Abstand 45 cm. Bartnelken im August auspflanzen, Abstand 22–30 cm.

SCHUTZ

Zweijährige Nelken mit Fichtenreisig abdecken.

DÜNGEN

Ein Jahr vor dem Pflanzen Boden mit organischem Dünger gründlich vordüngen. Später ist kaliumhaltiger Flüssigdünger im Frühsommer höchst förderlich.

WÄSSERN

Auf Sandböden für ausreichende, sonst während der Hauptwachstumszeit für gleichmäßige Feuchte sorgen.

STÜTZEN UND SCHNEIDEN

Langstielige Nelken werden am besten mit gespaltenen Bambusstäben gestützt. Ausdünnen der neuen Triebe bewirkt größere Blüten.

Gartennelken duften oft sehr stark. Auch die Wildform *Dianthus caryophyllus* verströmt einen intensiven Duft. Sie diente früher als Würzpflanze. Die Heidenelke *Dianthus deltoides*, die in Europa auf sandigen Böden wild wächst, gedeiht gut in sonnigen Steingärten. Sie blüht den ganzen Sommer mit kräftigfarbenen Blüten vom satten Rot (oben) über Blaßrosa bis Weiß.

Erica Calluna

Glockenheide, Besenheide

Die Heidekrautgewächse stammen aus den Heiden und Mooren der gemäßigten Klimazonen. Es sind äußerst robuste Zwerggehölze, die bis zu 100 cm hoch und doppelt so breit werden können. Charakteristisch sind ihre kleinen nadelförmigen Blätter. Sie bringen zahlreiche Blüten hervor in Rot, Rosa und Weiß. Je nach Art und Sorte blühen sie vom Dezember bis zum Frühjahr oder vom Sommer bis zum Spätherbst. Außer der Schneeheide lieben die Heidekrautgewächse keinen kalkhaltigen Boden. In Gebieten mit kalkreichen Böden und strengen Wintern können sie sich nicht halten. Heidekräuter verlangen viel Sonne und wenig Schatten. Die Schneeheide *Erica carnea* blüht im Winter, die Grauheide *Erica cinerea* vom Sommer bis zum Herbst.

Die niedrigen Heidekrautgewächse sind auf geeignetem Standort vorzügliche Bodendecker. Die Glockenheide *Erica tetralix* blüht vom Juni bis in den Oktober hinein. Charakteristisch für die norddeutsche Heidelandschaft ist die Besenheide *Calluna vulgaris*.

SCHADURSACHEN

Erikasterben. Die Blätter werden graugrün, verbraunen, Triebspitzen welken, die ganze Pflanze wird braun und stirbt ab. Bei feuchtwarmem Wetter breitet sich die Krankheit schnell aus. Erkrankte Pflanzen vernichten. Überdüngung und Staunässe vermeiden. Betroffene Stellen anders bepflanzen.
Heidekrautrost. Blätter gelblich mit orangegelben, stäubenden Pusteln, die Pflanzen werden braun und werfen das Laub ab. Befallene Pflanzen vernichten. Wenig anfällige Sorten wählen, kalireiche und stickstoffarme Dünger geben.
Grauschimmel. Befällt Blätter und Jungtriebe bei ungünstigen Kulturbedingungen.

BODEN

Verlangt durchlässigen, sauren, sandig-torfigen Boden.

Nur Schneeheide gedeiht bei geringem Kalkgehalt.

STANDORT

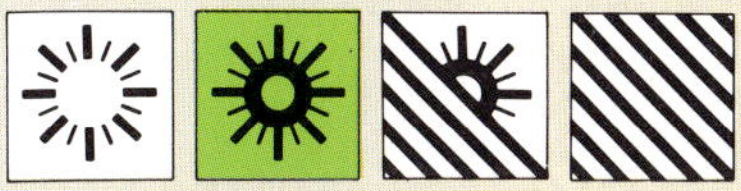

Viel Sonne mit etwas Schatten. Ungeeignet für strenge Winterklimata.

VERMEHRUNG

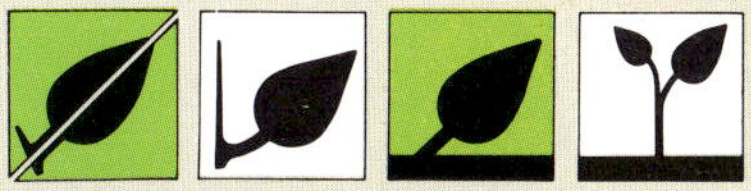

Durch Stecklinge und Absenker im Sommer, durch Teilung im Frühjahr.

PFLANZUNG

Winter	Frühjahr	Sommer	Herbst

Herbst oder Frühjahr.
Pflanzabstand 45 cm.

SCHUTZ

Bei geeignetem Klima ist kein Schutz nötig.

DÜNGEN

Nicht notwendig.

WÄSSERN

Gießen kaum nötig, bei anhaltender Trockenheit mit kalkarmem Wasser gießen.

STÜTZEN UND SCHNEIDEN

Jedes zweite Frühjahr nach der Blüte etwas stutzen.

Spindelstrauch, Pfaffenhütchen

Euonymus

Die winterharten Sträucher gedeihen auf Kalkböden, ebensogut aber auf fast allen anderen Böden. Am bekanntesten ist das Pfaffenhütchen *Euonymus europaea.* Es ist im gemäßigten Europa heimisch, wächst meist als Strauch, der seine Blätter abwirft. Im Sommer erscheinen unauffällige, grünlichweiße Blüten, aus denen die auffallend rosa- und orangefarbenen Früchte hervorgehen. *Euonymus alata,* ebenfalls laubabwerfend, fällt auf durch sein rosarotes Herbstlaub. *Euonymus fortunei* ist ein immergrüner Bodendecker, der bis 40 cm hoch wird. Von den Gartensorten ist vor allem 'Gracilis' mit ihren panaschierten Blättern bekannt.

Für Einfassungen und zur Bodenbedeckung ist *Euonymus fortunei* 'Gracilis' mit dem weißbunten Laub sehr zu empfehlen. Sie bildet auch Haftwurzeln aus und klettert an Bäumen und Mauern hoch. Im Sommer können Blattläuse das Pfaffenhütchen befallen. Die Blätter krümmen sich, die Triebspitzen verkrüppeln und sterben ab.

SCHADURSACHEN

Gespinstmotte. Von den Blättern und Trieben ernähren sich gelbliche, schwarz gepunktete Raupen, die in dichten Gespinsten leben. Oft entsteht Kahlfraß. Gespinste herausschneiden und verbrennen, mit scharfem Wasserstrahl spritzen, Raupen auf Tücher abschütteln und vernichten. Natürliche Feinde fördern: Vögel ansiedeln, Schlupfwespen schonen.

Echter Mehltau. Blätter und grüne Triebe mit weißflaumigen, später bräunlichen Flecken. Befallene Triebe zurückschneiden und sofort verbrennen. Wachstumsbedingungen verbessern. Robuste Sorten wählen.

BODEN

Auf Kalkböden wie auf fast allen anderen Böden. Anspruchslos.

STANDORT

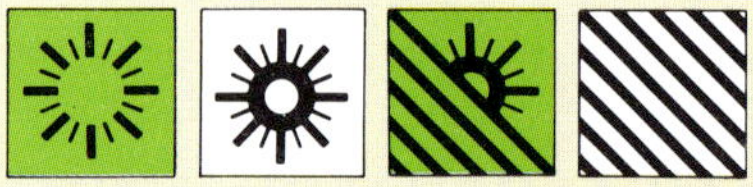

Alle brauchen sie einen sehr sonnigen Platz, die panaschierten Sorten wollen viel Sonne, die grünen gedeihen auch im Halbschatten.

VERMEHRUNG

Durch Grünstecklinge, die immergrünen im Spätsommer, die sommergrünen im Juni. Die Bodendecker durch Teilung.

PFLANZUNG

Winter	Frühjahr	Sommer	Herbst

Im Herbst oder Frühjahr.
Für Hecken Pflanzabstand 35–45 cm.

SCHUTZ

Alle sind winterhart und brauchen keinen Schutz.

DÜNGEN

Nur in nährstoffarmen Böden jährlich im zeitigen Frühjahr düngen, im Frühsommer mulchen.

WÄSSERN

Nur bei anhaltender Trockenheit.

STÜTZEN UND SCHNEIDEN

Formhecken sind im zeitigen Frühjahr oder Ende August zu schneiden. Sonst nur zur Form- und Abstand-Erhaltung bei Bedarf.

Farne

Es gibt viele winterharte Farnarten, die ein feuchtes, sonnenloses Gartenfleckchen in ein Schmuckstück verwandeln können. Einige sterben oberirdisch im Herbst ab, andere sind immergrün. Alle zeichnen sich durch ihre dekorativen Laubwedel aus. Nicht alle bilden die für Farne so typischen Wedel aus. Die Hirschzunge *Phyllitis scolopendrium* hat zum Beispiel breite, mehr blattartige, zungenförmige Wedel; der winterharte Steinfederfarn *Asplenium trichomonas* hat zarte, gerundete Fiederblättchen an drahtigen Stengeln, und der Schriftfarn *Ceterach officinarum* hat einfach gefiederte, schmale Wedel, die eher Blättern als Wedeln gleichen.

SCHADURSACHEN

Probleme gibt es kaum und dann durch Schädlinge.
Blattälchen. Blattfieder dunkelbraun bis schwarz gefleckt. Bei ungefiederten Blättern ist häufig die Basis der Blattspreite oder eine Spreitenhälfte gebräunt. Das Laub stirbt später ab. Befallene Pflanzen frühzeitig vernichten. Keine Pflanzenteile zurücklassen. Den verseuchten Boden mehrere Jahre mit weniger anfälligen anderen Pflanzenarten besetzen. Vorbeugend: gründliche Bodenbearbeitung, häufiger Fruchtwechsel, harmonische Ernährung.
Farnschnecke. Fraßschäden an Blättern. Mit Bierbechern im Boden fangen, ablesen. Natürliche Feinde wie Igel, Kröten, Vögel fördern.
Asseln. Fraßschäden an jungen Wedeln. Mit morschen Brettern Schlupfwinkel schaffen zum Fangen. Ködern mit halbierten Rohkartoffeln.
Schildläuse. Blattunterseits kleine höckerige Gebilde, die man mechanisch wegbürstet.

Zu Recht werden Farne wieder beliebter, im Zimmer wie im Garten. Es sind ideale Pflanzen für feuchte, schattige Stellen, die sich mit Blütenpflanzen kaum wirkungsvoll gestalten lassen. Wenn überhaupt, werden sie eher durch Schädlinge als durch Krankheiten beeinträchtigt. Bei anhaltender Trockenheit werden sie manchmal von Schildläusen befallen, die auf der Wedelunterseite als braune Höckerchen (rechts) auftreten.

BODEN

Verlangen feuchte, saure Erde mit etwas Torf.

STANDORT

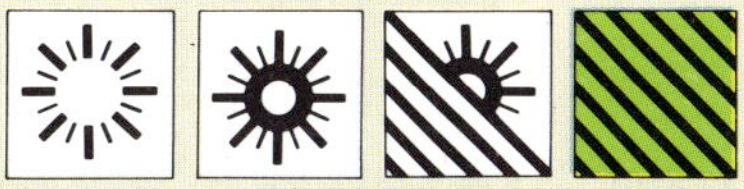

Die meisten Farne bevorzugen Schattenplätze und hohe Luftfeuchtigkeit.

VERMEHRUNG

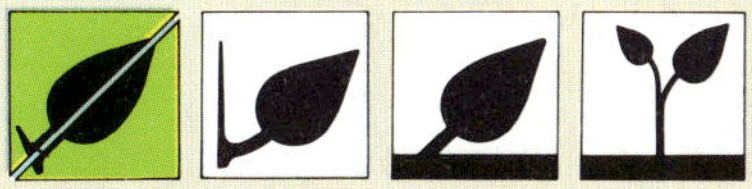

Durch Teilen im Frühjahr oder durch Sporen.

PFLANZUNG

Winter			Frühjahr			Sommer			Herbst		

Beste Pflanzzeit im März, evtl. im Herbst.

SCHUTZ

Besonderer Schutz ist nicht nötig.

DÜNGEN

Schwächliche, matte Pflanzen mit Torf mulchen.

WÄSSERN

Bei anhaltender Trockenheit stets feucht halten.

STÜTZEN UND SCHNEIDEN

Farne werden weder geschnitten noch gestützt.

Forsythia

Goldglöckchen

Dieser laubabwerfende Zierstrauch blüht als einer der ersten im zeitigen Frühjahr. Mit seinen leuchtendgelben Blüten bringt er schon frühzeitig Farbe in den Garten. Er wächst aufrecht und kräftig, besonders auf schweren Böden, wird bis 4 m hoch und bis 3 m breit, braucht also viel Platz. *Forsythia* x *intermedia* wird im Durchschnitt 2x2 m groß. Die Sorte 'Lynwood Gold' bildet tiefdottergelbe Blüten massenhaft an den Zweigen entlang.

Forsythia ovata 'Tetragold' wächst langsam bis 100 cm hoch.

SCHADURSACHEN

Triebspitzendürre. Blüten und Triebenden verbraunen und sterben ab. Erkrankte Pflanzenteile bis ins gesunde Holz zurückschneiden und verbrennen, Überdüngung vermeiden, Boden gleichmäßig feucht halten.
Welkekrankheit. Haupt- und Seitentriebe welken und sterben bald ab. Bekämpfung wie oben, außerdem anfällige Sorten meiden.
Bakterienkrebs. Vor allem bei älteren Pflanzen bilden sich krebsartige Wucherungen mit rissiger Oberfläche an den Zweigen. Die zeigen gestörtes Wachstum und sterben ab. Kranke und abgestorbene Pflanzen unverzüglich vernichten. Vorbeugend gesundes Pflanzenmaterial verwenden, geeignete Sorten wählen, Widerstandskraft steigern durch kaliumreiche Dünger. Sehr gefährliche Bakterienkrankheit! Schnittmaßnahmen nur mit sterilen Geräten durchführen.

Die Forsythien sind kräftig und werden im allgemeinen rasch groß und verschlungen (oben). Man darf die abgeblühten Triebe nicht gleich nach der Blüte beseitigen, sondern nur einen oder zwei der ältesten, die aber entfernt man vollständig bis zum Boden oder bis zu einem starken Neutrieb, einige andere dünnt man aus. Dadurch bilden sich gesunde, kräftige Triebe (rechts).

BODEN

Ihre Ansprüche sind bescheiden. Sie gedeihen auf Böden aller Art.

STANDORT

Am besten sonnig, aber auch im Schatten.

VERMEHRUNG

Durch Steckholz oder Absenker.

PFLANZUNG

Winter	Frühjahr	Sommer	Herbst

Im Frühjahr oder Herbst.
Bei Hecken Pflanzabstand 40–60 cm.

SCHUTZ

Nicht nötig.

DÜNGEN

Nicht nötig.

WÄSSERN

Bei anhaltender Trockenheit gießen.

STÜTZEN UND SCHNEIDEN

Nur *Forsythia suspensa* braucht eventuell eine Mauer oder einen Zaun als Stütze. Schneiden alle paar Jahre: Gleich nach der Blüte die beiden ältesten abgeblühten Triebe möglichst am Boden wegschneiden.

Fuchsia

Fuchsie

Diese aus Südamerika stammenden, laubabwerfenden Sträucher mit ihren kräftigfarbenen Blüten wurden nach dem deutschen Botaniker Leonhard Fuchs (1501–1566) benannt. Rot und Violett sind die typischen Farben der Fuchsienblüten. Durch intensive züchterische Arbeit entstanden aber zahlreiche Kreuzungen mit rosa, weißen, lila, lavendelblauen, violettblauen und roten Blüten. Die Fuchsien blühen im Sommer und im Herbst – am schönsten im Halbschatten und in gutem Gartenboden. In milden Gegenden kann *Fuchsia magellanica* im Freien überwintern, auch die Sorte 'Gracilis'. Sie leiden jedoch in strengen Wintern. Die meisten Sorten sind nicht winterhart. Man stellt sie daher in Töpfen und Behältern nur den Sommer über in den Garten und überwintert sie kühl und hell im Haus oder in einem Kalthaus. Im Frühjahr werden sie zurückgeschnitten und wieder ins Freie gestellt. Auch 'Riccartonii' kann im Winter draußen bleiben; sie friert zwar zurück, treibt aber wieder aus. Sie wird 150 cm hoch und 40 cm breit. Fuchsien lassen sich zu schönen Hochstämmchen ziehen.

Unten. Die aparte Form der Fuchsienblüten entsteht durch unterschiedliche Farben und Formen der Kelch- und Kronblätter, die in reizvollem Kontrast zueinander stehen. Die Sorte 'Riccartonii' besitzt einfache Blüten mit engem Blütenrock.

SCHADURSACHEN

Unter ungünstigen Bedingungen sind Fuchsien anfällig für Rost und Grauschimmelfäule. Rost läßt sich vermeiden, wenn man den Zwischenwirt (Godetie, Weidenröschen) fernhält. Mottenschildlausbefall im Freien selten.

Die Fuchsienarten haben vielfach rote Kelchblätter und leuchtend violette Kronblätter. Durch Kreuzungen entstanden zahlreiche andere Kombinationen, z. B. Rosa mit Violett oder Weiß, Violett oder Rot mit Weiß. Es gibt auch einfarbige (rechts) sowie einfache und gefüllte Blüten. Die zierlichen Blütensträucher wirken in Augenhöhe besonders attraktiv, weil dann der Blütenrock der Kronblätter besser zu sehen ist (oben). In kühlen Klimabereichen kann sich die Blütezeit über viele Wochen erstrecken.

BODEN

Sie verlangen durchlässige Erde mit schwach saurer Reaktion, z. B. TKS 2 oder Einheitserde T.

STANDORT

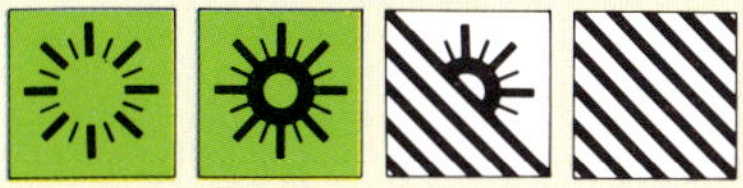

Schönste Blütenpracht im Halbschatten oder Schatten bei warmfeuchter Witterung.

VERMEHRUNG

Durch Samen von August bis September oder durch Stecklinge das ganze Jahr über.

PFLANZUNG

Winter			Frühjahr			Sommer			Herbst		

Mitte Mai, bei Hauspflanzung auch im Herbst.

SCHUTZ

Die nicht sehr winterharten Fuchsien werden mit Laub umgeben als Schutz vor winterlicher Kälte. Die ganze Pflanze wird zugedeckt. Topfpflanzen ins Haus nehmen.

DÜNGEN

Wöchentlich einmal mit Flüssigdünger. Besser sind Depotdünger, weil sie die Nährstoffe gleichmäßig liefern.

WÄSSERN

Regelmäßig gründlich wässern, besonders an heißen Tagen, und für feuchte, warme Luft sorgen.

STÜTZEN UND SCHNEIDEN

Stützen sind unnötig, da die Zweige überhängen sollen. Alle abgestorbenen Triebe entfernen. Im Frühjahr zurückschneiden.

Gladiolus

Gladiole

Die Pflanzen dieser artenreichen Gattung eignen sich vorzüglich als Schnittblumen. Sie entwickeln schwertförmige, meist zweizeilig angeordnete Blätter. An einem kräftigen Blütenschaft bilden sich prachtvolle Ähren mit großen oder kleinen Blüten. Gladiolen stammen aus Südafrika und dem Mittelmeerraum. Sie verlangen humosen, nährstoffreichen Boden an einem sonnigen Platz. Man bringt die Knollen bis Mitte Mai in den Boden. Es gibt Gartensorten mit besonders großen oder geformten oder kleinen Blüten. Sie blühen 80–100 Tage nach dem Auslegen.

SCHADURSACHEN

Gladiolenblasenfuß. Blätter und Blüten zeigen silbern schimmernde Saugstellen mit schwarzen Kottröpfchen. Die Blätter werden dürr, die Blüten verkrüppeln. Befallene Teile vernichten, bevor die Knollen aus dem Boden kommen. Dann die Knollen gut säubern und luftig aufbewahren. Für gute Ernährung, ausreichend Wasser und genügenden Pflanzenabstand sorgen.
Nacktschnecken. Sie verursachen Loch- und Skelettierfraß an den Blättern, hinterlassen Schleimspuren. Lockmittel auslegen und Schnecken absammeln. Natürliche Schneckenfeinde (Igel, Kröten, Vögel) fördern, Schneckenzaun errichten. Schneckenabweisende Pflanzen aussäen, z. B. Kapuzinerkresse.
Grauschimmelfäule. Sie entsteht durch Luft- und Lichtmangel bei hoher Luftfeuchtigkeit und falscher Ernährung. Stark befallene Pflanzen ganz entfernen und vernichten. Für günstige Bedingungen sorgen, widerstandsfähige Sorten wählen, Stickstoffüberdüngung vermeiden, Neuanlagen auf anderem Platz. Grauschimmel verursacht an Blättern und Blüten rotbraune, gelblich umrandete, nachdunkelnde Flecken, längszerfaserte Blätter, oft Knollenfäule und Absterben der Pflanzen.
Lackschorf. Rötlichbraune Flecken am Blattgrund gehen in schwärzliche Faulstellen über. Die Pflanzen fallen um. Runde braune, scharf begrenzte, lackartig überzogene Stellen auf den Knollen. Üble Bakterienkrankheit, die auf Kulturfehler und unzureichende Gartenhygiene zurückgeht. Befallene Pflanzen vernichten, Pflanzstelle wechseln, einwandfreies Pflanzenmaterial beschaffen.

Die Blütezeit der Gladiolen läßt sich vorverlegen, wenn man sie nach dem Legen der Knollen durch Flachfolie oder einen Folientunnel schützt. Sie blühen bis zum Frühherbst. Wenn Nachtfröste drohen, nimmt man die ganze Pflanze aus dem Boden, schneidet alles Laub weg, putzt die Knollen, trennt alte Knollenteile ab und lagert kühl und luftig bei ca. 7 °C.

Blätter und Blüten werden unter ungünstigen Bedingungen von Schädlingen befallen, zum Beispiel Nacktschnecken, auch Raupen. Besonders lästig sind die nachts fressenden Schnecken, die bei feuchtmilder Witterung gehäuft auftreten. Man liest sie am besten ab oder stellt Bierfallen auf. Hilfreich ist zudem eine gute Gartenhygiene: Beete sauber und unkrautfrei halten, damit die Schnecken möglichst wenig organische Substanzen vorfinden.
Im Herbst, wenn die Knollen zum Überwintern gesäubert werden, kann man die Brutknollen aufbewahren und im Frühjahr gesondert in die Erde legen.

BODEN

Durchlässiger, nährstoffreicher, möglichst vorgedüngter Boden.

STANDORT

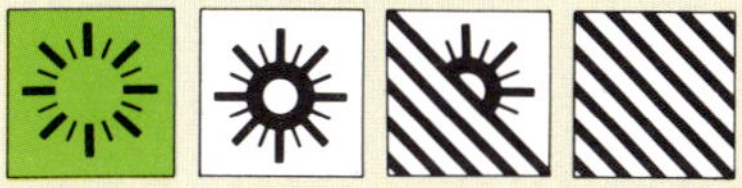

Sonnig und mit gebührendem Pflanzabstand.

VERMEHRUNG

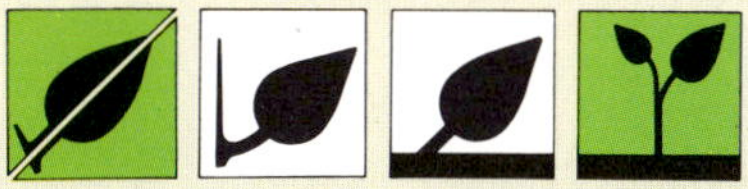

Durch Brutknöllchen und Knollen, eventuell durch Aussaat.

PFLANZUNG

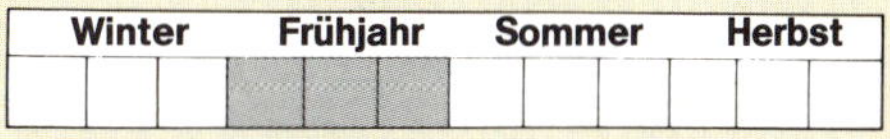

Ende April bis Anfang Mai die Knollen 10 cm tief in die Erde legen. Abstand 15 cm.

SCHUTZ

Pflanzen im Herbst vor den ersten Nachtfrösten herausnehmen, von Laub befreien, alte Knollen abtrennen und wegwerfen, die restlichen säubern, dann kühl und luftig bei 5–7 °C bis zum nächsten Frühjahr aufbewahren. Beim Herausnehmen der Knollen darauf achten, daß sie nicht verletzt werden.

DÜNGEN

Im Herbst schon Stalldung untergraben und im Frühjahr eine Woche vor dem Auslegen der Knollen etwa 40 g/1 m^2 eines organisch mineralischen Volldüngers in den Boden einarbeiten.

WÄSSERN

Bei Trockenheit reichlich gießen.

STÜTZEN UND SCHNEIDEN

An windexponierten Stellen mit dünnen Holzstäbchen stützen. Schnittblumen.

Hebe

Strauchveronika

Diese immergrünen, kleinen Sträucher mit ihren zarten Blütenständen blühen weiß, rosa, blau, lila oder malvenfarben. Sie stammen aus Neuseeland und gedeihen am besten in mildem Seeklima, und hier überwintern sie auch im Freiland. Erfrorene Triebe schneidet man im März. Besonders gut eignen sie sich für die Bepflanzung von Schalen und Trögen. *Hebe cupressoides* blüht im Juni und Juli. Blüten blaßblau, Blätter grünlichblau. Wuchsform breiter (120 cm) als hoch (90 cm). Weniger kälteempfindlich als ihre Verwandten ist *Hebe* x *armstrongii*, sie ist auch kleiner und wird 50–60 cm hoch und breit. Die meisten Arten und Sorten blühen Ende Juli/August, die Sorte 'Midsummer Beauty' blüht schon früher.

Die immergrüne Strauchveronika macht unter den ihr zusagenden Bedingungen wenig Mühe. Sie blüht Ende Juli. Die typischen Blütenfarben sind Violett, Blau und Lavendel, aber auch Weiß, Karminrot und Rosa kommen vor.

SCHADURSACHEN

Blattfleckenkrankheit. Mehr oder weniger runde, schwarze, gelblich umrandete Tupfer an den Blättern. Diese vergilben und fallen vorzeitig ab. Die Pflanze wird dadurch erheblich geschwächt und anfällig für Sekundärparasiten. Der Pilzbefall kann eingeschränkt werden durch regelmäßiges Abpflücken (etwa alle 2 Wochen) der befallenen Blätter, Fallaub einsammeln und alles vernichten. Unter Umständen ist starkes Zurückschneiden erforderlich, damit sich neue, gesunde Triebe entwickeln können.

Echter Mehltau. Er befällt vorwiegend die Blätter junger Pflanzen, verursacht weißlichen, puderigen Belag, der später schmutzig-bräunlich wird. Befallene Blätter vernichten.

BODEN

Bestes Fortkommen in durchlässiger, etwas kalkhaltiger Erde.

STANDORT

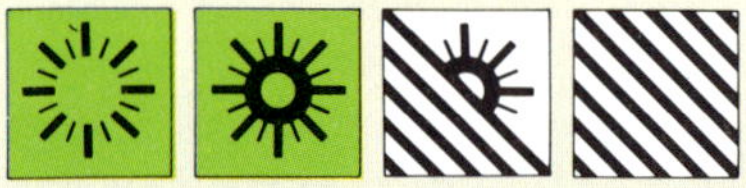

Vorwiegend sonnig, mit etwas Schatten, an geschützter Stelle.

VERMEHRUNG

Durch Grünstecklinge im Sommer.

PFLANZUNG

Winter			Frühjahr			Sommer			Herbst		

Im Frühjahr an geschütztem Platz.

SCHUTZ

Nicht alle *Hebe*-Arten sind winterhart. *Speciosa*-Hybriden brauchen besonderen Schutz gegen strenge Fröste.

DÜNGEN

Im zeitigen Frühjahr kaliumhaltigen Dünger geben.

WÄSSERN

Bei anhaltender Trockenheit reichlich gießen.

STÜTZEN UND SCHNEIDEN

Stützen entfällt. Erfrorene Zweige im März zurückschneiden.

Helianthemum

Sonnenröschen

Diese langlebigen, kleinen Sträucher sind in Europa weit verbreitet. Ihre einfachen oder gefüllten Blüten erinnern an Heckenrosenblüten. Am besten gedeihen sie an einem sonnigen Platz. Nach der Blüte werden sie zurückgeschnitten. Es gibt zahlreiche Sorten in den verschiedensten Blütenfarben. Manche wachsen dicht am Boden und eignen sich gut zum Verdecken warmer Steine, wo sie den ganzen Sommer über üppig blühen. Andere wachsen buschig und werden 20–30 cm hoch. Die Blätter können graugrün bis dunkelgrün sein. Sonnenröschen verlangen wenig, aber richtige Pflege; am geeigneten Standort sind sie dankbare Blüher. Für Schädlinge und Krankheiten sind sie nicht anfällig.

Sonnenröschen eignen sich gut für Steingärten und Mauerkronen. Es gibt kriechende, aufrechte und niedrige Formen in zahlreichen Sorten. Alle blühen sie reich und lang.

BODEN

Durchlässige Erde an wärmespeicherndem Gestein.

STANDORT

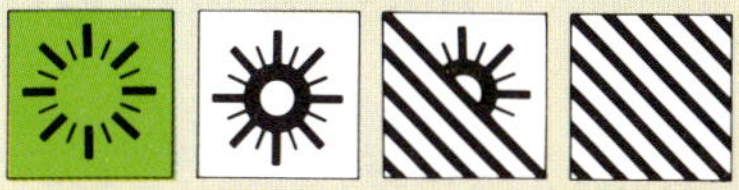

Offen und sonnig.

VERMEHRUNG

Durch Stecklinge im September oder März. 5 cm lange Stecklinge unter Glas in sandige Erde stecken.

PFLANZUNG

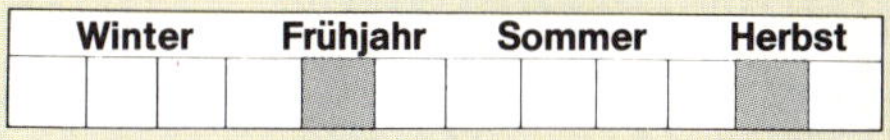

Oktober/November oder April/Mai, Pflanzabstand 45 cm.

SCHUTZ

Ein geschützter, warmer Platz ist für Sonnenröschen der beste Schutz. Im Winter mit Reisig abdecken.

DÜNGEN

Nicht erforderlich.

WÄSSERN

Bei anhaltender Trockenheit.

STÜTZEN UND SCHNEIDEN

Nach der Blüte kräftig zurückschneiden (abgeblühte Blütenstände plus 5 cm langes Zweigstück).

Helleborus

Nieswurz, Christrose

Diese prächtigen Winterblüher mit ihren immergrünen, fächerförmig geteilten Blättern wollen möglichst ungestört für lange Zeit am gleichen Platz wachsen. Sie werden 30–60 cm hoch und blühen bis zum Frühjahr, die Christrose *Helleborus niger* mit weißen, die *Helleborus atrorubens* mit purpurroten Blüten. Die bunte Frühlings-Christrose *Helleborus hybridus* erfreut durch ihre mehrfarbigen Blüten. Die Korsische Nieswurz *Helleborus corsicus* hat glockige, gelblichgrüne Blüten. Sie blüht im März und April.

SCHADURSACHEN

Schwarzfleckenkrankheit. Erkrankte Blätter haben braunschwarze, unregelmäßige, scharf begrenzte Flecken. Befallene Pflanzenteile unverzüglich verbrennen, bevor Neuaustrieb erfolgt. Pflanzbeet wechseln, kalkhaltige Erde verwenden, geeignete Sorten wählen.
Falscher Mehltau. Kleinbleibende Blätter oberseits mit bräunlichen Flecken, unterseits helle Schimmelrasen. Kranke Pflanzen vernichten. Rechtzeitig mit Kupferpräparaten spritzen.

Helleborus corsicus läßt sich leicht kultivieren, sie braucht jedoch einen schattigen bis halbschattigen Platz. Wie die buntfarbene Frühlings-Christrose blüht sie im zeitigen Frühjahr von März bis April. Alle Christrosen sind ausgezeichnete Schnittblumen, die sich in der Vase sehr lange halten. Sie wirken auch ohne Blüten zierend durch ihre tief eingeschnittenen Blätter.

BODEN

Verlangen stets feuchten, aber durchlässigen, nährstoffreichen Boden.

STANDORT

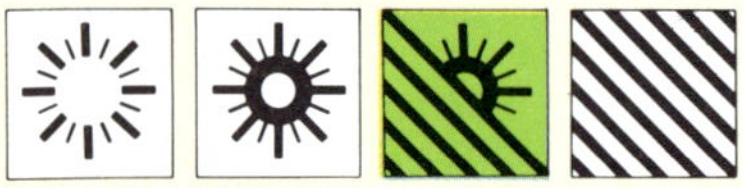

Halbschattig bis schattig unter Sträuchern und am Fuß von Mauern.

VERMEHRUNG

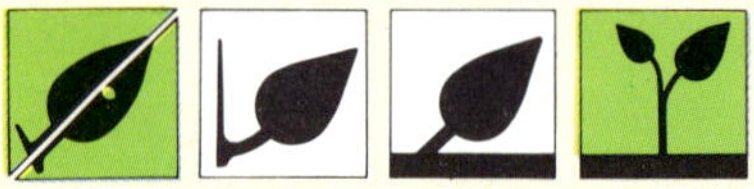

Durch Aussaat ins Freiland, gleich nach der Samenreife; oder durch Teilung unmittelbar nach der Blüte, da die Mutterpflanzen Störungen übelnehmen.

PFLANZUNG

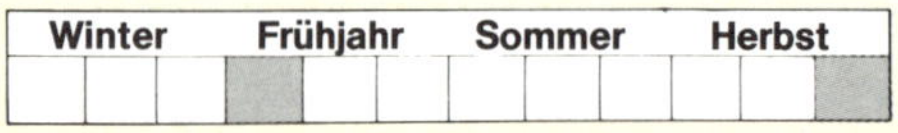

Im Oktober oder März.
Pflanzabstand 30–40 cm.

SCHUTZ

Winterschutz ist ratsam.

DÜNGEN

Nach der Blüte mit Torf mulchen.

WÄSSERN

Nur bei Trockenheit gießen.

STÜTZEN UND SCHNEIDEN

Weder Stützen noch Schneiden sind notwendig.

Eibisch

Hibiscus

Die straff aufrecht wachsenden Sträucher zeichnen sich durch auffallend große Blüten aus. Sie sind beliebt durch ihre üppige Blüte im Herbst. Sie gedeihen am besten auf nährstoffreichen, gut durchlässigen Böden an einem warmen, geschützten Platz in der Sonne. Sie wachsen langsam und brauchen daher keinen Schnitt. Die beliebtesten Sorten von *Hibiscus syriacus:* 'Blue Bird'. 'Red Heart', 'Totus Albus' und 'Woodbridge', alle mit einfachen Blüten.

SCHADURSACHEN

Wenig anfällig für Schädlingsbefall und Krankheiten. Blattläuse, Raupen, Wanzen und Flöhe wirken kaum schädigend.

Unter zu feuchten Bedingungen treten Flechten (rechts) an den Hibiskuszweigen auf. Der Roseneibisch *Hibiscus syriacus* blüht bis September. Es gibt viele Sorten mit Blüten in den Farben von Weiß über Rosa und Rot bis Violett (unten).

Knospen und halboffene Blüten werden manchmal von Blattläusen befallen (unten), die aber kaum schädigen und daher nicht bekämpft zu werden brauchen.

BODEN

N

Nährstoffreicher, gut durchlässiger Boden.

STANDORT

Vollsonnig, warm und windgeschützt.

VERMEHRUNG

Durch Grünstecklinge im Juli; aus Seitentrieben schneiden, in sandige Erde stecken und für feuchte Luft sorgen. Durch Aussaat Mitte März.

PFLANZUNG

Winter			Frühjahr			Sommer			Herbst		

Sämlinge ab Mitte Mai ins Freiland. Juli-Stecklinge im nächsten Frühjahr.

SCHUTZ

Wind- und Winterschutz sind nötig.

DÜNGEN

Im Frühjahr leicht mulchen.

WÄSSERN

Regelmäßig feucht halten, besonders bei anhaltender Trockenheit.

STÜTZEN UND SCHNEIDEN

Weder Stützen noch Schneiden sind notwendig.

Hydrangea

Hortensie

Diese schönen Sommerblüher entwickeln sich zu 150 cm hohen Sträuchern. Sie sind in unserem Klima genügend winterhart. Die meisten Arten gedeihen am besten in der Sonne, andere mehr im Halbschatten. Alle brauchen sie lehmigen Gartenboden. Es gibt auch rankende und große, baumartige Formen. Vor kalten Winden und Zugluft sind sie zu schützen. *Hydrangea macrophylla* entwickelt große, kugelige Dolden aus blauen, rosa, roten oder weißen Blüten. Man muß sie stets gut feucht halten.

SCHADURSACHEN

Stengelälchen. Gestauchte, verdickte, brüchige Triebspitzen, vergrünte oder unterdrückte Blüten und deformierte Blätter deuten auf Befall hin. Befallene Pflanzen vernichten samt Wurzeln, verseuchte Beete mit anderen, weniger anfälligen Gewächsen bepflanzen. Für ausgewogene Ernährung sorgen, nur gesunde Pflanzen verwenden.

Spinnmilben. Blattoberseite mit hellrötlichen Sprenkelungen, Blätter vergilben, vertrocknen und fallen ab. Unterseits winzige gelbliche oder rötliche Milben zwischen zarten Gespinsten. Befallene Pflanzenteile vernichten. Natürliche Feinde fördern, Boden feucht halten, Nährstoffe zuführen.

Chlorose (Gelbsucht) entsteht bei zu hohem pH-Wert und Eisenmangel. Mit Torf abdecken, Eisenchelate spritzen.

Von *Hydrangea macrophylla* gibt es viele Sorten. Die Blütenfarbe hängt vom Kalkgehalt des Bodens ab. Auf kalkarmen, sauren Böden blühen die Sträucher blau, auf kalkhaltigen rosa oder rot. Auf kalkhaltigen Böden werden die Blüten blau oder violett, wenn man mit Regenwasser gießt, dem etwas Eisensulfat zugesetzt ist. Bei zu hohem Kalkgehalt leidet die Blütenfarbe. Blätter, die braun werden und sich vom Rand her einrollen, verlangen nach Feuchtigkeit. Im Herbst bilden sich zahlreiche Knospen; wird der Strauch im Winter stark zurückgeschnitten, blüht er erst zwei Jahre später.

Bei zu kalkreichem Boden bekommen die Hortensien Chlorose. Ihre Blätter vergilben zwischen den Blattadern. *Hydrangea paniculata* bildet statt kugeligen zugespitzte Blütenstände aus weißen, im Alter rosa werdenden Blüten. Sie erscheinen ab Juli in großer Zahl.

BODEN

Alle verlangen lehmige Gartenböden.

STANDORT

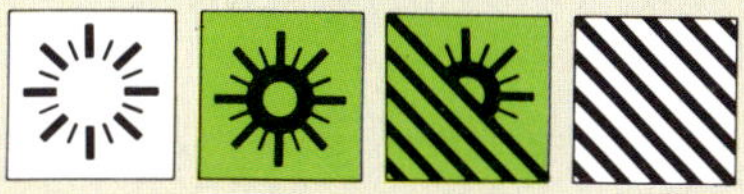

Halbschatten bis Schatten, auch sonnige Standorte sind möglich.

VERMEHRUNG

Durch Stecklinge im Sommer.

PFLANZUNG

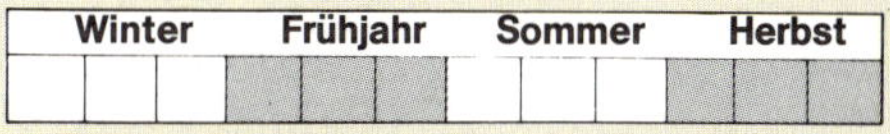

Im Herbst oder Frühjahr.
Pflanzabstand 90–150 cm.

STÜTZEN UND SCHNEIDEN

Die abgeblühten Blütenstände den Winter über an den Pflanzen lassen als Schutz für die neu angelegten Knospen. *H. paniculata* 'Grandiflora' im April/Mai bis auf 2 gesunde Knospen zurückschneiden, abgestorbene Zweige und ein oder zwei alte Triebe herausschneiden, neue, aus dem Boden sprießende Triebe ausdünnen. *H. macrophylla* besser nicht schneiden, weil sie danach ein Jahr nicht blüht.

DÜNGEN

Mulchen im späten Frühjahr fördert das Wachstum.

WÄSSERN

Stets gut feucht halten, vor allem in Trockenzeiten.

SCHUTZ

Windschutz in exponierten Lagen. Frostschutz bei strenger Kälte.

Ilex

Stechpalme

Stechpalmen bieten mit ihrem glänzenden, stacheligen Laub und den leuchtend roten Früchten im Winter ein reizvolles Bild. Sie passen für sonnige und halbschattige Lagen und gedeihen auf fast allen Böden. In besonders rauhen Lagen können sie erfrieren. Von großem Zierwert ist die Sorte *Ilex aquifolium,* 'I. C. van Tol' mit glänzendgrünen, ovalen Blättern und reichem Besatz von orangeroten Früchten. 'Silver Queen' besitzt breite, cremeweiß gemusterte Blätter. Die Stechpalmen sind zweihäusig; die Sträucher mit nur weiblichen Blüten fruchten nur, wenn auch ein männlicher Strauch vorhanden ist.

SCHADURSACHEN

Ilex-Minierfliege. Weißlichgelbe Maden fressen schlangenförmig gewundene Gänge mit erweiterten Blasenminen ins Blattgewebe.	Abpflücken und Verbrennen der befallenen Blätter spätestens von Oktober bis März, solange die Larven noch da sind.

Die immergrüne, langsam wachsende Stechpalme eignet sich auch für dichte, stachelige Hekken und verträgt ein jährliches Stutzen. Besonders apart sind die *Ilex*-Sorten mit panaschierten Blättern, vor allem, wenn sie mit roten oder gelblichen Früchten reich besetzt sind.

BODEN

Gedeiht auf allen normalen Böden ohne Staunässe.

STANDORT

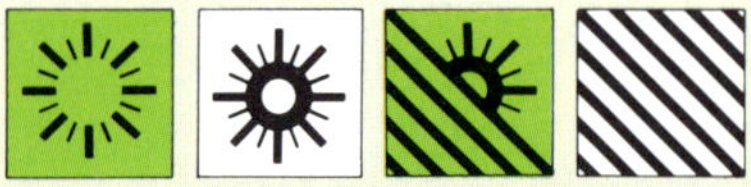

Gedeihen in Sonne, Schatten und Halbschatten. Panaschierte Sorten vergrünen im Schatten.

VERMEHRUNG

Durch Grünstecklinge im August. Auch durch Samen, der im Herbst in Sand vorgekeimt wird. Im folgenden Jahr ins Freiland setzen.

PFLANZUNG

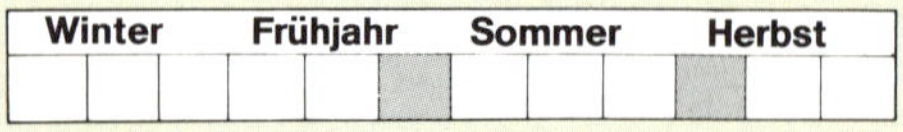

Im frühen Herbst oder späten Frühjahr. Pflanzabstand bei Hecken 40–70 cm.

SCHUTZ

In rauhen Lagen Winterschutz.

DÜNGEN

Nur auf mageren Böden.

WÄSSERN

Nach dem Pflanzen einschlämmen, im 1. Jahr reichlich gießen, vor allem bei Trockenheit, und besprühen.

STÜTZEN UND SCHNEIDEN

Beides ist nicht nötig. Formhecken jährlich am Ende des Sommers stutzen.

Iris

Schwertlilie, Iris

Schwertlilien sind Pflanzen, die schon von den alten Ägyptern gepflegt wurden und auch in den nachfolgenden Zivilisationen nicht untergingen. *Iris germanica* ist die Stammform der heute weit verbreiteten Bartiris-Sorten. Sie lassen sich in drei Gruppen aufteilen: die Hohe Bartiris (Barbata-Elatior-Gruppe), Mittelhohe Bartiris (Barbata-Media-Gruppe) und die Niedere Bartiris (Barbata-Nana-Gruppe). Alle drei Gruppen entstanden durch intensive züchterische Bearbeitung und umfassen jeweils enorm viele Sorten. Die hohen Sorten blühen von Mai bis Juni, die mittleren im Mai und die niederen oder Zwergiris von April bis Mai. Sie gedeihen gut auf durchlässigem Boden in voller Sonne. Eine Spitzensorte der hohen Formen ist 'Blue Sapphire'. Sie wird 100 cm hoch und blüht lavendelblau. Von den Wildformen sind die Japanischen Sumpfiris *Iris kaempferi* und *Iris laevigata* mit ihren Sorten sehr bekannt. Beide brauchen einen feuchten Standort, *I. laevigata* ganzjährig, *I. kaempferi* nur von Mai bis Juli.

Auch Schwertlilien werden von Blattläusen befallen. Die Blüten und Blätter werden fleckig, die Knospen verkrüppelt, und Kümmerwuchs stellt sich ein. Die Blüten der Bartiris-Sorten entfalten im Sommer einen herrlichen Duft. Sie erblühen in allen erdenklichen Farben und Farbkombinationen. Als Bart wird die behaarte, oft auffällig gefärbte Zone auf der Innenseite der zurückgebogenen Kronblätter bezeichnet.

SCHADURSACHEN

Wurzelstockfäule. Die Blätter der Rhizomiris vergilben von der Spitze her und vertrocknen. Der Wurzelstock wird naßfaulig. Die Pflanzen sterben ab. Befallene Pflanzen unverzüglich vernichten. Neupflanzungen auf anderem Platz.

Wurzel- und Zwiebelfäule. Triebe der Zwiebeliris oft gekrümmt und im Wachstum gestört. Faulstellen an Wurzeln und Zwiebeln, Pflanzen welken und sterben ab. Bekämpfung wie oben. Vorbeugung: gesunde und geeignete Sorten wählen.

Zwiebelfäule. Triebwachstum gehemmt, Zwiebelschuppen mit Flecken und krustigem Sporenbelag. Die Zwiebel fault, die Pflanze welkt und stirbt. Bekämpfung und Vorbeugung wie oben.

Grauschimmelfäule. Faulflecken auf Blättern und Blüten, bei feuchter Witterung mit bräunlichgrauem, stäubendem Schimmel. Befallene Pflanzen vernichten, geeignete Sorten nehmen, Pflanzbeet wechseln und genügend Pflanzabstand.

BODEN

Bartiris und Zwiebeliris benötigen durchlässige, gern kalkhaltige Erde. Die Japanischen Sumpfiris mögen keinen kalkhaltigen Boden, sondern wollen ganzjährig oder zeitweilig im seichten Wasser stehen.

STANDORT

Auf freien, sonnigen Stellen entfalten die Blüten ihre ganze Farbenpracht.

VERMEHRUNG

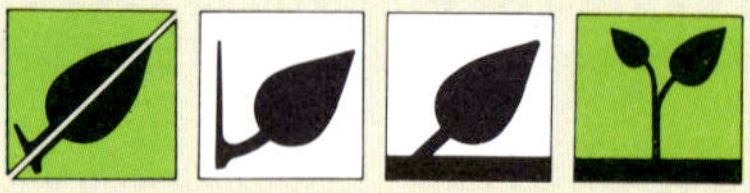

Durch Teilung des Wurzelstocks. Tochterzwiebeln können im Herbst abgenommen werden. Durch Aussaat gleich nach der Samenreife unter Glas in sandigem Substrat.

PFLANZUNG

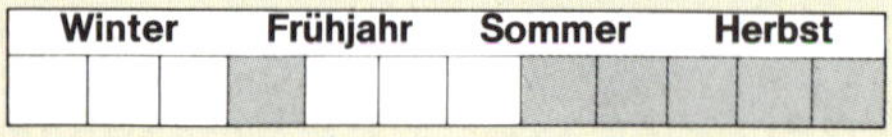

Bartiris im Juli/August, Herbst oder zeitigen Frühjahr. Pflanzabstand 30–40 cm und so, daß der halbe Wurzelstock aus dem Boden schaut. Japanische Sumpfiris im Oktober/November oder März/April. Pflanzabstand 60 cm. Zwiebeliris Ende August bis Anfang Oktober. Pflanzabstand 15 cm, Pflanztiefe 7 cm.

SCHUTZ

Nicht nötig.

DÜNGEN

Bartiris gleich nach der Blüte Phosphatdünger, Japanische Sumpfiris im Sommer wiederholt Flüssigdünger.

WÄSSERN

Bei anhaltender Trockenheit muß *Iris kaempferi* gut naß gehalten werden.

STÜTZEN UND SCHNEIDEN

Beides entfällt.

Iris reticulata blüht sehr zeitig. Sie wird nur 15 cm hoch und eignet sich gut für Steingärten oder Tröge (ganz links). Die Blüten der Japanischen Sumpfiris (oben) erinnern an große bunte Schmetterlinge. Diese Pflanzen brauchen das ganze Jahr über Bodenfeuchte. *Iris kaempferi* (links unten) verlangt zeitenweise (Mai bis Juli), *Iris laevigata* ganzjährig seichten Wasserstand. Flecken an den Blättern der Schwertlilien (Mitte links) sind häufig auf Pilzerkrankungen zurückzuführen. Befallen werden vor allem die Trockenheit liebenden Arten und Sorten, die auf schlecht entwässerten Böden wachsen.

Kniphofia

Fackellilie

Prachtvolle Blütenkolben auf starken Stielen erheben sich wie Fackeln aus einem Busch dunkelgrüner, schilfartiger Blätter. Durch Kreuzung verschiedener Arten entstanden zahlreiche, für den Garten wertvolle Sorten. Sie blühen von Juni bis September. Ihre Blüten können von Weiß über Gelb bis Orange alle Farbtöne annehmen. Sie werden 60–100 cm hoch, je nach Art und Sorte. Alle brauchen sie zu gutem Gedeihen durchlässigen Boden und volle Sonne. Fehlt es an einem von beiden, so kümmern die Pflanzen und entfalten nicht ihre volle Schönheit. Viele Sorten werden unter *Kniphofia*-Hybriden zusammengefaßt, 'Bronzeleuchter' hat besonders zierliches Laub.

SCHADURSACHEN

Kaum anfällig. Die Blütenröhren werden von Ohrwürmern gern als Unterschlupf benutzt.

Die typischen Blütenfarben sind Orangerot und Gelb, daneben gibt es auch orangefarbene, rahmweiße und verschiedene rote Tönungen. Bei 'Bronzeleuchter' sind die Blüten hellbronzefarben und schimmern rötlichgelb. Diese Sorte ist gut frosthart und blüht bis zu den ersten Frösten im Herbst. Sehr frosthart ist auch 'Express' mit Blütenkolben in hell- bis dunkelorange, die schon früh erblühen. Sie wird 90 cm hoch und braucht einen Pflanzabstand von 50 cm. Die Fackellilien sind wegen ihres aparten Blütenstandes beliebte Schnittblumen.

Besonders eindrucksvoll wirken Fackellilien als Gruppe zusammengepflanzt. Sie stellen bescheidene Ansprüche und verlangen wenig Pflege. Auf gut durchlässigem Boden blühen sie jahrelang an der gleichen Stelle. Es empfiehlt sich, verwelkte Blütenstände zu entfernen. Bricht man sie kurz über dem Boden ab, wird späteres Blühen gefördert. Eine gute Schnittblume ist die Sorte 'Roßdorfer Auslese' mit langen Blütenkolben aus weißlichgelben, gelben bis roten Blüten. Sie wird 50–80 cm hoch. Im allgemeinen pflanzt man Kniphofien im Herbst, bei Teilung im Frühjahr. Auch die Aussaat wird im Frühjahr vorgenommen. Selbst herangezogene Sämlinge unterscheiden sich meist von den Mutterpflanzen in Wuchshöhe und Blütenfarbe. Mulchen sorgt für gleichmäßige Feuchtigkeit und Ernährung.

BODEN

Tiefgründiger, sandiger, gut durchlässiger Boden mit großem Humusanteil.

STANDORT

In voller Sonne.

VERMEHRUNG

Durch Teilung im April; die zerbrechlichen Wurzeln dürfen dabei nicht antrocknen. Blüten bilden sich erst im nächsten Jahr.
Durch Aussaat, reihenweise im Mai oder Juni ins Freiland.

PFLANZUNG

Winter	Frühjahr	Sommer	Herbst

Pflanzzeit im September oder Anfang Oktober, eventuell auch im April. Pflanzabstand 60–90 cm. Nach der Pflanzung sollten die Fackellilien mehrere Jahre nicht mehr gestört werden.

SCHUTZ

Blätter im Spätherbst hochstellen und in der Mitte zusammenbinden als Winterschutz.

DÜNGEN

Im Frühjahr mulchen, fördert Wachstum und gesunde Blütenbildung.

WÄSSERN

Nach dem Pflanzen gut einschlämmen, bei anhaltender Trockenheit wiederholen. Später regelmäßig wässern.

STÜTZEN UND SCHNEIDEN

Nicht nötig.

Lathyrus

Platterbse, Wicke

Die Platterbsen sind in Europa und in Teilen von Südamerika beheimatet. Viele sind Kletterpflanzen. Sie besitzen paarig gefiederte Blätter, die kletternden Arten auch Blattstielranken. Die Blüten, zu mehreren an den Seitentrieben sitzend, erscheinen zahlreich in allen Farbtönungen.

Die wohlriechenden Wicken blühen vorwiegend in zarten Pastellfarben und können klettern. Beliebt ist *Lathyrus odoratus*, die Duftwicke. Die 250 cm hoch kletternde Wicke verzweigt sich reich. Sie blüht von Juni bis September. Ihre Blätter sind behaart. *Lathyrus vernus* dagegen bleibt buschig und wird nur 30 cm hoch. Sie blüht von März bis April karminrot und eignet sich für Gruppenpflanzungen.

SCHADURSACHEN

Echter Mehltau. Auf Blättern und Trieben weißer, puderiger Belag, die befallenen Teile vergilben und sterben ab. Vorbeugend beste Wuchsbedingungen schaffen und weniger anfällige Sorten wählen.

Weißfleckenkrankheit. Unregelmäßige, helle Flecken mit mehltauähnlichem Belag. Befallene Blätter vergilben, fallen ab, Pflanze stirbt ab. Nur gesunde Samen nehmen, für gute Durchlüftung durch genügend Pflanzabstand sorgen.

Wurzelbräune. Jungpflanzen vergilben und sterben ab. Wurzelhals gebräunt. Gute Bodenpflege, genügend Luftzutritt und mäßige Feuchtigkeit verhindern die Krankheit. Weniger anfällige Sorten wählen.

Schnecken können den Jungpflanzen gefährlich werden.

Vögel picken gern die Blütenknospen ab.

BODEN

Nährstoffreiche, gut durchlässige, kalkhaltige Erde, die im Herbst vorgedüngt wurde.

STANDORT

Windgeschützte Stellen in voller Sonne.

VERMEHRUNG

Aussaat ins Freiland ab Ende März.

PFLANZUNG

Winter	Frühjahr	Sommer	Herbst

Die winterharte *Lathyrus vernus* im Frühjahr und Herbst 5 cm tief, Pflanzabstand 15 cm.

SCHUTZ

Nicht nötig.

DÜNGEN

Spalierwicken wöchentlich düngen; sonst zu Beginn und während der Hauptblüte phosphorreiche Volldünger.

WÄSSERN

Für gleichmäßige Bodenfeuchtigkeit sorgen.

STÜTZEN UND SCHNEIDEN

Verblühte Stengel abschneiden. Für kletternde Sorten Rankmöglichkeiten schaffen.

Kletternde Wicken brauchen ein Rankgerüst. Zur Spalierbildung bindet man die Wicken einzeln an 150–200 cm lange Bambusrohre. Die typische Blüte dieser Familie besteht aus der aufrechten Fahne, zwei seitlichen Flügeln und zwei vorderen Kronblättern, die zum Schiffchen verwachsen sind.
Werden die abgeblühten Stiele laufend entfernt, so kann man mit anhaltendem Blütenflor rechnen. Zu Beginn der Blüte und während der Hauptblüte sollte man düngen.

Lavandula

Lavendel

Die graugrünblättrigen, aromatisch duftenden Lavendelsträucher passen gut zu Rosen, eignen sich aber auch für größere Einfassungen. Ihre blauvioletten Blüten erscheinen im Juli. Sie bevorzugen einen sonnigen Standort mit durchlässigem Boden und lassen sich durch Grünstecklinge im Sommer vermehren. Die verblühten Blütenstände werden abgeschnitten.

SCHADURSACHEN

Blattfleckenkrankheit. Sie tritt bei falscher Pflege und bei flächigem Anbau auf. Die Blätter zeigen kleine, runde, braune Flecken, die auch an den Trieben festzustellen sind. Später fallen die Blätter ab, die Pflanze geht ein. Kulturbedingungen verbessern, Neupflanzungen mit geeigneten Sorten, Pflanzbeet wechseln, möglichst weit entfernt vom alten Platz.

Der Lavendelduft zieht zahlreiche Insektenarten an, darunter auch Bienen und Schmetterlinge, die hier Nahrung suchen und dabei die Gastblüten bestäuben. Am bekanntesten ist *Lavandula angustifolia* mit ihren blauen, duftenden Blüten. Sie wird mehr breit als hoch und eignet sich gut für flächendeckende Bepflanzungen bei entsprechender Pflege. Sorten: 'Hidcote Giant', starkwüchsig, 50 cm hoch, violett blühend; "Munstead', 40 cm hoch, tiefblau blühend.

BODEN

Sandiger, gut durchlässiger Boden ist am besten.

STANDORT

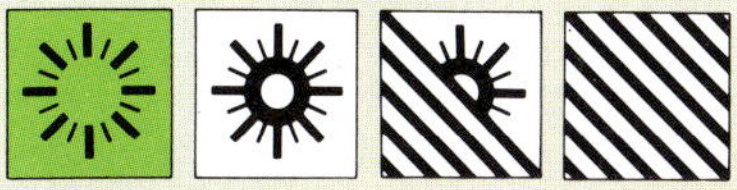

Gedeiht und duftet am angenehmsten in praller Sonne.

VERMEHRUNG

Durch Grünstecklinge im Sommer. In Sanderde bewurzeln lassen und im kalten Kasten überwintern.

PFLANZUNG

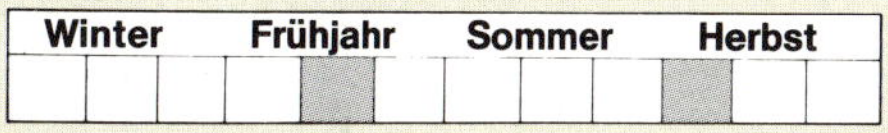

September/Oktober oder Mai/Juni. Pflanzabstand 60–90 cm.

SCHUTZ

Nur in strengen Wintern. Günstig ist ein geschützter Standort.

DÜNGEN

Unnötig.

WÄSSERN

Auch bei großer Trockenheit nicht nötig.

STÜTZEN UND SCHNEIDEN

Abgeblühte Blütenstände sofort abschneiden. Ältere Sträucher im April kräftig zurückschneiden (Vorjahrestriebe um die Hälfte kürzen).

Ligustrum

Liguster, Rainweide

Unser einheimischer Liguster, *Ligustrum vulgare,* wird gern für Hecken verwendet. Er ist pflegeleicht, robust, wächst dicht und wirft seine Blätter erst spät ab, daher wird er als halbimmergrün bezeichnet. Er gedeiht auf normalen, auch nährstoffarmen Böden und ist unempfindlich gegen Sonne, Schatten und Wind. Er wird durch Steckholz im Frühjahr oder Herbst vermehrt. Formhecken kann man von Mai bis August schneiden. Ligusterhecken lassen sich durch regelmäßigen Schnitt auf jeder gewünschten Höhe halten. Liguster eignet sich auch zur Bildung von freiwachsenden Windschutzhecken, die nicht geschnitten werden. Für niedere Hecken und Einfassungen gibt es die Sorte 'Lodense', eine Zwergform, deren Blätter den Winter über hängenbleiben und sich schön bronzebraun verfärben. Für wintergrüne Hecken kann auch *Ligustrum ovalifolium,* Laub dunkelgrün, oder 'Aureum' mit goldgelbem Blattrand verwendet werden.

SCHADURSACHEN

Zweigsterben. Verholzte Teile mit rötlichbraunen, vertieften Rindenstellen, die krebsartig anschwellen und bis zum Holzkörper aufreißen können. Die Pflanze stirbt ab. Krankheitsfördernd sind hohe Bodenfeuchtigkeit, milde Winter und regenreiche Witterung. Krebswunden frühzeitig ausschneiden und mit Wundverschluß abdichten, Schnittholz verbrennen, erkrankte Pflanzenteile absägen. Vorbeugend nur standortgeeignetes Pflanzenmaterial verwenden, Staunässe durch Dränagen beheben, geeignete Sorten wählen.

Ligusterblattlaus. Befall an Blättern von jungen Trieben: oberseits gelbe bis rötliche Flecken, Blätter rollen nach unten ein, unterseits viele Kolonien gelborangefarbener Läuse. Vorzeitiger Blattfall. Stark befallene Teile abschneiden, natürliche Feinde (Marienkäfer, Florfliegen, Raubwanzen) schonen, standortgeeignete Sorten wählen, Zwischenwirte der Blattläuse berücksichtigen.

Flieder-Miniermotte. Ihre Räupchen fressen im Gewebe junger Blätter gemeinsam große Minen. Kaum schädigend.

Ligustrum ovalifolium 'Aureum' hat breit goldgelb gesäumte Blätter. Als Solitärpflanze wie als Hecke wird sie zum eindrucksvollen Blickfang. Nur in voller Sonne entwickelt diese Sorte ein leuchtendes Gelb in ihren Blättern. Im Schatten vergrünt sie.

BODEN

Wächst auf normalen, auch nährstoffarmen Böden.

STANDORT

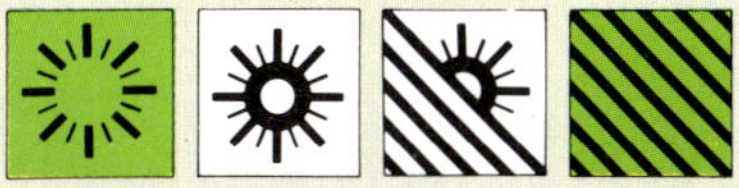

Anspruchslos. Gedeiht in der Sonne wie im Schatten, einzelne Sorten verlangen Sonne.

VERMEHRUNG

Durch Steckholz im Frühjahr oder Herbst. Man läßt sie im Winter draußen, da sie völlig winterhart sind.

PFLANZUNG

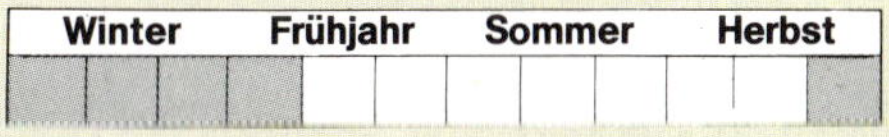

Im Herbst oder Frühjahr. Pflanzabstand bei Hecken je nach Alter und Wurzelgröße 20–45 cm.

SCHUTZ

Unempfindlich gegen alle Witterungsunbilden.

DÜNGEN

Mulchen im Frühjahr auf besonders mageren Böden.

WÄSSERN

Bei anhaltender Trockenheit.

STÜTZEN UND SCHNEIDEN

Formhecken müssen zwei- bis dreimal pro Vegetationsperiode geschnitten werden im Abstand von mindestens einem Monat.

Lilium

Viele prachtvolle Liliensorten mit guten Eigenschaften wurden in den letzten Jahren aus eingeführten Arten herausgezüchtet. Sie sind robust, nicht anfällig für Krankheiten und blühen in den schönsten Farben und Formen. Manche bilden ihre Wurzeln über der Zwiebel am Stengel und an der Zwiebelbasis, andere nur an der Zwiebelbasis. Stengelwurzler muß man tiefer einpflanzen als reine Zwiebelwurzler. Je nach Art und Sorte lassen sich den ganzen Sommer über blühende Lilien im Garten pflegen. Sie werden 60–180 cm hoch und blühen in den Farben Weiß, Gold, Orange, Purpur, Rosa oder Dunkelrot; auch gefleckte und gestreifte Formen gibt es.

Die Arten der Gattung *Lilium* werden nach ihren Ansprüchen in verschiedene Gruppen zusammengefaßt.
Die Form ihrer Blüten variiert von trichterförmig bei Sorten der Trompetenlilie (rechts) über weit geöffnet (oben) bis zurückgebogen (ganz rechts).

BODEN

Die Goldbandlilie *Lilium auratum* braucht durchlässigen, sauren Boden. Die Madonnenlilie *Lilium candidum* bevorzugt kalkhaltigen Boden.

STANDORT

Sonne bis Halbschatten, manche Halbschatten bis Schatten.

VERMEHRUNG

Tochterzwiebeln abnehmen und im Herbst einpflanzen. Schuppen gleich nach der Blüte abschälen und ein Jahr später auspflanzen. Aussaat im Herbst oder Frühjahr in Kästen mit sandiger Erde; nach zwei Jahren auspflanzen.

PFLANZUNG

Winter	Frühjahr	Sommer	Herbst

Im allgemeinen im Spätherbst, *Lilium candidum* im Spätsommer nur eben mit Erde bedekken; die Stengelwurzler 15 cm tief, die reinen Zwiebelwurzler 10 cm tief auf eine Handvoll Silbersand setzen.

SCHUTZ

Junge Triebe im Frühjahr behauben gegen Spätfröste.

DÜNGEN

In jedem Frühjahr mulchen.

WÄSSERN

Während des Wachstums und bei anhaltender Trockenheit reichlich gießen.

STÜTZEN UND SCHNEIDEN

Hohe Formen stützen.

Die Lilienblüte besteht aus sechs Kronblättern und aufrecht hervorragenden Staubfäden. Es gibt Sorten in allen Farben und Schattierungen, vor allem in gelben und roten Farbtönen, nur nicht in blauen. Manche sind anspruchslos und pflegeleicht, andere haben spezielle Bedürfnisse und erfordern mehr Sorgfalt.

SCHADURSACHEN

Lilienhähnchen. Die leuchtendroten Käfer (6–8 mm lang) und ihre mit schleimigem Kot bedeckten Larven verursachen Schabe-, Loch- und Randfraß an den Blättern. Larven und Käfer möglichst bald absammeln und vernichten. Durch richtige Ernährung für gesunde, kräftige Pflanzen sorgen.

Blattälchen. Einzelne Blattteile oder ganze Blatthälften gelblich oder bräunlich verfärbt und durch Adern scharf begrenzt, Blüten und Blütenknospen verunstaltet, gestauchter Wuchs, Absterben der Pflanzen. Befallene Pflanzen entfernen und vernichten, auch die Wurzeln. Kräftigung der Pflanzen durch harmonische Ernährung, Stickstoffüberdüngung vermeiden, im Herbst Bentonit in den Boden einarbeiten.

Wurzelmilben. Stiele von Blüten und Blättern an der Basis zerfressen von winzigen, eiförmigen, weißlich glänzenden Milben. Blätter und Stengel vergilben und sterben ab. Befallene Pflanzen vernichten. Für durchlässigen Boden sorgen, im Herbst gründlich kalken, Bepflanzungsfläche wechseln.

Wurzel- und Zwiebelfäule. Vergilbende, welkende Blätter, Absterben der unteren, dann der oberen Blätter, Faulstellen am Zwiebelboden und an den Wurzelansätzen, Kümmern und Absterben der ganzen Pflanze. Geeignete Sorten, gesunde Zwiebeln verwenden, Beetfläche wechseln. Befallene Pflanzen möglichst bald entfernen und vernichten.

Lonicera

Am bekanntesten sind die Schlingpflanzen, doch gibt es auch Bodendecker und strauchig wachsende Arten und Sorten in dieser Gattung. Das Geißblatt nimmt jeden guten Boden an und gedeiht in der Sonne wie im Halbschatten. Die Schlingpflanzen lassen sich durch Stecklinge vermehren, ein Rückschnitt ist nicht erforderlich, gelegentlich ein Verjüngungsschnitt. *Lonicera henryi* blüht gelbrot und bringt blauschwarze, bereifte Früchte hervor. Das Waldgeißblatt *Lonicera periclymenum* wächst am Waldrand wild über Pflanzen und Gesteinshindernisse. Mitte Juli erscheinen die stark duftenden rahmgelb- und rotfarbenen Blüten.

Der Blütenduft des Geißblatts entwickelt sich nach Einbruch der Dunkelheit besonders intensiv. Nicht alle Geißblattarten und -sorten duften so herrlich wie *Lonicera periclymenum* (oben). Andere Arten bilden orangefarbene oder gelbe, nicht immer duftende Blüten aus (ganz oben). Die kletternden Formen ranken 5–6 m (rechts).

SCHADURSACHEN

Im allgemeinen gibt es wenig Probleme. An heißem, trockenem Standort kann es zu starkem Blattlausbefall kommen. Gelegentlich treten auch Larven der Minierfliegen auf.

BODEN

Nährstoffreiche, durchlässige Erde.

STANDORT

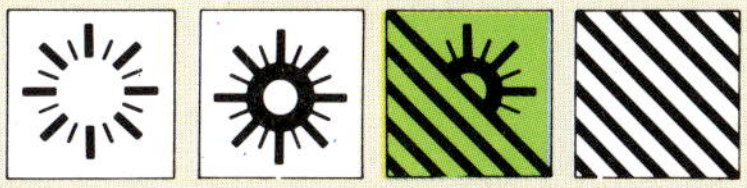

Liebt sonnigen Platz mit teilweisem Schatten. Der Wurzelbereich braucht Schatten.

VERMEHRUNG

Kletternde Formen durch Stecklinge im Juli aus diesjährigen Trieben.

PFLANZUNG

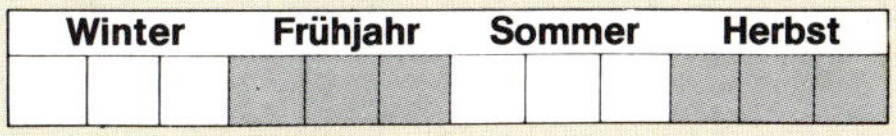

Herbst oder Frühjahr. Pflanzabstand für *Lonicera nitida* bei Hecken 45 cm.

SCHUTZ

Nur die empfindlicheren Strauchformen brauchen im Frühjahr Frostschutz.

DÜNGEN

Mulchen im Frühjahr genügt.

WÄSSERN

Bei anhaltender Trockenheit gießen.

STÜTZEN UND SCHNEIDEN

Kletterpflanzen brauchen Rankgerüste (Drahtzaun, Spalier, Pergola) und gelegentlichen Verjüngungsschnitt.

Lupinus

Lupine

Lupinen sind farbenprächtig blühende Beetpflanzen, die in zahlreichen Sorten angeboten werden. Die Wildformen blühen blau, purpur, rot und gelb. Durch Kreuzungen entstanden viele Farbvarianten, zum Teil auch zweifarbige Blüten. Ende Februar, Anfang März unter Glas ausgesät und im Mai ausgepflanzt, blühen Lupinen noch im gleichen Jahr. Bei Freilandaussaat im Mai oder Juni blühen sie erst im folgenden Jahr. Aus selbstgezogenen Samen entwickeln sich weniger farbenprächtige Blüten, mehr Erfolg bringt gekauftes Saatgut. Auf kalkhaltigen Böden halten sie sich höchstens zwei oder drei Jahre. Manche blühen zweimal, wenn abgeblühte Triebe entfernt werden.

Lupinen-Hybriden gibt es in vielen Farben: 'Edelknabe' in karminroter, 'Kronleuchter' in gelber, 'Mein Schloß' in ziegelroter Tönung, 'Kastellan' in blauen Tönen mit weißer Fahne, 'Schloßfrau' in rosa Tönen mit weißer Fahne. Lupinen sind auch wegen ihrer aparten fingerförmig geteilten Blätter beliebte Beetpflanzen.

SCHADURSACHEN

Welkekrankheit. Die Blätter vergilben und bräunen sich, allmählich geht die Pflanze zugrunde. Der Pilzbefall kommt vom Boden her, daher bei kleineren Befallsherden Pflanze samt umgebender Erde spatentief ausheben und verbrennen. Für Neupflanzung Beet wechseln, resistente Sorten wählen.

Blatt- und Stengelfleckenkrankheit. Blätter und Stengel mit braunen kleinen Flecken, die zu größeren zusammenfließen. Blätter welken und sterben ab. Befallene Pflanzen frühzeitig vernichten, geeignete Sorten, gesundes Saatgut verwenden, ausreichend wässern.

Blattrandkäfer. Blattrand bogenförmig ausgefressen. Wachstum fördern und Pflanzbeet wechseln, mit Algenmehl bestäuben.

BODEN

Tiefgründiger, durchlässiger Boden mit saurer Reaktion.

STANDORT

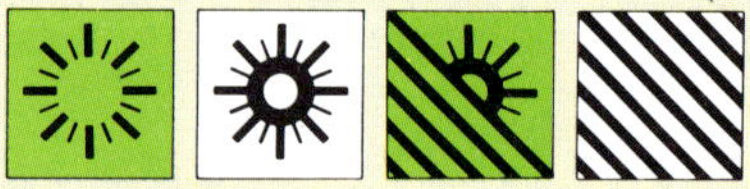

Sonnig, aber auch Halbschatten.

VERMEHRUNG

Durch Aussaat im Februar/März unter Glas oder im Mai oder Juni ins Freiland.

PFLANZUNG

Winter			Frühjahr			Sommer			Herbst		

Im Mai. Bei Gruppenpflanzung Pflanzabstand 75 cm.

SCHUTZ

Nicht schutzbedürftig.

DÜNGEN

Etwas Mulch aus gut verrottetem Kompost im Frühjahr bringt im Sommer reichere Blüte.

WÄSSERN

Gleichmäßig feucht halten, vor allem bei anhaltender Trockenheit.

STÜTZEN UND SCHNEIDEN

Vor der Samenbildung Triebe am Boden abschneiden, damit keine Selbstaussaat entsteht.

Magnolia

Unter den Magnolien gibt es sehr schöne Frühjahrsblüher mit großen, duftenden, exotisch wirkenden Blüten, die vor den Blättern erscheinen. Die Schönheit der Blüten kann allerdings durch Spätfröste beeinträchtigt werden; daher ist es ratsam, diese Gehölze an einem warmen, windgeschützten Platz wachsen zu lassen. Alle Arten und Sorten lieben humusreichen Boden, den man mit Torfmull oder Humuserde noch verbessern kann. Vermehrt werden Magnolien durch Absenker, ein besonderer Schnitt ist nicht notwendig.

Magnolia x *soulangiana* wird bis 4 m hoch. Sie bringt im April und Mai viele große glockenförmige, weißrosa Blüten, außen mit rötlichen Streifen; manche Sorten bilden reinweiße, andere purpurfarbene Blüten. Die Sternmagnolie, *Magnolia stellata,* hat sternförmige, weiße, duftende Blüten, die im März und April erscheinen, und zwar schon an jungen Pflanzen. Der langsamwachsende Strauch wird 3 m hoch.

Magnolien sind wegen ihrer rahmweißen, manchmal rosa oder purpur getönten Blüten beliebte Gartensträucher. 'Alba Superba'ist eine sehr schöne, frühblühende Sorte mit reinweißen Blüten. Besonders wirkungsvoll ist die Sorte *Magnolia liliiflora* 'Nigra' mit Blüten, die außen dunkelpurpurn und innen hellpurpurn sind.

Einige Arten duften besonders intensiv. Im allgemeinen sind sie wenig anfällig für Schädlingsbefall. Schnecken fressen gelegentlich Löcher in die Blätter (links), vor allem bei feuchtwarmer Witterung. Geht man den Schleimspuren nach, findet man die Schnecken und kann sie ablesen.

BODEN

Humusreich und kalkarm, besonders für *Magnolia x soulangiana*.

STANDORT

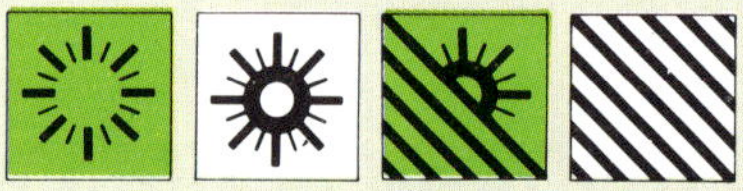

Sonnig und vor Wind und Spätfrösten geschützt.

VERMEHRUNG

Im Frühjahr durch Absenker. Durch Aussaat von frisch gereiften Samen in den kalten Kasten.

PFLANZUNG

Winter	Frühjahr	Sommer	Herbst

Am besten im Frühjahr. Sorgfältig auspflanzen, damit die Wurzeln nicht beschädigt werden.

SCHUTZ

Nicht nötig an einem vor Wind und Spätfrösten geschützten Platz.

DÜNGEN

Besonders in den ersten Jahren mit Laubstreu mulchen.

WÄSSERN

Nur bei außergewöhnlicher Trockenheit gießen.

STÜTZEN UND SCHNEIDEN

In den ersten Jahren könnte ein Stützpfahl notwendig sein.

SCHADURSACHEN

Magnolien sind kaum anfällig für Schädlinge und Krankheiten. Probleme entstehen meist durch falsche Pflege oder falsch gewählten Standort. Blattwanzen können auftreten, ohne nennenswerten Schaden anzurichten. Schildläuse werden eventuell gefährlich. Vögel beschädigen manchmal die Blüten. Nach Frostschäden können Blüten und Knospen von Grauschimmel befallen werden. Selten treten Blattfleckenkrankheit und Spitzendürre auf.

Magnolien sind kälteempfindlich. Frost und kalter Wind schädigen Knospen und Blütenblätter. Die betroffenen Stellen werden häufig von Grauschimmel befallen. Die Blütenblätter welken, verbraunen und sterben ab.
Auf kalkhaltigen Böden kommt es zu Chlorose, die Blätter werden gelbgrün bis gelblich.

Zierapfelbaum

Malus

Diese sommergrünen Sträucher oder kleinbleibenden Bäume fallen durch großen Blütenreichtum, kleine Früchte und schönes Laubwerk auf. Sie mögen jeden guten Boden an vollsonnigem Platz. Ein Auslichtungsschnitt ist gelegentlich im Winter erforderlich. *Malus floribunda* blüht rosa im Mai und hat gelbe und rote, erbsengroße Früchte. *Malus coronaria 'Charlotte' blüht zartrosa mit Veilchenduft und zeigt orangerote Herbstfärbung.*

Zierapfelgehölze sind wegen ihres Zierwertes und ihrer bescheidenen Ansprüche beliebt. Außerdem passen sie auch in kleine Gärten. *Malus purpurea* 'Eleyi' blüht im Mai weinrot und bestickt im Herbst durch rötliches Laub und reichen Fruchtbehang. 'Lemoinei' (oben) ist ebenfalls eine sehr schöne Sorte mit karminroten Blüten und dunkelviolettem Laub, das später bronzefarben wird.

SCHADURSACHEN

Zieräpfel sind für viele Schädlinge und Krankheiten anfällig, die auch gewöhnliche Apfelbäume befallen. Schorf, eine bei Äpfeln häufige Pilzkrankheit, entsteht vor allem bei feuchter Witterung. Samtartig olivfarbene, später braun werdende Flecken treten an Blättern und Früchten auf. Hier entstehen die Sommersporen, die laufend für Neuinfektion sorgen. Betroffene Zweige abschneiden, Fallaub einsammeln und verbrennen. Für ausgeglichene Ernährung sorgen, Mulchen und Gründüngung; ausreichend bewässern, Oscorna-Pilzvorbeuge spritzen. An Schädlingen treten u. a. Blattläuse, Blattwanzen und Raupen auf.

BODEN

Durchlässige, gute Böden.

STANDORT

Bevorzugen sonnigen Platz, wo sie reichlich fruchten; gedeihen auch im Halbschatten.

VERMEHRUNG

Durch vorgekeimte, im Frühjahr ausgesäte Samen (Arten). Durch Hartholzstecklinge (Sorten).

PFLANZUNG

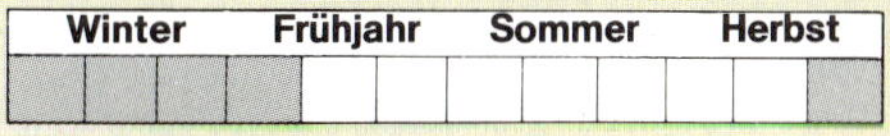

Im Herbst oder Frühjahr.

SCHUTZ

Ist nicht nötig.

DÜNGEN

Im Frühjahr mulchen, eventuell auch im Herbst.

WÄSSERN

Bei sehr lang anhaltender Trockenheit.

STÜTZEN UND SCHNEIDEN

Jungbäume erhalten einen Stützpfahl. Ein Auslichtungsschnitt nach der Blüte reicht aus.

Narcissus

Narzisse, Osterglocke

Die Osterglocken kommen in so vielen Sorten und Blütenformen vor, daß man sie nach auffallenden Merkmalen in Gruppen zusammenfaßt: Trompetennarzissen, Groß- und Kleinkronige Narzissen, Gefüllte Narzissen, *Triandrus*-Narzissen, *Cyclamineus*-Narzissen, Duftnarzissen, Doldennarzissen, Dichternarzissen. Manche dieser Sorten verwildern. Vermehrt werden sie durch Zwiebeln. Man kann sie in Beete oder gruppenweise zwischen Gehölze pflanzen. Auch im Rasen und in Steingärten wachsen sie gut. Fast alle blühen zwischen März und Mai.

Die anspruchslosen Narzissen wachsen fast überall. Sie passen auch gut zwischen andere Pflanzen in ein gemischtes Beet. Im Rasen kann man sie wahllos ausstreuen und dort einpflanzen, wo sie gerade hinfallen. Sich selbst überlassen, verwildern manche Sorten, so daß ihre Verteilung natürlich wirkt. Man kann sie auch vor einer Mauer an den Fuß einer Kletterpflanze setzen.

Die Blüten sind, je nach Sorte, einheitlich gelb, weiß und gelb, weiß und orange, aber auch rahmweiß und lachsrosa wie *Narcissus pseudonarcissus 'Rosy Sunrise'*. Es gibt die verschiedensten Farbkombinationen. Form und Größe der Blüten variieren. Bei den Trompetennarzissen ist die Trompete mindestens so lange wie ein Blütenblatt. Bei den Dichternarzissen ist sie auf eine Krause reduziert. Die Gartensorten haben größere Blüten als die Arten. Die Großkronigen bilden nur eine Blüte am Schaft, ebenso die Kleinkronigen und Gefüllten, auch die Triandrus-Sorten, doch mit nickender Krone. Duftnarzissen bilden drei bis sechs Blüten am Schaft.

Die verblühten Blumen werden entfernt, damit sich keine Samen bilden. Wenn dann die Blätter gelb werden, kann man die Zwiebeln herausnehmen oder sie an Ort und Stelle belassen. Schöne Schnittblumen erhält man durch Umpflanzen der Narzisse alle zwei bis drei Jahre. Am schönsten aber werden sie stets aus neuen Zwiebeln.

SCHADURSACHEN

Große Narzissenfliege. Wenn die Blätter vorzeitig vergilben, der Austrieb schopfartig gestaucht bleibt, ernähren sich die stark geringelten, schmutzigweißen Maden der Fliege in der Zwiebel. Im Herbst alle weichen und im Frühjahr die schlecht auflaufenden Zwiebeln entfernen und tief vergraben. Nur verdächtige Zwiebeln 48 Stunden in lauwarmes Wasser legen. Die Maden verlassen die Zwiebel und gehen zugrunde. Pflanzplatz wechseln, alle faulenden pflanzlichen Abfälle entfernen.

Stengelälchen. Befallene Pflanzen kümmern, sie haben verbogene Blätter mit gelblichen Knötchen, auch die Sprosse sind verkrümmt, oft keine Blüten. Durchgeschnittene Zwiebel mit braunen, ringförmig verlaufenden Faulstellen. Befallene Pflanzen möglichst bald vernichten, auch alle Pflanzenreste, verseuchte Beete mindestens 3 Jahre lang nicht mit Narzissen oder anderen Zwiebelpflanzen besetzen.

Narzissenfeuer. Flecken gelb- oder rötlich auf Blättern, wässerig durchscheinend, später bräunlich an Blüten. Bei feuchter Luft mit grauem Schimmelrasen. Befallene Pflanzen entfernen und vernichten. Für guten Luftzutritt und ausgewogene Ernährung sorgen.

Mosaikkrankheit. Verdrehte Blätter mit graugrünen Flecken oder Streifen, gestauchtes Wachstum, verkleinerte Blüten. Kranke Pflanzen vernichten. Nur gesunde Zwiebeln verwenden.

BODEN

Trompetennarzissen bevorzugen tiefgründige Böden, die meisten anderen Narzissen gedeihen in normaler Erde.

STANDORT

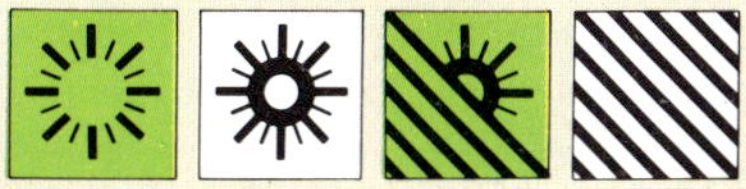

Narzissen blühen im Halbschatten ebenso reich wie in der Sonne.

VERMEHRUNG

Im Herbst durch Tochterzwiebeln oder Aussaat. Samenpflanzen blühen nach drei bis acht Jahren.

PFLANZUNG

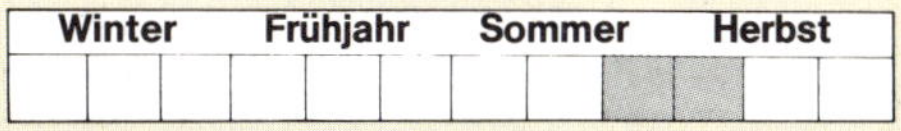

Die größeren Narzissen mit 10–15 cm Abstand setzen; auf schweren Böden 10 cm, auf leichten 15 cm tief. Zwergformen mit gleichem Abstand, aber nur 5–7 cm tief.

SCHUTZ

Nicht nötig.

DÜNGEN

Oft ist es ratsam, gleich nach der Blüte etwas Mischdünger zu geben.

WÄSSERN

Nicht nötig.

STÜTZEN UND SCHNEIDEN

Weder Stützen noch Schneiden ist notwendig. Die Narzissen werden aber „grasbüschelig“, wenn sie jahrelang an der selben Stelle bleiben. Die Mutterzwiebeln haben dann so viele Tochterzwiebeln gebildet, daß nur noch schmale Blätter entstehen und kaum noch Blüten. Das Büschel muß ausgegraben werden; die schönsten und größten Zwiebeln wieder einpflanzen, die kleinen wegwerfen.

Nymphaea

Seerose

Wasserpflanzen brauchen im allgemeinen wenig Pflege; sie haben kaum unter Schädlingen und Krankheiten zu leiden, und da sie ständig im Wasser stehen und verrottete pflanzliche und tierische Substanzen ihnen reichlich Nahrung liefern, ist ihr Gedeihen gesichert. Die in ganz Europa wild vorkommende Weiße Seerose, *Nymphaea alba,* läßt sich leicht in allen stehenden und langsam fließenden Gewässern ansiedeln. Die Gartensorten blühen gelb, rot oder orange.

Seerosen mit ihren großen, schalenförmigen Blüten und den schwimmenden Blättern zieren jeden Teich. Seerosen gibt es für jede Wassertiefe von 15–120 cm. Die weißblühenden Formen sind winterhart. Die gelbe Teichrose, *Nuphar lutea* mit kleinen, becherförmigen Blüten (rechts) eignet sich für schattige Wasserflächen, wo Seerosen nicht gedeihen, weil sie viel Sonne brauchen, um ihre Blüten in voller Schönheit zu entfalten.

BODEN

Lehmige, nährstoffreiche Erde.

STANDORT

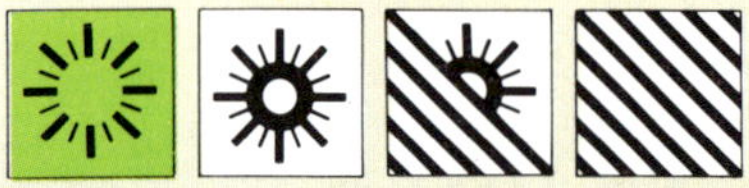

Freie, sonnige Wasserfläche ohne Beschattung.

VERMEHRUNG

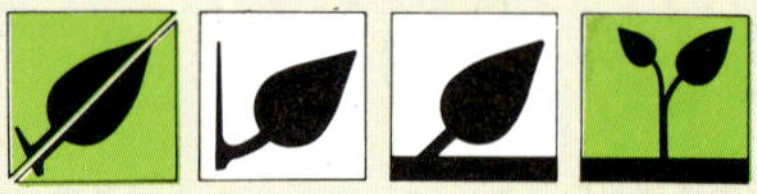

Durch Teilung, bei empfindlichen Formen durch Aussaat, jeweils im April oder Mai.

PFLANZUNG

Winter			Frühjahr			Sommer			Herbst		

Direkt in den Teichboden oder in Gefäße, deren Substrat alle zwei bis drei Jahre erneuert wird. Die Pflanztiefe hängt von der Sorte und von ihrer Wuchskraft ab.

SCHUTZ

Empfindliche Formen benötigen eine Wassertemperatur von mindestens 13 °C und eine Lufttemperatur von mindestens 10 °C.

DÜNGEN

Nicht nötig.

WÄSSERN

–

STÜTZEN UND SCHNEIDEN

Bei zu üppigem Wachstum ist einzugreifen.

SCHADURSACHEN

Seerosenblattlaus. Blätter und Blüten verunstaltet, durch Honigtau klebrig. Auf dem klebrigen Belag siedeln sich Schwärzepilze an. Bei schwachem Befall Läuse ablesen. Bei stärkerem Befall Triebspitzen abschneiden, auf Blattlausfeinde achten, sie fördern. Gesunde, ausgewogene Verhältnisse schaffen.
Seerosenblattkäfer. Käfer und Larven verursachen Lochfraß an Blättern und Blüten. Seerosen, wenn möglich, eine Zeitlang überfluten, die abgeschwemmten Tiere durch eingesetzte Goldfische oder Elritzen vertilgen lassen.
Seerosenzünsler. Etwa 2 cm lange, graugrüne Raupen zerfressen Blätter und Blüten. Befallenes Laub abschneiden und vernichten, Pflanzen überfluten, damit Raupen sich lösen und von Fischen gefressen werden.

Es gibt winterharte und tropische Seerosen. Beide sind pflegeleicht, aber die winterharten Arten eignen sich besser für ein gemäßigtes Klima, da sie praktisch bei jeder Wasser- und Lufttemperatur gedeihen. Die winterharten Seerosen gibt es in verschiedenen Blütenfarben: 'Marliacea Albida' reinweiß und duftend, 'Marliacea Chromatella' groß und hellgelb. Weitere Marliacea-Sorten gibt es mit rosa, roten und bronzefarbenen Blüten. Seerosen öffnen ihre Blüten am Tag und schließen sie, wenn die Sonne sinkt. Die Größe der Blätter variiert. Bei Fischbesatz bieten sie den Tieren etwas Schatten und verhindern ein zu starkes Veralgen.
Leider sind Seerosen für die Blattfleckenkrankheit anfällig. Bei Befall bekommen sie kreisförmige oder unregelmäßig zusammenfließende rötliche Flecken, die in der Mitte ausbleichen. Kranke Blätter oder Pflanzen schleunigst vernichten.

Paeonia

Pfingstrose

Pfingstrosen sind robuste Pflanzen, die gern viele Jahre ungestört am gleichen Platz wachsen. Die gefüllte Pfingstrose, *Paeonia officinalis,* eine alte Bauerngartenpflanze, ist im Mittelmeergebiet beheimatet und kommt bis zum südlichen Alpenrand vor. In unseren Gärten ist sie schon seit langem heimisch. Bedeutender sind die Edelpfingstrosen oder chinesischen Pfingstrosen. Zahlreiche wertvolle Sorten wurden aus *Paeonia albiflora* entwickelt. Sie blühen etwas nach der Bauernpfingstrose.

Die Bauernpfingstrose ist anspruchslos, wird über 70 cm hoch und blüht vor der chinesischen Pfingstrose. Es gibt zahlreiche Sorten mit gefüllten Blüten in Rosa und Rot. Die chinesische Pfingstrose blüht von Ende Mai bis Ende Juni.

SCHADURSACHEN

Blattfleckenkrankheit. Die Blätter haben hellbraune oder blauviolette Flecken, trocknen von der Spitze und vom Rand her ein und zeigen unterseits einen olivbraunen Sporenbelag. Sie werden dürr und fallen ab. Befallene Blätter umgehend vernichten, für genügend Bodenfeuchte und Pflanzabstand sorgen; gesundes Saatgut verwenden.

Grauschimmelfäule. Kurz nach dem Austrieb welken einzelne Sprosse und fallen um. Sie zeigen stengelumfassende Naßfäule, die auch auf Knospen und Blätter übergreifen kann. Im Herbst die Pflanzen bis zum Erdboden abschneiden und die Erde ringsum erneuern. Befallene Pflanzenteile gleich am Anfang entfernen. Gleich beim Feststellen des ersten Befalls mit bienenunschädlichen Botrytismitteln spritzen. Sonst günstige Kulturbedingungen schaffen. Widerstandsfähige Sorten verwenden.

Rost. Blätter mit gelblichen, violettumrandeten Flecken, unterseits mit hellbraunen, stäubenden Pusteln. Kranke Blätter entfernen und vernichten. Vorbeugend widerstandsfähige Sorten wählen, für ausgewogene Ernährung sorgen, die Pflanzen mit Oscorna-Pilzvorbeuge behandeln.

Blattälchen. Blätter und Blütenknospen mit dunklen Flecken, Knospen sterben ab. Platzwechsel.

BODEN

Verlangen tiefgründigen, nährstoffreichen, durchlässigen, doch feuchten Boden.

STANDORT

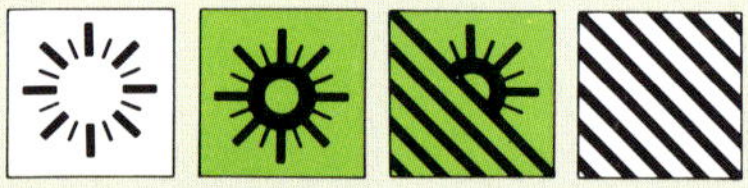

Sonnig mit etwas Schatten.

VERMEHRUNG

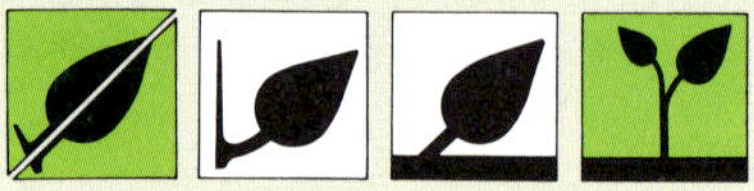

Durch Teilung im Frühjahr oder durch Aussaat in den kalten Kasten.

PFLANZUNG

Winter			Frühjahr			Sommer			Herbst		

Im Herbst oder Frühjahr. Pflanzabstand 60 cm, die zerbrechlichen Wurzeln müssen mit Erde 5 cm hoch bedeckt sein.

SCHUTZ

Wollen nicht gestört sein, sonst ist kein Schutz nötig.

DÜNGEN

Im zeitigen Frühjahr mulchen, im Monat vor der Blüte kalireichen Dünger geben.

WÄSSERN

Stets reichlich wässern.

STÜTZEN UND SCHNEIDEN

Hohe Sorten in windexponierter Lage stützen. Schnitt ist nicht nötig.

Phlox

Flammenblume, Phlox

Alle Phlox-Arten kommen aus Nordamerika. Zu den beliebtesten Stauden gehören *Phlox subulata,* der Polsterphlox, und *Phlox paniculata,* der hohe Staudenphlox. Dazu gibt es jeweils eine riesige Zahl von Sorten. Staudenphlox wird 45–120 cm hoch. Art und Sorten blühen von Juni bis September. Sie lieben mittelschweren, mäßig feuchten Boden, der durch Mulchen nicht so austrocknet. Im April oder Mai brauchen sie Dünger. Im Februar und März kann man durch Wurzelstecklinge vermehren oder im Oktober durch Teilung. 'Aida' blüht rotviolett, 'Frauenlob' hellrosa mit dunklem Auge. *Phlox douglasii* 'Georg Arends' bildet rundliche, wintergrüne Polster, blüht rosalila und wird 5 cm hoch.

Am bekanntesten ist der hohe Staudenphlox. Der niedrige Sommerphlox (oben) entfaltet dagegen eine erstaunliche Farbenpracht und eignet sich hervorragend zum Auspflanzen im Sommer. 'White Delight' blüht reinweiß und wird 10 cm hoch.

SCHADURSACHEN

Blattfleckenkrankheit. Sie verursacht dunkelbraune Flecken, die zusammenfließen, Blätter und Pflanze sterben ab. Befallene Teile alsbald vernichten.

BODEN

Staudenphlox: mittelschwerer, gut durchlässiger, nährstoffreicher Boden. Polsterphlox bevorzugt leichteren Boden.

STANDORT

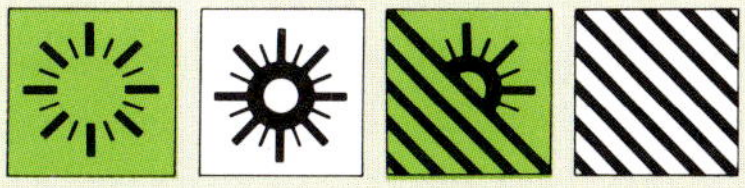

Möglichst sonnig, aber auch Schatten vertragend.

VERMEHRUNG

Durch Wurzelschnittlinge im Februar/März. Stecklinge im Frühling und später. Durch Teilung der Wurzelstöcke im Oktober. Durch Aussaat im Herbst oder Frühjahr.

PFLANZUNG

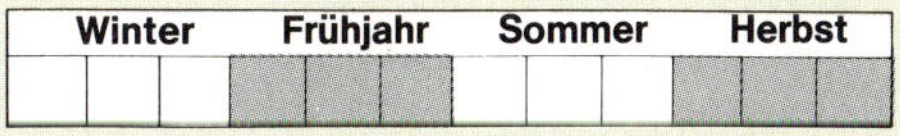

Staudenphlox im Herbst oder Frühjahr pflanzen. Sommerphlox im Frühjahr. Pflanzabstand je nach Typ und Sorte 22–60 cm.

SCHUTZ

Unempfindlich gegen jede Witterung.

DÜNGEN

Im April oder Mai, sonst mulchen.

WÄSSERN

Bei anhaltender Trockenheit gut wässern.

STÜTZEN UND SCHNEIDEN

Nur beim Staudenphlox werden die schwächsten Stengel entfernt.

Polygonatum

Salomonssiegel

Polygonatum multiflorum wächst wild in lichten Wäldern mit weißen glockigen Blüten an 60 cm hohen Stielen. Das Salomonssiegel blüht im Mai und Juni, wächst in normaler Gartenerde und bevorzugt Schatten. Vermehrt wird im Herbst oder Frühjahr durch Teilen des Wurzelstocks. *Polygonatum macranthum* 'Weihenstephan' blüht im Juni und Juli, ebenfalls mit weißen Blüten an bogigen Trieben. Diese Sorte wächst stark und wird 150 cm groß. Auch *Polygonatum commutatum* blüht weiß, doch entspringen die Blütenglocken zu mehreren an den Trieben; diese Pflanze wird 120 cm hoch und liebt Schatten.

SCHADURSACHEN

Blattwespenlarven sind die einzigen wirklichen Feinde dieser Pflanze.
Das Lilienhähnchen, ein kleiner, rotgelber Blattkäfer, kann gelegentlich schädigend auftreten. Im Garten genügt es, wenn die Tiere abgelesen werden. Die wenigen Pflanzen lassen kaum eine starke Vermehrung zu.

Beim Salomonssiegel hängen die Blüten am gebogenen Stengel nach unten, die Blätter stehen wechselständig und sind aufwärts gerichtet.

BODEN

Feuchter, gut durchlässiger Gartenboden.

STANDORT

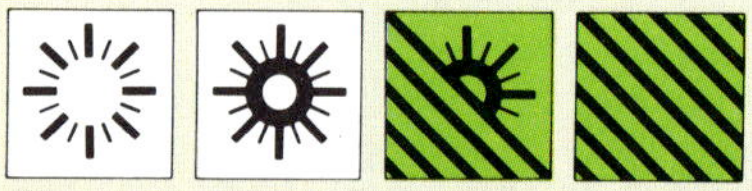

Steht am liebsten schattig, wenigstens im Wurzelbereich, die Blüten dürfen auch Sonne bekommen.

VERMEHRUNG

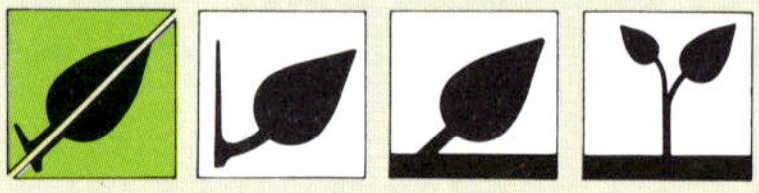

Durch Teilung im Herbst oder Frühjahr.

PFLANZUNG

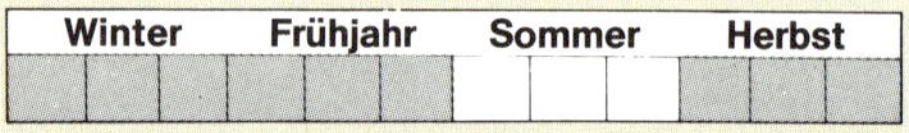

Zu Beginn des Herbstes oder im späten Frühjahr. Pflanzabstand 30 cm.

SCHUTZ

Nur Wurzelbereich vor Sonne schützen.

DÜNGEN

Mulchen im Frühjahr regt das Wachstum an, besonders nach einem strengen Winter.

WÄSSERN

Liebt feuchten Boden, gießen nur bei anhaltender, übermäßiger Trockenheit.

STÜTZEN UND SCHNEIDEN

Beides nicht nötig.

Primula

Aurikel, Primel, Schlüsselblume

Die Primeln gehören einer sehr artenreichen Gattung an. In Form, Blütenfarbe, Blütezeit und Kulturansprüchen zeigen sie große Unterschiede. Vom zeitigen Frühjahr bis in den Sommer hinein kann man blühende Primeln im Garten haben. Viele Arten lassen sich durch Aussaat, einige durch Teilung vermehren. Die Kissen- oder Polsterprimeln bilden flache Polster, die Blüten sitzen an kurzen Stielchen. Doldenprimeln bilden vielblumige, runde Dolden an hohen Blütenschäften.

Die Kugelprimeln bilden kugelige Blütenstände. Bei Etagenprimeln stehen die Blüten in mehreren Quirlen (Etagen) übereinander. Die Glockenprimeln haben hängende oder nickende Einzelblüten, die in Quirlen am Blütenschaft stehen. Die Gartenaurikeln sind seit Jahrhunderten als Gartenpflanzen beliebt. *Primula beesiana* mit samtigpurpurnen Blüten, *Primula bulleyana* blüht orangegelb.

SCHADURSACHEN

Blattfleckenkrankheit. Blätter mit braungrauen, gelblichumrandeten Flecken; kann blaublühende oder Polyanthaprimeln befallen. Betroffene Blätter abpflücken und abgefallene beseitigen. Ausreichend bewässern und geeignete Sorten oder Arten wählen.
Falscher Mehltau. Blätter oberseits bleichfleckig, unterseits weißlicher Schimmelbelag.
Spinnmilben. Blätter graugrün gesprenkelt, vergilben und vertrocknen, unterseits Milben in feinen Gespinsten. Kranke und abgestorbene Pflanzenteile vernichten. Natürliche Feinde fördern.
Schnecken bevorzugen Aurikeln.

Gelegentlich findet man die Larven der Schaumzikade an den Pflanzen. Sie lassen sich mit kräftigem Wasserstrahl leicht abspülen.

Die anspruchslose Kugelprimel, *Primula denticulata,* gedeiht am Wasser wie im Steingarten; sie wird 30 cm hoch und blüht im Frühjahr. Eine andere schöne Art ist *Primula beesiana* (rechts oben), die im Frühsommer blüht. Sie kreuzt sich leicht mit *Primula bulleyana;* die Hybriden blühen in den verschiedensten Farben. Die Kissenprimel, *Primula acaulis,* wächst in feuchten Wäldern. Es gibt verschiedene Sorten von ihr in vielerei Farben, auch gefüllte Formen. *Primula x polyantha* (Gartenhimmelsschlüssel) umfaßt zahlreiche Sorten. Die Blüten erscheinen oft, bevor die Blätter austreiben. Am bekanntesten ist 'Grandiflora' mit großen gelben, roten oder violetten Blüten. *Primula x pruhoniciana,* Teppichprimel, wird 5–15 cm hoch, ist langlebig, bildet schaftlose Blüten. 'Schneewittchen' blüht reinweiß, 'Wanda' rötlichpurpur mit gelbem Auge.

Die Orchideenprimel, *Primula vialii,* stammt aus China. Sie blüht scharlach- bis violettpurpurfarben. Am 50 cm langen Stengel entwickelt sich im Frühsommer eine bis zu 20 cm lange kerzenähnliche Blütenähre (oben). Aus den scharlachroten Knospen entwickeln sich die violettpurpurfarbenen, röhrenförmigen Blüten. Die langen, lanzettlichen, hellgrünen Blätter entspringen am Stengelgrund.
Primula elatior wird 15 cm hoch und wächst in jedem feuchten Boden; sie verträgt auch Halbschatten. *Primula juliae,* eine Polsterprimel, wird nur 6 cm hoch, sie wächst dichtrasig. *Primula sikkimensis* bildet schwefelgelbe Blütenglocken und wird 50 cm hoch.

BODEN

N

Verlangen feuchte, gut durchlässige Erde.

STANDORT

Manche bevorzugen mehr Schatten, manche mehr Sonne.

VERMEHRUNG

Durch Teilung nach der Blüte.
Durch Aussaat gleich nach der Samenreife.

PFLANZUNG

Winter	Frühjahr	Sommer	Herbst

Am besten im Frühjahr und Herbst.

SCHUTZ

Nicht nötig.

DÜNGEN

Mulchen im Frühjahr nach einem strengen Winter.

WÄSSERN

Stets gut feucht halten, besonders bei längerer Trockenheit.

STÜTZEN UND SCHNEIDEN

Nicht nötig.

Prunus

Zierkirschen gehören zu den hübschesten Blütenbäumen. Sie werden durchschnittlich 6 m hoch und noch etwas breiter; manche haben einen vasenförmigen Wuchs. Am reizvollsten sind die japanischen Sorten von *Prunus serrulata,* zum Beispiel ‚Amanogawa', eine wertvolle Pyramidenform mit steil aufwärts gerichteten Ästen und Zweigen; die Blüten stehen sehr dicht, sind hellrosa und duften. Sie zeigen sich im Mai und Juni. 'Shidare Sakura' mit hängenden Ästen und Zweigen, mit dicht stehenden, gut gefüllten, zartrosa Blüten, die im Mai kommen. *Prunus subhirtella* 'Autumnalis' ist ein prachtvoller Winterblüher mit halbgefüllten, weißen Blüten, die bei frostfreiem Wetter von November bis April erscheinen.

Zur gleichen Gattung gehört der immergrüne Kirschlorbeer, *Prunus laurocerasus,* mit zierenden, lackglänzenden, länglichen Blättern.

SCHADURSACHEN

Triebspitzendürre. Blütentriebe mit Blüten und Blättern bräunen und welken, bleiben aber noch lange am Zweig. Alle kranken Teile entfernen und verbrennen. Gesundheitszustand der Pflanzen verbessern durch guten Kompost; Stickstoffüberdüngung und Kali-, Phosphat- und Kalkmangel vermeiden. Für gleichmäßige Bodenfeuchtigkeit sorgen.
Bakterienbrand. Blätter braunfleckig, nekrotisch werdend, Blattlöcher durch herausfallendes Gewebe. Spritzen mit Kupfermitteln während des Austriebs, vorbeugend, also vor dem Befall, kalireiche Dünger geben, gesunde Sorten wählen.

Zur Gattung *Prunus* gehören Japanische Zierkirschen sowie Zierformen von Pflaumen-, Mandel- und Pfirsichbäumen (oben). Vom Pfirsichbaum, *Prunus persica,* gibt es eine gefüllte Zierform (links). Zierpflaumen eignen sich gut für Schnitthecken; dabei kann man Pflanzen mit grünem und purpurnem Laub mischen.

Bakterienkrebs (rechts) ist eine schwere Krankheit bei Zierkirschen; Zweige, Äste und ganze Bäume können absterben, wenn der Krebs erst den betreffenden Teil ganz umfaßt hat. Aufgesprungene Rinde muß bis ins gesunde Gewebe zurückgeschnitten und die Wunde mit Baumwachs behandelt werden.

BODEN

Tiefgründiger, nährstoffreicher Boden. Auf flachgründigen, kalkhaltigen Böden entsteht bald Chlorose.

STANDORT

Zierkirschen und Kirschlorbeer bevorzugen einen freien, sonnigen Standort; sie gedeihen auch im Teilschatten, blühen aber in der Sonne kräftiger.

VERMEHRUNG

Kirschlorbeer durch Stecklinge im Herbst.

PFLANZUNG

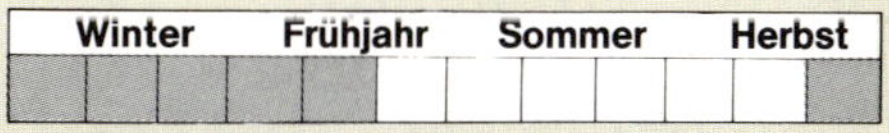

Im Herbst oder Frühjahr. Bei Kirschlorbeer Pflanzabstand 30–90 cm.

SCHUTZ

Je nach Lage, junge Bäumchen mit Maschendraht umgeben, damit die Rinde nicht von Nagetieren beschädigt wird.

DÜNGEN

Im Frühjahr mulchen.

WÄSSERN

Nicht nötig.

STÜTZEN UND SCHNEIDEN

Kirschlorbeerhecke im Frühjahr oder Spätsommer schneiden. Bäume gegen Ende des Sommers etwas schneiden.

Rhododendron

Rhododendron, Azalee

Zur Gattung *Rhododendron* zählen ungefähr 1000 Arten und ein Mehrfaches davon an Sorten. Meist werden Sorten verwendet, selten die reinen Arten. Man unterscheidet immergrüne großblumige, immergrüne niedere und sommergrüne großblumige Hybriden sowie die halbimmergrünen niederen Arten. Die Höhe der Rhododendren variiert beträchtlich. Die meisten Gartenformen werden 1,5–2,00 m hoch. Sie blühen in allen Farben und duften zum Teil sehr angenehm. Die niederen Arten sind vor allem Japanische Azaleen. Sie werden etwa 1 m hoch. In Nordlagen und im lichten Schatten behalten sie die Blätter bis zum Frühjahr. Zwergazaleen für Steingärten werden nur 20–30 cm hoch. Dann gibt es noch die dicht buschigen, reich blühenden, etwa 60 cm hohen Diamantazaleen. Bei den immergrünen großblumigen Sorten sind die Lilablüher robuster.

Die Rhododenren können mehr oder weniger glocken-, trichter- oder schalenförmige Blüten haben. Sie blühen hauptsächlich im späten Frühjahr. Die Azaleen, die man seit längerer Zeit zu den Rhododendren rechnet, blühen in vielerlei leuchtenden Farben. Ihre Blüten stehen dicht beieinander. Sie sind kleiner als die ausgesprochenen Rhododendronblüten.

BODEN

S

Durchlässiger, saurer Boden.

STANDORT

Keine direkte Sonne, überwiegend Halbschatten.

VERMEHRUNG

Stecklinge, 7 cm lang, im Sommer – bewurzeln sich schlecht; besser im Spätfrühjahr.

PFLANZUNG

Winter	Frühjahr	Sommer	Herbst

Im Herbst oder Frühjahr; dabei bedenken, daß Rhododendren viel Platz brauchen und je nach Sorte hoch werden können.

SCHUTZ

Sehr strenger Frost kann ernstlichen Schaden anrichten, am besten Winterschutz in extremer Lage.

DÜNGEN

Im Frühjahr Rhododendrondünger und mulchen mit Torf und Laubstreu.

WÄSSERN

Regelmäßig feucht halten, vor allem bei Trockenzeiten.

STÜTZEN UND SCHNEIDEN

Abgeblühte Blütenstände entfernen.

Der Gefurchte Dickmaulrüßler, *Otiorrhynchus sulcatus,* ist eine ernste Gefahr für Rhododendren. Bei Befall zeigen die Blätter unregelmäßige, bogenförmige Fraßstellen; der Käfer ist nachts aktiv und daher schwer festzustellen. Seine mattweißen Larven leben im Boden und ernähren sich hier vor allem von den feinen Haarwurzeln der Sträucher, dadurch wird die Wasser- und Nahrungsaufnahme zunehmend eingeschränkt, die Pflanzen kümmern und sterben ab.
Chlorose entsteht auf sehr kalkhaltigen Böden. Die Blätter vergilben nach und nach, die Pflanzen wachsen nicht weiter und gehen ein. Auch andere Ursachen wie verdichtete Böden rufen Chlorose hervor. Für gründliche Bodenverbesserung sorgen.

Die Azaleen bringen vor allem kleine, zartfarbene Blüten hervor. Sie brauchen ein gewisses Maß an Luftfeuchtigkeit, wird dieses überschritten oder wachsen sie in einer niederschlagreichen Gegend, werden die Zweige gelegentlich von Flechten besiedelt, die aber keinerlei Schaden anrichten, höchstens unästhetisch wirken. Wenn sie stören, kann man sie mit der Hand abmachen.
Rhododendron-Wanzen finden vor allem bei heißem, trockenem Wetter in windgeschützten Lagen günstige Bedingungen für eine Massenvermehrung. Alle Entwicklungsstadien schädigen die Pflanzen. Vorbeugen durch reichliches Gießen und etwas Schattieren, Fangpflanzen wie Sonnenblumen in der Nähe heranziehen. Vorhandene Wanzen abschütteln auf klebrige Pappdeckel. Frühe Austriebsspritzungen durchführen.

SCHADURSACHEN

Gefurchter Rüsselkäfer siehe Seite 167.
Rhododendron-Wanzen siehe nebenstehenden Text.
Mottenschildlaus. Gelblich gesprenkelte Blätter, unterseits mit flügellosen Larven und geflügelten, wie weiß überpuderten, erwachsenen Tieren. Zu engen Pflanzenabstand vermeiden, für ausgewogene Ernährung sorgen.
Blattfleckenkrankheit. Rötlichgelbgefleckte Blätter, Flecken eckig, zwischen Blattadern, später nachdunkelnd. Blätter werden dürr und fallen ab. Krankes Laub frühzeitig vernichten, bei starkem Befall mit Kupferpräparaten spritzen. Vorbeugend durch weiten Pflanzabstand für gute Durchlüftung und ausreichende Bodenfeuchtigkeit sorgen, geeignete Sorten und Arten wählen.
Ohrläppchenkrankheit. Blätter und Triebspitzen teilweise verklumpt, verdickt, später weißlichgrau bereift. Befallene Pflanzenteile bald, noch ohne Belag, entfernen und verbrennen. Vorbeugend optimale Standortbedingungen bieten, Staunässe vermeiden, geeignete Sorten wählen.
Alpenrosenrost. Braunrote Flekken auf der Blattoberseite, gelbbraune Pusteln unterseits, die Blätter fallen vorzeitig ab. Kranke Blätter entfernen und vernichten. Keine Rhododendren in die Nachbarschaft von Fichten (Zwischenwirt) setzen. Resistente Sorten wählen, für ausgeglichene Ernährung sorgen.
Zweigsterben. Die Blätter werden mißfarbig, grau, bräunlich, rollen sich um die Längsachse ein und richten sich nach unten. Endknospen und Zweige sterben ab. Spitzendürre Zweige bis ins gesunde Holz zurückschneiden und verbrennen. Bei starkem Befall vor der Blüte mit Kupferpräparaten spritzen. Vorbeugen durch Bodenverbesserung, ausgeglichene Ernährung und Bodenfeuchtigkeit.
Wurzelfäule. Stammbasis und Wurzeln faulen, die Pflanzen welken und sterben ab. Kranke Pflanzen möglichst bald entfernen und vernichten. Vorbeugend Stickstoffüberdüngung vermeiden, ebenso Staunässe. Für saure Bodenreaktion (pH 4–4,5) sorgen.
An Rhododendren tritt unter ungünstigen Bedingungen noch eine ganze Reihe weiterer Krankheiten und Schädlinge auf, jedoch nur, wenn die Pflanzen geschwächt sind. Unter optimalen Standortverhältnissen wachsen Rhododendren gesund heran und sind kräftig genug, um Schädlingen und Krankheiten standzuhalten.

Rosa

Rose

In den letzten Jahren entstand durch züchterische Bearbeitung eine Vielzahl neuer und guter Sorten, die jede Auswahl erschweren. Zu achten ist auf die Farbe und Form der Blüten, auf Blühwilligkeit, Winterhärte, vor allem aber auf eine möglichst geringe Anfälligkeit für Krankheiten. Rosen gibt es in verschiedenen Wuchsformen, vom Bodendecker über buschig oder kletternd wachsende bis zum Hochstämmchen. Beliebte Beetrosen sind die Polyantharosen, die mit ihren kleinen Blüten große Dolden bilden, und die Floribundarosen mit ihren edelrosenähnlichen Blüten, die ebenfalls Dolden bilden. Wildrosen, aus Samen gezogen, werden bevorzugt für Hecken und Windschutzanlagen verwendet, auch zur Hangbepflanzung als Bodenbefestiger. Seit einigen Jahren gibt es auch niedrig bleibende Rosen, die man als Bodendecker bezeichnen kann. Sehr dekorativ wirken die kletternden Rosen.

Rosa rugosa, die Kartoffelrose, ist eine kräftige, äußerst unempfindliche Pflanze (oben). Bescheiden in ihren Ansprüchen und resistent gegen Krankheiten, wird sie oft für Hecken verwendet. Eine sehr harte, widerstandsfähige Sorte ist die 'Regelliana', ebenfalls mit großen, hellroten Blüten und im Herbst mit großen Hagebutten. *Rosa rubrifolia* wird meist wegen der rötlichen Belaubung gepflegt, die im leichten Schatten am intensivsten ist. Sie wird 2–3 m hoch, wächst kräftig; am Sommeranfang erscheinen viele rosa Blüten, denen rote Hagebutten folgen.
Rosa spinosissima 'Claus Groth' bildet sehr große, gefüllte, lachsorangefarbene Blüten, die stark duften und im Herbst durch große Hagebutten zieren. Eine der besten Wildrosen ist *Rosa hugonis,* die Chinesische Goldrose. Die einfachen, goldgelben Blüten erscheinen sehr früh und zahlreich.

BODEN

Bevorzugen nährstoffreiche, mittelschwere, aber durchlässige Böden.

STANDORT

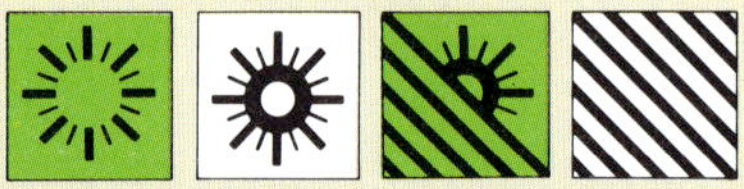

Hell und sonnig.

VERMEHRUNG

Schwierig. Am besten bezieht man die Pflanzen von gut geführten Betrieben.

PFLANZUNG

Winter	Frühjahr	Sommer	Herbst

Oktober/November. Bei Frühjahrspflanzung vorher 24 Stunden wässern. Nach dem Pflanzen anhäufeln und gut angießen. Alle Triebe auf 10–15 cm zurückschneiden, Kletter- und Strauchrosen auf etwa 30 cm. Parkrosen nicht schneiden.

SCHUTZ

Junge Pflanzen und alle empfindlichen Formen brauchen Winterschutz. Anhäufeln.

DÜNGEN

Im März und Juni Volldünger ab 2. Pflanzungsjahr.

WÄSSERN

Bei lang anhaltender Trockenheit.

STÜTZEN UND SCHNEIDEN

Schneiden im Frühjahr. Kletter- und Parkrosen: nur alte und erfrorene Triebe. Strauchrosen: erfrorene Triebe, zugleich etwas auf Form bringen. Beetrosen: überstarke Triebe einkürzen oder ganz wegschneiden, ebenso schwache Triebe, wenn sie zahlreich auftreten. Stammrosen: abgestorbene und ungünstig stehende Triebe wegnehmen, dabei auf gleichmäßige Kronenform achten.

Wer besondere Rosen oder die neuesten Sorten für den Garten haben will, sollte sich zuvor durch den Besuch von Rosengärten an Ort und Stelle informieren und dabei auf Blütezeit, Größe, Farbe und Form der Blüten achten, auch auf die Wuchsform und die Laubfärbung. In vielen größeren Städten gibt es solche Rosengärten. Dort wird man auch Beratung aus erster Hand bekommen.
Werden die Rosen auswärts bestellt, sollte man die Sendung gleich nach der Ankunft auspacken, die Pflanzen gut anfeuchten und in Erde einschlagen oder gleich einpflanzen.

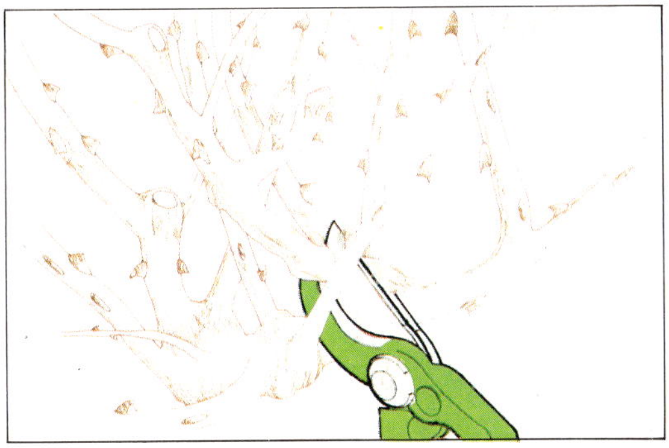

Abgestorbene Triebe schneidet man bis zum lebenden Triebteil zurück. Jeder Schnitt muß glatt und schräg verlaufen, damit Regenwasser ablaufen kann.

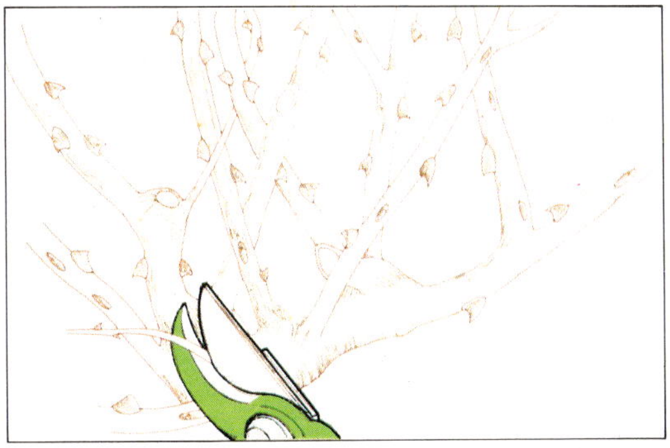

Schwache Triebe werden am Ansatz abgeschnitten und vollständig entfernt, damit die Pflanze alle Nährstoffe den kräftigen Trieben zuführen kann.

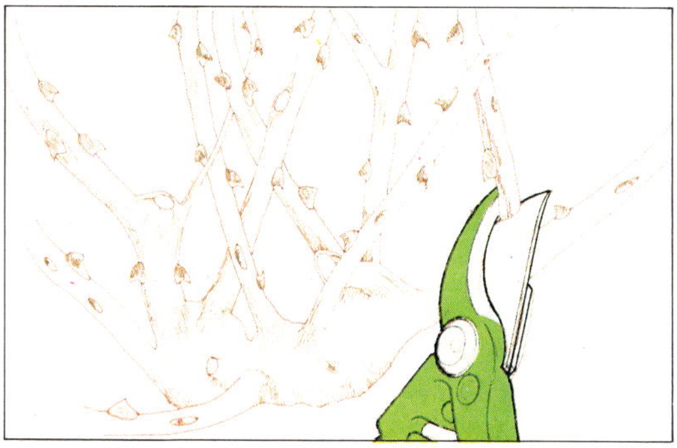

Bei zu dicht stehenden Trieben schneidet man den schwächeren ab, damit Licht und Luft den Strauch durchdringen und keine Krankheiten aufkommen können.

Triebe, die ab Anfang Mai aus dem Boden wachsen, sind Wildtriebe. Sie entspringen unterhalb der Veredelungsstelle. Meist unterscheiden sie sich deutlich in den Blättern und Stacheln der Edelsorte: Ihre Teilblättchen sind schmaler und die Stacheln nadelartig. Den Wildtrieb sollte man möglichst abreißen, nicht abschneiden, weil sonst neue Triebe nachfolgen. Man verfolgt den Weg des Wildtriebs, schafft dazu etwas Erde beiseite bis zur Ansatzstelle und zieht ihn von der Wurzel ab.

An Rosen fallen gelegentlich grüne, später gelblich oder rötlich werdende, wie bemoost aussehende Gallen auf. Es sind die sogenannten Rosenäpfel oder Schlafäpfel (rechts). Sie werden durch die Gemeine Rosengallwespe, *Diplolepis rosae,* verursacht. In den gekammerten Gallen leben die weißlichen Larven der Rosengallwespe.
Sie überwintern hier und verpuppen sich im zeitigen Frühjahr. Die bald schlüpfenden Gallwespen legen ihre Eier an junge Triebenden, wo sich wiederum neue Gallen bilden. Auch Blattgallen können bei Rosen vorkommen (ganz rechts oben). Sie werden durch andere Gallwespen verursacht. Die Larven der Rosenblattwespe, *Caliroa aethiops,* (ganz rechts unten) skelettieren die Blätter. Schwerer Befall hemmt das Wachstum der Pflanzen.
Sternrußtau (unten und ganz unten) ist leicht erkennbar an den sternförmigen, schwarzen Flecken auf den Blättern, die später zusammenfließen.

Spinnmilben. Blattoberseite hellgelblich gesprenkelt entlang der Hauptblattadern, unterseits ein zartes, dichtes Gespinst, in dem sich Milben und Eier befinden. Die Blätter vertrocknen und fallen ab. Die Weibchen überwintern am und im Boden und besiedeln im Frühjahr die Rosen. Unter günstigen Lebensbedingungen wie Wärme, Trockenheit kommt es zur Massenvermehrung. – Kranke und bereits abgestorbene Pflanzenteile vernichten. Vorbeugend natürliche Feinde fördern, die Rosen gut und ausgewogen ernähren, durch Mulchen oder Bodendecker für gleichbleibende Bodenfeuchtigkeit sorgen.
Bürstenhornblattwespe. Blattränder von grünlichgrauen, 2 cm langen Larven oft bis zu den Mittelrippen abgefressen. – Larven auf ausgebreitete Tücher schütteln und vernichten, Rosentriebe mit Eigelegen abschneiden und verbrennen, Triebe mit starkem Wasserstrahl mehrmals gründlich abspritzen, die Larven sammeln und vernichten. Vorbeugend von Mai bis September regelmäßig nach Larven absuchen, richtige Sorten wählen, Boden im Spätherbst tief umgraben, da die Larven in der obersten Bodenschicht überwintern.
Rosenzikade. Zunächst weißgesprenkelte Blätter, die verdorren und abfallen; unterseits saugen gelbgrüne Insekten, etwa 3 mm lang, die bei geringster Erschütterung abspringen. Sehr sonnige Lagen für Rosen vermeiden.
Blattwanzen. Blätter mit gelben Flecken, die sich bräunen, eindellen, vertrocknen und oft durchbrechen. Blattspreite dann durchlöchert, Triebenden verkrüppeln. – Abschütteln auf Pappdeckel mit Raupenleim, bei starkem Befall mit Pyrethrum-Mitteln spritzen. Vorbeugend Pflanzen reichlich gießen und etwas schattieren, resistente Sorten verwenden.
Blattläuse. Rotbraune oder grüne Läuse besiedeln oft in großen Kolonien Blätter und Triebe. Verkrümmungen treten auf und klebrige Stellen von Honigtau, die durch Schwärzepilze gut erkennbar sind. Einzelne Läuse zerdrücken, bei stärkerem Befall Triebspitzen abschnei-

Verschiedene Raupen ernähren sich von Rosenblättern, die sie vom Rand her anfressen; sie befallen auch Knospen und Blüten. Da sie unter Umständen erheblichen Schaden anrichten können, sollte man die Pflanzen regelmäßig kontrollieren und die Raupen ablesen und auf Wildpflanzen umsetzen, soweit dies möglich ist. Bei behaarten Raupen ist jedoch Vorsicht geboten, da sie schwere Hautreizungen verursachen können. Hier spritzt man am besten mit einem bienenungefährlichen Pyrethrum-Präparat.

SCHADURSACHEN

den, Nützlinge fördern. Für ausgewogene Ernährung und Feuchtigkeit sorgen, geeigneten Standort wählen.

Rosenwickler. Blätter am Rand von kleinen Raupen befressen und lose zusammengesponnen. – Raupen aus dem Gespinst herausholen und zerdrücken, bei starkem Auftreten befallene Teile entfernen, mit *Bacillus-thuringiensis*-Präparaten spritzen. Raupenfeinde schützen, vor allem Vögel, Fledermäuse und Schlupfwespen.

Echter Mehltau. Weiß bepuderte Blätter, im Wachstum gehemmt, verkrüppeln und rollen sich oft nach unten ein, vorzeitiger Laubfall; kann auf andere Pflanzenteile übergehen. – Befallene Triebe zurückschneiden und verbrennen. Bessere Wachstumsbedingungen schaffen, die Pflanze kräftigen, um die Abwehrbereitschaft zu erhöhen. Sorten verwenden, die weniger anfällig für Mehltau sind.

Sternrußtau. Blattoberseite mit dunklen, oft sternförmig gezackten Flecken, vorzeitiger Abfall der Blätter. – Tritt auf bei hoher, lang anhaltender Feuchtigkeit. Befallene Blätter entfernen und vernichten. In gefährdeten Lagen die Rosen kräftig zurückschneiden oder mit Spezialmitteln spritzen. Vorbeugend für weiten Pflanzabstand und ausreichende Bewässerung sorgen, keine Staunässe aufkommen lassen, die Pflanzen ausgewogen ernähren, so daß sie auf keinen Fall geschwächt sind, widerstandsfähige Sorten verwenden.

Rosenrost. Blattoberseits gelblich-rötliche, unterseits später fast schwarze, stäubende Pusteln, das Laub fällt vorzeitig ab. – Erkrankte Blätter und Triebe umgehend entfernen und vernichten. Vorbeugend resistente oder kaum anfällige Sorten verwenden, für ausgewogene Ernährung sorgen mit Zusätzen von Mineraldüngern, betont stickstoffarm düngen. Vor Wintereinbruch mit Oscorna-Pilzvorbeuge behandeln.

Chlorose. Die Blätter werden gelb, erst zwischen den Blattadern, dann insgesamt, zum Teil sterben sie ab, werden braun und fallen ab. – Bei Rosen entsteht Chlorose häufig durch ungünstige Bodenverhältnisse, zum Beispiel bei verdichtetem und daher zu Staunässe neigendem Boden, wenn eine längere Regenperiode mit tieferen Temperaturen hinzukommt. Man spricht dann von der „Schlechtwetter-Gelbsucht". Hier hilft nur eine ganz gründliche Bodenverbesserung: Der Boden muß gelockert und mit wasserhaltefähigen, aber durchlässigen Substraten angereichert werden, zum Beispiel durch Zusatz von gut verrottetem Kompost, von Huminal, Hygromull oder ähnlichen Verbesserungsmitteln.

Abwärtssteigender Rosentriebbohrer und Aufwärtssteigender Rosentriebbohrer. Man sieht den Befall an den Trieben; sie welken plötzlich und vertrocknen. Bei genauerer Prüfung findet man an solchen Trieben ein kleines Bohrloch und etwas Bohrmehl. Ein Längsschnitt durch den befallenen Trieb läßt Fraßgänge der Larven erkennen. Die Blattwespen legen einzelne Eier an die Triebspitzen oder an die Basis eines Blattstiels. Die daraus schlüpfenden Larven bohren sich in das Mark und ernähren sich davon. – Vorbeugend befallene Triebe möglichst bald bis in den gesunden Teil zurückschneiden und verbrennen, bevor sie von den Larven verlassen werden.

Rosengallwespe. Sie verursacht große, zottige Gallen (siehe vorhergehende Seite).

Rinden- oder Brandfleckenkrankheit. Triebe mit kleinen, sich vergrößernden, rötlich umrandeten Flecken, die aufreißen und eintrocknen. Die darüberliegenden Zweigteile sterben ab. Die Krankheit tritt vor allem bei anhaltendem Regenwetter auf. Sie wird sehr stark durch Sporen in Wasserspritzern, aber auch durch Insekten verbreitet. – Die Pilze überwintern im abgestorbenen Pflanzengewebe. Befallene Pflanzenteile möglichst bald abschneiden und vernichten. Windstille, eingeschlossene, feuchte Lagen für Rosenanpflanzungen, vor allem mit *Rosa multiflora*, meiden. Die Pflanzen vor Verletzungen schützen und Stickstoffdünger nicht zu spät ausbringen, weil dann im Herbst die Triebe zu spät verholzen, grün in den Winter gehen und erfrieren. Genügend großen Pflanzabstand einhalten.

Syringa

Flieder

Flieder gehört zu den beliebtesten Frühjahrsblühern. Am besten gedeiht er in lehmhaltigem, nährstoffreichem Boden an einem vollsonnigen Platz. Im Mai und Juni bilden sich lange Rispen aus kleinen, duftenden Blüten. Verwelkte Blütenstände werden entfernt; ein besonderer Schnitt ist nicht notwendig. *Syringa vulgaris* stammt aus Südosteuropa. Seine duftenden Blüten erscheinen im Mai. Bekannt und beliebt sind auch seine Sorten als Gartenflieder: 'Andenken an Ludwig Späth' mit einfachen, dunkelpurpurroten Blüten an bis zu 30 cm langen Rispen. 'Mme. Lemoine' mit reinweißen, lange haltbaren Blüten. Andere Sorten blühen lila, blauviolett, karmin- und rosarot. Die Sträucher werden zum Teil fast 5 m hoch. Daneben gibt es einige sehr elegante Arten, z. B. *Syringa microphylla*, ein kleiner, nur 90–120 cm hoher Strauch, der zweimal jährlich blüht mit rosalila Blüten.

Flieder bringt im späten Frühjahr und im Frühsommer Farbe und Duft in den Garten, danach fällt er kaum mehr auf. Er ist genügsam, nur soll der Boden nicht zu schlecht entwässert sein. Die Sorten von *Syringa vulgaris* blühen einfach oder gefüllt in vielen Farbtönen vom Violett bis zum reinen Weiß (rechts und ganz rechts). Es ist wichtig, die abgeblühten Rispen abzunehmen (oben), damit sich keine Samen auf Kosten der Blühkraft im nächsten Jahr bilden. So kann man auch schwache und unnütze Triebe gelegentlich ausschneiden, damit das ganze Nährstoffangebot den kräftigeren Trieben zukommt.

Die Fliederseuche, eine Bakterienkrankheit, tritt vor allem bei feuchter Witterung im Frühjahr auf.

BODEN

Gedeiht fast auf allen Böden, am besten in kalkhaltigen ohne Staunässe.

STANDORT

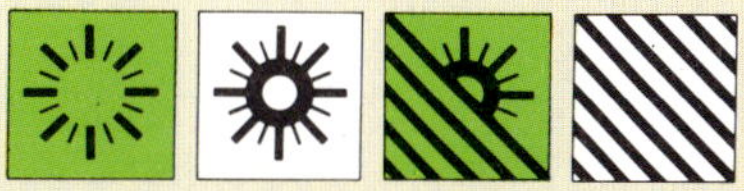

Vollsonnig, mit etwas Schatten.

VERMEHRUNG

Im Frühjahr oder im Juli/August durch Stecklinge von diesjährigen Trieben.

PFLANZUNG

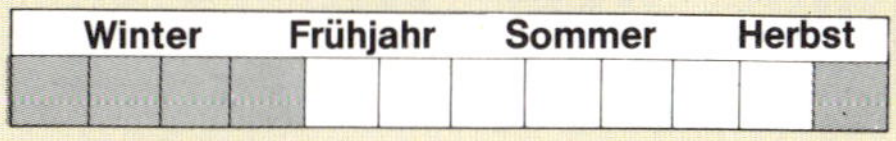

Von Oktober bis März bei milder Witterung.

SCHUTZ

Nicht nötig.

DÜNGEN

Im Frühjahr auf leichten Böden mulchen, bei geringem Kalkgehalt zugleich etwas Knochenmehl unterarbeiten.

WÄSSERN

Bei anhaltender Trockenheit gießen.

STÜTZEN UND SCHNEIDEN

Im 1. Frühjahr nach dem Pflanzen die Triebe bis auf ein paar Knospen zurückschneiden zur Bildung neuer Triebe. Verwelkte Blütenstände abschneiden, schwache und zu dicht stehende Triebe auslichten.

Tropaeolum

Am schönsten entwickeln sich die großen Trichterblüten in leuchtendem Gelb, Orange und Rot auf nährstoffarmen Böden. Es gibt einfach und halbgefüllt blühende Sorten. Früher kannte man nur die rankenden, deren Blüten unter den großen Blättern fast verschwanden; inzwischen aber gibt es niedrige, buschige Formen mit zahlreichen Blüten in allen Schattierungen von Orange über Rahmgelb bis Mahagonirot. Die Sorte 'Alaska' hat rahmweiß marmorierte Blätter, 'Whirly Bird' blüht scharlachrot mit halbgefüllten Blüten. Alle Sorten sind anspruchslos und leicht zu pflegen.

SCHADURSACHEN

Blattfleckenkrankheit. Unregelmäßige, gelbe, dunkel umrandete Blattflecken bringen die ganze Pflanze oft zum Absterben. Befallene Pflanzen vernichten. Vorbeugend für genügend Durchlüftung und Bodenfeuchtigkeit sorgen.
Erdflöhe. Durch Fraß der Käfer werden die Blätter siebartig durchlöchert. Boden locker und feucht halten.

An einem sonnigen Platz auf magerem Boden blüht die Kapuzinerkresse in vielerlei Farben. 'Tom Thumb' bleibt niedrig und wächst buschig (ganz rechts). 'Alaska' mit ihren marmorierten Blättern (rechts) blüht auch im leichten Schatten.

Raupen und andere Insektenlarven verursachen Fraßschäden an Kapuzinerkresse.

BODEN

Auf magerem Boden werden mehr Blüten und weniger Laub gebildet. Gut durchlässiger, leichter Boden mittlerer Güte ist ideal.

STANDORT

Im allgemeinen sonnig, einige Sorten gedeihen auch im Halbschatten.

VERMEHRUNG

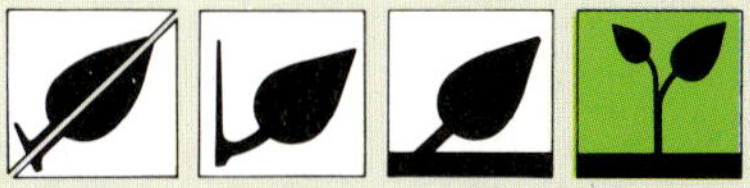

Durch Aussaat im Frühjahr.

PFLANZUNG

Winter	Frühjahr	Sommer	Herbst

Im Mai nach den Spätfrösten mit 15 cm Abstand auspflanzen.

SCHUTZ

Nach den Spätfrösten im Mai ist kein Schutz nötig.

DÜNGEN

Anspruchslose Pflanze, die ohne Dünger auskommt.

WÄSSERN

Gedeiht auch bei Trockenheit, aber schlechter.

STÜTZEN UND SCHNEIDEN

Kletterhilfe für die rankenden Sorten.

Tulipa

Die Wildarten, z B. *Tulipa fosteriana* und *Tulipa kaufmanniana*, blühen im zeitigen Frühjahr, danach kommen die einfachen und gefüllten Gartentulpen. Gartentulpen lassen sich nach der Blütezeit und der Form ihrer Blüten einteilen: Die einfachen und gefüllten frühen Tulpen blühen ab Mitte April im Freiland, sie werden 20–35 cm hoch. Die Triumphtulpen blühen ab Ende April (40–50 cm). Die lilienblütigen Tulpen haben spitz zulaufende und die Cottage- oder Maitulpen abgerundete Blumenblätter. Die Darwintulpen mit rundem Blütenboden werden 60–90 cm hoch, Papageientulpen und viele andere Sorten haben gekräuselte Blütenblätter.

Tulpen lassen sich mit Traubenhyazinthen und Strandkresse zu einer reizvollen Frühjahrsbepflanzung vereinen, etwa am Rand einer gepflasterten Raseneinfassung (oben). Seerosentulpen (rechts oben) blühen im zeitigen Frühjahr und sind, da nur 15 cm hoch, hervorragende Steingartenpflanzen. Die reizenden Blüten zeigen Schattierungen von Gelb, Rahmgelb, Weiß, Rosa und Rot sowie Kombinationen aus diesen Farben.
Manchmal bedeckt Schnee die geöffneten Blüten und die Blätter (rechts unten). Die Kälte schadet den Pflanzen nicht, doch können die Stengel unter der Schneelast brechen. Die einfachen und gefüllten Tulpen kann man ab Weihnachten als Zimmerpflanzen ziehen.

BODEN

Nährstoffreiche, gut durchlässige Erde.

STANDORT

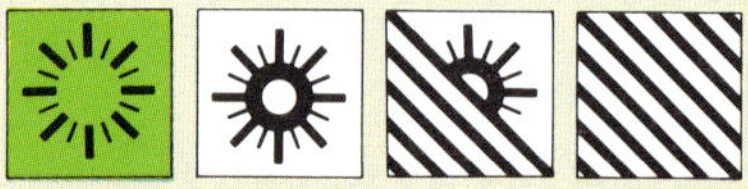

Am schönsten blühen sie in der Sonne; im Schatten gedeihen sie auch, entwickeln sich aber nicht so gut.

VERMEHRUNG

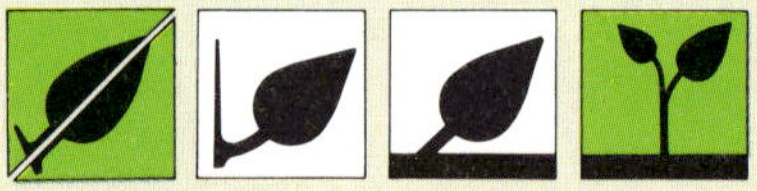

Durch Tochterzwiebeln, die man von September bis November 12 cm tief legt. Sie blühen im dritten oder vierten Jahr. Nur Arten wie *Tulpia fosteriana, T. kaufmanniana, T. clusiana, T. greigii* und *T. praestans* können im Boden bleiben und jahrelang am gleichen Platz erblühen. Die meisten Sorten muß man nach der Blüte herausnehmen und an einem kühlen, luftigen Platz lagern. Im folgenden Frühjahr kommen sie wieder in die Erde.

PFLANZUNG

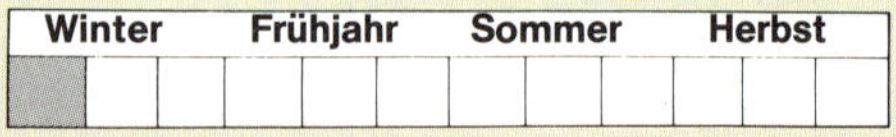

Von September bis November im Abstand von 15 cm.

SCHUTZ

Staunasser Boden sollte dräniert werden. Sonst ist kein Schutz nötig.

DÜNGEN

Mulchen nach dem Einpflanzen fördert gesundes Wachstum.

WÄSSERN

Nur bei sehr großer Trockenheit gießen.

STÜTZEN UND SCHNEIDEN

Beides nicht nötig.

Im Garten kommen einfarbig blühende Tulpen am besten bei Gruppenpflanzung zur Geltung. Gute Kontraste lassen sich mit zwei verschiedenen Sorten erzielen, wenn sie gleichzeitig blühen und etwa gleich hoch werden. Die am frühesten blühende Art *Tulipa turkestanica* blüht im Februar und März mit sternförmigen, gelblichweißen, außen grün gestreiften Blüten. Sie entwickelt 6–9 Blüten pro Stiel. *Tulipa linifolia* hat weit offene, leuchtend scharlachrote Blüten mit schwarzer Mitte. Sie blüht im April und Mai.

SCHADURSACHEN

Tulpenfeuer ist eine Grauschimmelfäule, die Blüten und Blätter befällt. Ursache dafür ist ein Pilz, *Botrytis tulipa*, der sich auf Tulpen spezialisiert hat. Symptome an Blüten: Die Entwicklung bleibt stehen, die Blüten verkrüppeln, Blütenblätter mit vielen hellen oder bräunlichen Flecken, die sich aufwölben. Faulstellen mit weißlichgrauem Schimmelrasen. Symptome an Blättern: verkrüppelt, oft zerfetzt, mit graubraunen Flecken, Faulstellen bei hoher Luftfeuchtigkeit mit mausgrauem Schimmelrasen. Vor allem geschwächte Pflanzen sind anfällig dafür, daher Licht- und Luftmangel beheben, Stickstoffüberdüngung vermeiden, widerstandsfähige Sorten wählen, Pflanzplatz wechseln, für durchlässigen Boden sorgen. Befallene Pflanzen entfernen und vernichten. Gleich beim ersten Auftreten der Krankheit mit bienenunschädlichen Botrytismitteln spritzen. Meist sind auch die Zwiebeln befallen. Sie treiben schlecht oder gar nicht aus.

Zwiebelgrundfäule. Auch hier treiben die Zwiebeln nicht oder nur spärlich aus, faule Stellen am Wurzelhals mit wattig-weißem Pilzbelag. Absterben und Faulen der Zwiebeln. Befallene Zwiebeln sehr vorsichtig vernichten, damit die Dauerfruchtkörper (Sklerotien) des Pilzes nicht verstreut werden, denn sie können unter trockenen Verhältnissen bis zu 7 Jahren im Boden lebensfähig bleiben. Verseuchten Boden daher jahrelang nicht mit Pflanzen besetzen, die für diesen Pilz anfällig sind. Vorbeugend einwandfreie Pflanzfläche wählen, nicht zu dicht pflanzen, die Zwiebeln unverletzt trocken und luftig überwintern.

Tausendfüßler. Sie befressen Zwiebeln und Wurzeln oft so stark, daß ein Austreiben unterbunden wird. Ausgesprochene Bekämpfung ist meist nicht nötig; es genügt, die Tiere mit ausgelegten Möhren- oder Kartoffelscheiben unter umgestülpten Blumentöpfen anzulocken und täglich wegzufangen.

Mäuse. Sie verursachen an Zwiebeln leichte bis sehr starke Fraßschäden. Die Zwiebeln treiben nur noch schwach oder gar nicht mehr aus. Natürliche Feinde fördern.

Viola

Veilchen, Stiefmütterchen

Die meisten Arten und Sorten können im Aussehen und in der Blütezeit sehr variieren. Alle brauchen sie einen sonnigen Platz, und alle blühen reichlich. Für den Garten kommen nur die winterharten, mehrjährigen Pflanzen in Frage. Das Hornveilchen, *Viola cornuta,* bringt große, stiefmütterähnliche Blüten hervor, die den ganzen Sommer blühen.

Die schlimmsten Feinde der Veilchen, vor allem der Stiefmütterchen, sind die Schnecken. Sie befressen Blätter und Blüten (unten) und können bei nasser Witterung im Frühjahr oder Herbst ganze Pflanzen verzehren.

SCHADURSACHEN

Veilchenblattrollgallmücke. Die Blätter sind fleischig verdickt, erst blaß, teils zu Gallen umgebildet; später braungrün. Sie trocknen ein und sterben ab. Bei schwachem Befall kranke Blätter sammeln und verbrennen, besonders im Sommer und Herbst. Vorbeugend genügend Pflanzabstand einhalten, Veilchen auf gesundes Beet umpflanzen, vorher alle Blätter entfernen, nur die Herzknospen stehen lassen.
Spinnmilben. Blätter oberseits gelblichweiß gesprenkelt, sie vergilben und werden dürr. Unterseits sitzen große rötliche Milben. Pflanzen wiederholt mit Wasser abspritzen, kranke und abgestorbene Pflanzen vernichten. Vorbeugend natürliche Feinde fördern, für gute, ausgewogene Ernährung und durch Mulchen für gleichmäßige Feuchtigkeit sorgen.
Stengelgrundfäule. Meist die untersten Blätter vergilben und werden bläulich und welken, die Pflanzen fallen um, Stengelgrund und Wurzelansatz faulen. Erkrankte Pflanzen so früh wie möglich entfernen und vernichten. Vorbeugend einseitige Stickstoffdüngung vermeiden, ebenso zu starke Bodenfeuchtigkeit oder gar -nässe.
Veilchenrost. Blattstiele und Stengel mit verdickten Schwielen. Auf Zwischenwirte achten, resistente Sorten wählen.

Das weitverbreitete wilde Stiefmütterchen, *Viola tricolor,* blüht den ganzen Sommer (rechts). Die von ihm abstammenden Gartenstiefmütterchen, die *Viola-Wittrockiana*-Hybriden, haben erheblich größere Blüten (ganz rechts). Die Sorte *Viola cornuta* 'Angerland' hat etwas kleinere, zartlilablaue Blüten. Es ist die beste Sorte der Hornveilchen. Üppig blüht 'G. Wermig' mit mittelblauen Blüten. 'Famös' blüht weinrot. *Viola odorata* blüht von März bis April; es ist das bekannte, reichblühende Duftveilchen. Die Sorte 'Rubra' blüht dunkelrot und wird 12 cm hoch, die Sorte 'Königin Charlotte' blüht blauviolett.

Veilchen und Hornveilchen

BODEN

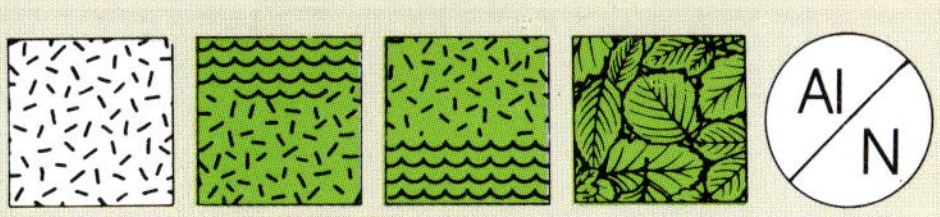

Nährstoffreiche, feuchte, gut durchlässige Erde.

STANDORT

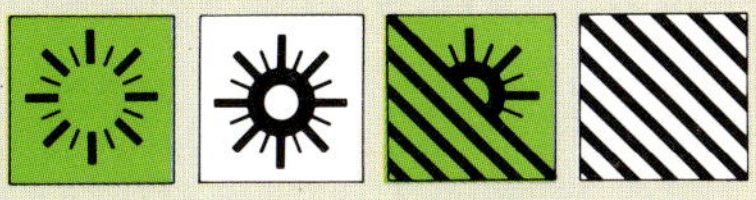

Sonne bis Halbschatten.

VERMEHRUNG

Durch Teilung oder Samen.

PFLANZUNG

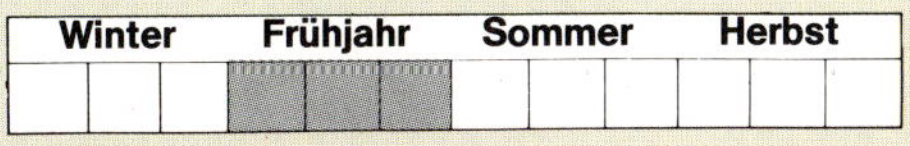

Frühjahr, Pflanzabstand 22 cm.

SCHUTZ

In extremen Lagen ist Schutz vor Wind, Regen, Schnee notwendig.

DÜNGEN

Im Frühjahr leicht mulchen zur Anregung von Wachstum und Blütenansatz.

WÄSSERN

Nach dem Einpflanzen gut einschlämmen; bei Trockenheit reichlich gießen.

STÜTZEN UND SCHNEIDEN

Bei Veilchen Ausläufer abschneiden wie sie erscheinen.

Stiefmütterchen

BODEN

Nährstoffreiche, feuchte, gut durchlässige Erde. Kompost einarbeiten einige Monate vor dem Pflanzen.

STANDORT

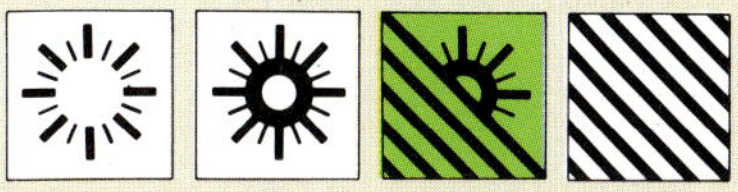

Sonne oder Halbschatten.

VERMEHRUNG

Im Sommer in ein Anzuchtbeet säen.

PFLANZUNG

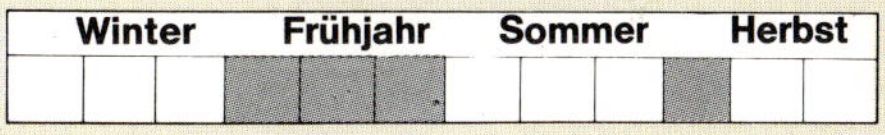

Frühherbst oder Frühjahr.
Pflanzabstand 15–20 cm.

SCHUTZ

Nur bei strenger Kälte.

DÜNGEN

Im späten Frühjahr mulchen, im Sommer wöchentlich Flüssigdünger geben.

WÄSSERN

Für gleichmäßige Feuchtigkeit sorgen, bei Trockenheit reichlich gießen.

STÜTZEN UND SCHNEIDEN

Abgeblühte Blüten abschneiden.

Wisteria

Glyzine

Der Blauregen, wie die Glyzine auch genannt wird, wurde im 19. Jahrhundert aus China eingeführt. Er wird sehr alt und kann 10 m hoch klettern, dabei einen Durchmesser von 15 cm erreichen. *Wisteria sinensis* bildet blauviolette, 30 cm lange Blütentrauben. Diese Art ist am bekanntesten. Daneben gibt es die aus Japan stammende *Wisteria floribunda.* Die schönste Sorte 'Macrobotrys' wächst gern an sonnigen, warmen Wänden und bringt kobaltviolette, bis 60 cm lange Blütentrauben hervor. Beide blühen im Mai und Juni. Die Art *floribunda* wächst nur etwa 9 m hoch. Alle Glyzinen brauchen frischen Boden in geschützter Lage. Vor der Pflanzung ist ein Rückschnitt auf 30–50 cm vorzunehmen. Danach treiben sie oft erst im Juni aus.

Die laubabwerfende Schlingpflanze ziert im April und Mai Wände, Pergolen und Zäune mit ihren langen blauvioletten Blütentrauben. Sie gedeiht gut in nährstoffreichem, lehmhaltigem Gartenboden an sonnigen geschützten Standorten, vermehrt wird sie durch Absenker im Juli. Gelegentlicher Auslichtungsschnitt im Winter fördert den Blütenansatz. *Wisteria floribunda* wächst weniger stark als *Wisteria sinensis,* blüht auch später, hat aber größere Blütenstände.

SCHADURSACHEN

Bei Glyzinen gibt es kaum Probleme. Vögel picken manchmal die sich öffnenden Blüten ab. Licht- und Nährstoffmangel (vor allem an Kalium) können die Ursache für schlechtes Blühen sein; vielleicht ist auch die Pflanze noch zu jung. Zurückschneiden der Langtriebe auf kurze Zapfen fördert den Blütenansatz.

BODEN

Verlangt tiefgründigen, feuchten, nährstoffreichen Boden.

STANDORT

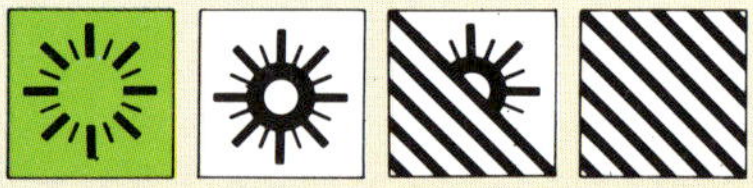

Blüht am schönsten an einem sonnigen Platz.

VERMEHRUNG

Durch Absenker im Juli.

PFLANZUNG

Winter			Frühjahr			Sommer			Herbst		

Beste Pflanzzeit im Frühjahr. Die Wurzeln brauchen sehr viel Platz.

SCHUTZ

Nicht nötig.

DÜNGEN

Im Mai mulchen, damit eine gute Bodenstruktur gewährleistet wird.

WÄSSERN

Reichlich gießen, vor allem, wenn sie an einer Wand wachsen.

STÜTZEN UND SCHNEIDEN

Für die Äste sind Rankhilfen notwendig. Im Juli/August Seitentriebe um die Hälfte zurückschneiden, bei einem zweiten Schnitt im Januar/Februar beläßt man nur zwei oder drei Knospen. Bei jungen Pflanzen Seitentriebe so leiten, daß sie den verfügbaren Platz ausfüllen, dann erst auf die gewünschte Länge zurückschneiden, auch den Haupttrieb.

Zinnia

Zinnie

Zinnien stammen aus Mexiko und gedeihen am problemlosesten an einem warmen, geschützten Platz. Am längsten blühen sie, wenn man sie vorkultiviert. Die meisten Gartensorten stammen von *Zinnia elegans*. Es gibt niedrige kleinblumige Beetzinnien und halbhohe bis hohe Formen, die als Schnittblumen geeignet sind. Sie blühen alle in satten, kräftigen Sommerfarben. Zu den Beetzinnien gehören Sorten in vielen Farben, z. B. 'Peter Pan'. *Zinnia angustifolia* und ihre Sorten bilden buschige Beetzinnien, die 20–40 cm hoch werden. Am bekanntesten ist 'Classic', leuchtend goldorange.

Zinnien blühen ab Juli wochenlang bei schönem Wetter. Starker Regen schadet den Blüten, feuchte Witterung beeinträchtigt ganz allgemein das Wachstum. Die Ruffles-Mischung (oben) wird etwa 60 cm hoch. Sie eignen sich zum Schnitt und halten gut. Verwelkte Blüten sind zu entfernen. Krankheiten und Schädlinge lassen sich in Grenzen halten, wenn man die Zinnien jedes Jahr an einen anderen Platz im Garten pflanzt.

SCHADURSACHEN

Blattfleckenkrankheit. Blätter, manchmal auch Blüten, mit rundlichen, meist purpurumrandeten, graubraunen Flecken. Sie welken und sterben ab. Befallene Blätter frühzeitig vernichten. Für weiten Pflanzabstand und genügend Feuchtigkeit sorgen. Gesunde und geeignete Sorten wählen.
Fußkrankheit. Blätter verfärben sich fahlgrün, welken und sterben ab, Faulstelle an der Stengelbasis. Behandlung wie oben.

BODEN

Gedeihen in den meisten, einigermaßen fruchtbaren Böden.

STANDORT

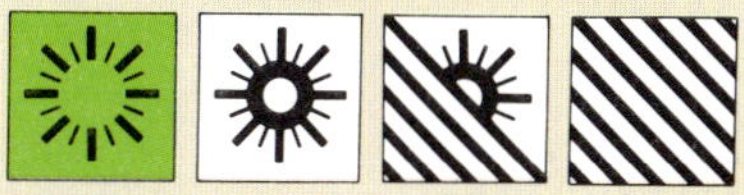

Sonnenschein verleiht den Blüten mehr Leuchtkraft, im Schatten sind die Farben gedämpfter.

VERMEHRUNG

Durch Aussaat im April/Mai unter Glas bei etwas Wärme, Keimlinge pikieren und bis zum Auspflanzen abhärten. Oder: Ende Mai ins Freiland. In jedes Loch mehrere Samen legen, Loch-zu-Loch-Abstand 20–30 cm. Keimlinge ausdünnen, die stärksten stehenlassen.

PFLANZUNG

Winter	Frühjahr	Sommer	Herbst

Im Frühsommer, sobald es wärmer wird. Pflanzabstand 20–30 cm.

SCHUTZ

Pflanzung Ende Mai, nach den letzten Spätfrösten.

DÜNGEN

Nach dem Auspflanzen mit Gartenkompost mulchen. Ab Blütebeginn wöchentlich einmal Flüssigdünger geben.

WÄSSERN

Bei Trockenheit reichlich gießen.

STÜTZEN UND SCHNEIDEN

Beides nicht nötig.

Fachwörterverzeichnis

Abknipsen Triebspitzen mit den Fingern abbrechen, um buschiges Wachstum zu fördern durch austreibende Seitentriebe.

Ableger Jungpflanzen, die durch abgesenkte Triebe (Absenker) entstehen.

Achselständig Sitz von Knospen und Trieben zwischen Sproßachse und Blattstiel.

Älchen Siehe Nematoden.

Alkalisch Siehe Bodenreaktion.

Anorganische Dünger Synthetisch hergestellte Dünger oder aus Steinen gewonnenes Steinmehl.

Art Wildwachsende Pflanze, die aus Samen gezogen wird.

Ausdauernd Pflanze, die mehrere Jahre alt wird.

Ausläufer Stark verlängerte Sprosse, die neue Pflanzen bilden.

Basisch Siehe Bodenreaktion.

Belüften Verdichtetem Boden durch Einstechen mit der Grabegabel Luft zuführen.

Beschneiden Stutzen der Triebenden, um buschiges Wachstum zu fördern.

Blattdüngung Besprühen der Blätter mit Flüssigdünger.

Blattfleckenkrankheit Pilz- oder Bakterienkrankheit an Blättern.

Blattläuse Kleine Insekten, die an Blättern, Blüten, Trieben und Wurzeln durch ihre Saugtätigkeit Gewebeveränderungen verursachen.

Blattminierfliegen Ihre Larven entwickeln sich im Blattgewebe und verursachen durch ihren Fraß Miniergänge und -kammern, die nach außen durchscheinen.

Blattspreite Die ganze Blattfläche ohne Stiel.

Bodenreaktion Gibt den Säuregrad (pH-Wert) eines Bodens an.
pH-Wert $7 =$ neutrale Reaktion,
pH-Wert $< 7 =$ saure Reaktion,
pH-Wert $> 7 =$ alkalische (basische) Reaktion.

Bodenwärme Notwendig zum Bewurzeln von Stecklingen.

Botrytis Erreger der Grauschimmelfäule.

Brache Bisher genutzter Boden wird für ein bis zwei Jahre sich selbst überlassen. Man läßt ihn „brach" liegen, damit er sich erholen kann und spezialisierten Pflanzenschädlingen die Nahrung entzogen wird.

Brutknollen Junge Knollen, die neben der alten Knolle gebildet werden.

Brutzwiebeln Tochterzwiebeln, junge Zwiebelchen, die neben der alten Mutterzwiebel gebildet und weiterkultiviert werden.

Chelat Die Verbindung eines organischen Moleküls mit einem Metallion, z.B. Eisen, das aus der Umgebung herausgelöst und hier in einer für die Pflanze aufnehmbaren Form vorliegt.

Chlorophyll Der grüne Farbstoff der Pflanzen, das Blattgrün.

Chlorose Gelbsucht der Blätter durch Eisenmangel oder andere Ursachen.

Derris Schmetterlingsblütler der Tropen, aus deren Wurzeln schnell abbaubare Stäube- und Spritzmittel mit dem Wirkstoff Rotenon hergestellt werden.

Durchlässigkeit Eine Bodeneigenschaft, die durch die Struktur des Bodens bedingt ist. In gut durchlässigen Böden fließt das Wasser ohne Stau ab, in schlecht durchlässigen entsteht Staunässe.

Eisen Ist zur Synthese des Chlorophylls notwendig. Eisenmangel führt zu Chlorophyllmangel, zum Verblassen.

Flechten Pilze und Algen leben in einer Symbiose zusammen.

Gattung Zusammenfassung von mehreren Pflanzenarten, die durch viele gemeinsame Merkmale miteinander verwandt sind.

Grauschimmelfäule Eine häufig vorkommende Pflanzenkrankheit, verursacht durch einen Pilz *(Botrytis)*.

Grünstecklinge Stecklinge von diesjährigen, fast nicht oder leicht verholzten Trieben.

Honigtau Zuckerreiche, klebrige Exkremente von Blattläusen.

Humus Erde, die durch Zersetzung organischer Substanzen entsteht.

Hybriden Siehe Sorten.

Immergrün Pflanzen, die das ganze Jahr über ihre Blätter behalten.

Kallus Wundgewebe, das eine Verletzung überwallt und vor Infektionen schützt.

Kalkflüchter Pflanzen, die kalkhaltige Böden meiden.

Kalter Kasten Transportabler Frühbeetkasten, der mit Glasscheiben abgedeckt werden kann; zur Anzucht von frostempfindlichen Pflanzen, zum Bewurzeln von Stecklingen.

Kompost Entsteht durch Verrottung pflanzlicher Gartenabfälle.

Kopfdüngung Ausbringen der Dünger auf die Erde rings um die Pflanze.

Kopfsteckling siehe Triebsteckling.

Mehltau Pilzkrankheit, die viele Pflanzen befällt.

Mottenschildlaus 1–2 mm lange Pflanzensauger, mit weißbereiften Körpern und Flügeln („Weiße Fliege").

Mulchen Abdecken des Bodens mit organischem Material wie Rasenschnitt oder gut verrotteter Kompost.

Nematoden Winzige Fadenwürmer, wegen ihrer schlängelnden Bewegungen auch Älchen genannt. Leben in Blättern, Stengeln oder Wurzeln.

Organische Dünger Aus natürlichen Substanzen hergestellte Düngemittel pflanzlicher oder tierischer Herkunft.

Perennierend Sind ausdauernde Pflanzen, die zwei bis mehrere Jahre alt werden.

Pestizid Sammelbegriff für [Pflanzenschutzmittel] Schädlingsbekämpfungsmittel.

pH-Wert Siehe Bodenreaktion.

Photosynthese Bildung von organischen Substanzen mit Hilfe von Kohlendioxid aus der Luft, Wasser und Sonnen-Energie mit Chlorophyll (Blattgrün) als Energieüberträger.

Pilze Chlorophyllfreie Sporenpflanzen, die nicht assimilieren können und daher auf organische Substanzen von lebenden oder abgestorbenen Organismen angewiesen sind. An lebenden Organismen werden sie vielfach zu Schadpilzen.

Ranken Umgewandelte Sproßachsen oder Blattflächen.

Rhizom Siehe Wurzelstock.

Rostkrankheiten Sie werden von Rostpilzen verursacht.

Rotenon Siehe Derris.

Ruhezeit Zeitraum zwischen zwei Wachstumsperioden.

Rußtau Schwärzepilze, die sich vorwiegend auf Honigtauflecken ansiedeln.

Schaft Blattloser Stengel mit endständigem Blütenstand.

Schildläuse Kleine, an Pflanzen festsitzende Sauginsekten mit schildförmigen Wachs-Ausscheidungen.

Schneiden, Schnitt Entfernen von kranken, alten, dürren, schwachen, überzähligen Trieben, um gesunde Pflanzen zu erhalten oder um Form und Größe zu regulieren.

Sommergrün Pflanzen, die nur während des Sommers belaubt sind.

Sorte Durch Kreuzung zweier Arten entstanden oder durch Kreuzung einer Art mit einer Sorte.

Spinnmilben Pflanzenschädigende Milben.

Stauden Mehrjährige, krautartig wirkende Pflanzen, die nach der Vegetationsperiode oberirdisch absterben und mit den Wurzelstöcken, Knollen oder Zwiebeln überwintern.

Steckling Wurzelloser Teil einer Pflanze, der zum Bewurzeln in sandige Erde gesteckt wird.

Stratifizieren Die Samen mancher Stauden und Holzgewächse keimen besser, wenn sie vorübergehend niederen Temperaturen (0–5 °C) ausgesetzt werden.

Strauch Gehölz mit mehreren verholzten Trieben oder gleichwertigen Stämmchen, die aus Knospen unter der Erde oder knapp darüber entspringen.

Teilen Vegetative Vermehrungsart, vor allem bei Stauden; Mehrtriebige Pflanzen in Einzelexemplare aufteilen oder Wurzelballen durchtrennen. Jeder einzelne Teil muß Trieb und Wurzel haben.

Tochterzwiebeln Neue Zwiebeln, die sich neben einer Mutterzwiebel bilden.

Wasserreiser Starkwüchsige Triebe, die an altem Holz oder an Schnittflächen aus ruhender Knospe entspringen.

Wedel Farnblatt, vielfach aus Fiederblättchen zusammengesetzt.

Weiße Fliege Siehe Mottenschildlaus.

Wildling Siehe Wasserreiser.

Winterharte Pflanze Übersteht den Winter ohne Frostschaden.

Woll-Läuse oder **Schmierläuse** Schildläuse, mit weiß-puderiger Wachs-Ausscheidung auf dem Körper.

Wurzelballen Gesamtes Wurzelwerk einer Pflanze samt Erde.

Wurzelhaare Feinste Ausstülpungen der Wurzelepidermis, die Wasser und darin gelöste Nährstoffe aufnehmen.

Wurzelknolle Speicherwurzeln, z. B. bei Dahlia.

Wurzelschnittling Teilstück einer kräftigen Wurzel, das zum Bewurzeln mit sandiger Erde abgedeckt wird.

Wurzelstock oder **Rhizom** Unterirdischer, unbegrenzt wachstumsfähiger Erdsproß. Vielfach als Speicherorgan ausgebildet.

Zwiebel Gestauchter Sproß mit verdickten Schuppenblättern, die als Speicherorgan dienen.

Sachregister

Die fettgedruckten Ziffern verweisen auf Abbildungen

A

Ableger 29, 31, 32
Absenker 31, **31**
Acanthus mollis 82, **82**
Achillea filipendulina 78
Älchen 54f, **55**, 63, 98, 108, 123, 134, 147, 155, 158
Agapanthus 81, 92, **92**
Agropyrum repens 24
Agrostis stolonifera 72
Akelei 96f, **96**
Algen 73
Allium 78, **78**
Althaea rosea 93f, **93f**
Ameisen 52
Ampfer 47
Anemone apennina 95
– *blanda* 95
– *nemorosa* 95
– Japonica-Hybriden 95
Apfelbaumkrankheiten **58**
Aquilegia 96f
– *alpina* **96**
– *vulgaris* 96f
Arbeitsplan 16
Armillaria mellea 58f
Asplenium 123
– *trichomonas* 123
Assel, 52, 123
Aster novae-angliae 98f
– *novi-belgii* 98f, **99**
Astschere **26**
Ausdünnen 34
Ausläufer 24
Auslichten 26, 38
Aussaat 28f, 33, 42
Ausstellungen **10**, 11
Azaleen 8, 64, 79, 166f, 166

B

Bäume 40f, **40**
Bakterienkrankheiten 62, 117f, 164
Bakterienkrankheiten 61f, 117f, 164
Bartiris 137f, **137**
Bartnelke 118ff, **119**
Bartnelkenrost 118
Baumsäge **26**
Baumscheren **20**, 26
Baumschnitt 40f
Behindertengarten 88, **88**
Berberitze 39
Bergenie 76, 83
Besenheide 121
Biologische Bekämpfung 60f
Bitterwurz **36**
Blasenfuß 53, **53**, 56, 128
Blattdüngung 65
Blattfleckenkrankheit 117, 130, 144, 150, 157, 158, 159, 161, 168, 176, 183
Blattflöhe 52, **52**, 56, 93, 100
Blattläuse 49, **49**, 56, **61**, **63**, 96, 98, 101, 133, 145, 157, 172
Blattminierer 53, **53**, 56, 96, 117
Blattsauger 52
Blattwanzen 51, 115, 152, 168, 172
Blutläuse 49
Bodenbeschaffenheit 18, 64
Bodenfeuchtigkeit 77
Bodenreaktion 19, **19**, 64, 79
Bodentest 19, **19**
Bodentrockenheit 78, **78**
Bodenuntersuchung 19, **19**
Botanische Gärten 16f, **16**
Botrytis 58f, 179
Brandfleckenkrankheit 72, 173
Brennesseln **47**
Buche 39, **80**
Buchsbaum 9, 52, 100, **100**
Bürstenhornblattwespe 172
Buschwindröschen 95
Buxus sempervirens 100, **100**

C

Callistephus 101, **101**
Calluna 79, 121
– *vulgaris* 83, 121
Caltha 77
– *palustris* 77, **77**
Camellia 64, 79, 102, **102**
– *japonica* 102, **103**
– *sinensis* 102f
Campanula 78, 81
– *carpatica* 81
– *cochlearifolia* 81
– *portenschlagiana* 83
– *poscharskyana* 83
Campsis 'Madame Galen' 82
Cardamine pratensis **47**
Ceanothus 104, **104**
– 'Goire de Versailles' 82
Celosia argentea 'Cristata' 86
Centaurea 105, **105**
Cerastium tomentosum 83
Ceterach officinarum 123
Chaenomeles 82, 106, **106**
Chamaecyparis 80
Cheiranthus 107, **107**
Chimonanthus 78
Chlorose 64, **64**, 102, 134, 152, 167, 173
Christrose 35, 132
Chrysanthemum 51, 53, 57ff, 108f, **108**, 109
Cineraria 53
Cistus 67, 78
Clematis 52, 58, 82, 110f, **110**
– *alpina* 110
– *armandii* 110
– *macropetala* **110**
– *vitalba* 110
Convallaria majalis 82
Cornus alba 'Elegantissima' **37**
Corylus avellana 39, 80
Cotoneaster 62
– *dammeri* 83
– *horizontalis* 83
Crataegus 112
– *laevigata* 112
– *monogyna* 112
– *oxyacantha* **112**
Crocus **71**, 113, **113**
Cupressocyparis leylandii 80

Cyclamen 76
Cytisus 78, 83
– x *kewensis* 83

D

Daboecia 79
Dahlia 51f, 58, 67, **114**, **115**
Delphinium 35, **35**, 116f, **116**
– *nudicaule* 116
Deutzia 76
Dianthus 118ff
– *barbatus* 118
– *caryophyllus* 119f
– *deltoides* 120
Dicentra spectabilis 76
Digitalis 76
Doldenprimel 161
Doronicum 82
Drahtwurm 50, 54
Düngung 22, 42f
Duftpflanzen 89, **89**

E

Eberesche 62
Eccremocarpus scaber 82
Efeu **83**
Ehrenpreis **47**
Eibe 39
Eibisch 133, **133**
Eichhörnchen 70, **71**
Einjahrespflanzen 24, 28, 33, **33**, **34**
Eisenmangel 64
Elaeagnus angustifolia 81
Endymion 76
Erdbeeren 83
Erdfloh 61, 107, 176
Erica 79, 83, 121, **121**
– *carnea* 121
– *cinerea* 121
– *tetralix* 121
Erikasterben 121
Euonymus alata 122
– *europaea* 122
– *fortunei* 122, **122**

F

Fackellilien 140f, **140**
Fadenwurm 54f, **55**, 63
Fagus sylvatica 80
Fallaub 27
Farne 54, 76, 79, 82, 123
Federbuschstrauch 79
Festuca rubra rubra 72
Feuerbrand 62, 106, 112
Feuerdorn 39, 62, 80
Fingerhut 76
Fingerkraut 25, 78
Flechten 73
Fleckenkrankheit 72
Flieder, spanischer 53, 174f, **174**
Flockenblume 58, 105, **105**
Flüssigdünger 22, 65
Formhecke 39
Forsythia 39, 124f, **124**
– *ovata* 124
– x *intermedia* 124
– *suspensa* 125
Fothergilla 79
Fragaria indica 83
Frostschäden 16, 67, **67**
Frühjahrsanemone 95
Frühjahrsarbeiten 16
Fuchs, Leonard 126
Fuchsia 51, 126f, **126**
– *magellanica* 126
Fungizide 57ff
Funkie 76, **76**
Fußkrankheit

G

Gallmücken 100
Gartencenter 11, **12**
Gartengeräte 20, **20**, **21**, **24**, **26**
Gartennelke **118ff**
Gartenwicke 142f, **142**
Gauklerblume 77
Geißblatt 39, 148f, **148**
Genista 78
– *lydia* 83
Gentiana 79
Geranium **89**
Gespinstmotte 122
Gewächshaus 86, **86**
Gladiolus 53f, 128f, **128**, **129**
Glyzine 182, **182**
Goldbandlilie 146
Goldglöckchen 124
Goldgarbe 67
Goldlack 107, **107**
Goldregen **41**
Goldrute 35
Grauschimmel 58f, 115, 121, 126, 128, 137, 152, 158, 179
Grünsteckling 30
Gummifluß 62

H

Hacken 25f
Hahnenkamm 86
Hainbuche 39
Hallimasch 58f
Hangbepflanzung 83
Harke **21**
Hasel 39
Hasen 70
Hasenglöckchen **32**
Haustiere 8f, 70
Hauswurz 78, **78**
Hebe 130, **130**
– x *armstrongii* 130
– *cupressoides* 130
– *speciosa* 130
Hecken 9, 39f
Heckenschere **26**
Hedera 76, 82f
Heidekraut 121, **121**
Helianthemum 78, 83, 131, **131**
Helleborus 76, 81, 132
– *atrorubens* 132
– *corsicus* 132, **132**
– *hybridus* 132
– *niger* 132
Hemerocallis 77
Herbstarbeiten 16
Heuchera 76, 82
Hexenringe 72
Hibiscus syriacus 133, **133**
Himbeerkäfer 56
Hippophaë rhamnoides 39, 80
Hirschzunge 123
Holzsteckling 30
Hochbeet 8, 77, 88
Hopfen 82
Hornkraut 83
Hortensie 38, 51, 79, 134f, **134**
Hosta 76, 81
Humulus lupulus 'Aureus' 82
Humus 18
Hydrangea 134f
– *macrophylla* 134, **134**
– *paniculata* 135
Hypericum calycinum 82f, **82**

I

Iberis **33**, 78
– *sempervirens* **33**
Ilex 39, 80, 136
– *aquifolium* 136, **136**
Immergrün 76, 83
Insektizide 56
Iris 29, 77, 137ff, **137**
– *germanica* 137f
– *kaempferi* 137ff, **139**
– *laevigata* 137ff, **139**
– *reticulata* **139**

J

Jasminum nudiflorum 82
– *officinale* 82
Johanniskraut 82f, **82**
Jungfcrnrcbc 82
Juniperus horizontalis 83

K

Käfer 56, 150, 157
Käferlarven 50
Kakteen 54
Kaliummangel 64
Kalkstickstoff 64
Kaninchen 70
Kantenschneider **21**
Kapuzinerkresse 67, 81, **81**, 176f, **176**
Kartoffelrose 169
Katzenminze 61
Keimung 28f
Kiefer 80
Kissenprimel 161
Klettenlabkraut **25**
Kletterpflanzen 82
Kniphofia 140f, **140**
Knollenpflanzen 32
Knolle 29, 32

Knollenteilung 29, **29**
Königskerze 56, 78, 82
Kohlfliege 107
Kompost 18f, **18**, 27
Kompostbehälter 18
Kopfsteckling 30
Krebs 58, **58**, 62
Kreuzkraut **47**
Kriechwacholder 83
Krokus 113
Kübelpflanzen 86
Kugelprimel 77, 161f

L

Labkraut 25
Laburnum 'Vossii' **41**
Lackschorf 128
Lamiastrum galeobdolon 83
Lamium maculatum 83
Lathyrus 81, 142
- *odoratus* 82, 142f, **142**
- *vernus* 142
Laubfall **27**
Lauch 78, **78**
Lavandula 78, 81, 144, **144**
- *angustifolia* 144
Lavendel 144, **144**
Lavendelheide **38**, 79
Lebensbaum 80
Lein 34
Lewisia **36**
Liguster 39, 145, **145**
Ligustrum ovalifolium 80, 145, **145**
- *vulgare* 145
Lilienhähnchen 147
Lilium 76, 79, 81, 146f, **146**, 147
- *auratum* 146f
- *candidum* 146f
Lithospermum 79
Lonicera 39, 148f, **148**, 149
- *henryi* 148
- *nitida* 39, 80
- *periclymenum* 82, 148, **148**
Lupinus 79, 150, **150**
Lysimachia 76f
- *nummularis* **76**

M

Madonnenlilie 146
Mädchenauge 53
Mähmaschinen 20, **42**, 43, **43**
Mäuse 70, 179
Magnesiummangel 64
Magnolia 64, 79, 151f, **151**
- *liliiflora* 151
- x *soulangiana* 151f
- *stellata* 151f
Mahonie 58, 79
Malus coronaria 153
- *floribunda* 153
- 'Lemoinei' **153**
- *purpurea* 153
Malve 65
Manganmangel 64
Marienkäferchen **61**
Maschendraht **70**
Mauerpfeffer 78, **78**
Maulwurf 70
Maximum-Minimum-Thermometer 29
Mehltau 56f, 98, 99, 105, 107, 112, 117, 122, 130, 132, 142, 161, 173
Mentha pulegium 85
Mikroklima 8
Mimulus luteus 77
Minierfliegen 115, 117, 136
Miniermotte 145
Minze 85
Mohn **36**
Montbretie **32**
Moorbeetpflanzen 64, 77, 79
Moos 73
Mosaikkrankheiten 101, 115, 155
Mottenschildlaus **54**, 56, 61, 63, 126, 168
Mulden 23, 26, 36

N

Nährstoffmangel 64f, 182
Narzissenfeuer 155
Narzissenfliege 155
Narcissus 76, 154f, **154**
- *pseudonarcissus* 154
- *triandrus* 154
Nelken (Bart-) 118ff, **118**
Nelken (Garten-) 52f, 118ff
Nelkenschwärze 118
Nematoden 54f, **55**, 63
Nepeta **61**
Nieswurz 132
Nuphar lutea **156**
Nuphar lutea 156f, **156**, 157
- *alba* 156

O

Ölweide 81
Ohrläppchenkrankheit 168
Ohrwurm 52, **53**, 110, 115
Orchideenprimel 163
Osterglocken 154

P

Paeonia 158
- *albiflora* 158
- *officinalis* 158, **158**
Parthenocissus henryana 83
- *quinquefolia* 82, **83**
Passiflora caerulea 82
Pelargonium **61**
Pfaffenhütchen 122
Pfahlwurzeln **40**
Pfeifenstrauch 89
Pfennigkraut 76
Pfingstrose 54, 158
Pflanzenauswahl 11f
Pflanzenbeschaffung 12f
Pflanzloch 23, 37
Pflanzschule 11f, **12**
Pflanztiefe 23
Pflanzung 22f, 39f
Pflaumenrost 95
pH-Wert 19, **19**, 64
Philadelphus 'Avalanche' **89**
Phlomis 78
Phlox douglasii 159, **159**
- *paniculata* 159
- *subulata* 159
Phyllitis scolopendrium 123
Phytophthora cinnamomi 67
Picea omorika 80
Pieris formosa 'Forestii' **38**, 79
Pilzkrankheiten 57ff, 113
Pinus mugo 80
- *nigra* 80
Planung 8ff
Platterbse 81, 142
Platzbedarf 11
Poleiminze 85
Polsterphlox 159
Polsterprimel 161
Polygonatum 50, 76, 160, **160**
- *commutatum* 160
- *macranthum* 160
- *multiflorum* 160
Potentilla 78
- *fruticosa* 78
Primel 64, 161ff
Primula 54f, 59, 64, 76, 77, 161ff, **161**
- *acaulis* 162
- *beesiana* 161, **162**
- *bulleyana* 161, **162**
- *denticulata* **77**, **162**
- *elatior* 163
- *juliae* 163
- x *polyantha* 162
- x *pruhoniciana* 162
- *sikkimensis* 163
- *vialli* 163
Prunus 164f, **164**
- *laurocerasus* 80, 164
- *lusitanica* **39**
- *persica* **164**
- *serrulata* 164
- *spinosa* 80
- *subhirtella* 'Autumnalis' 164
Pulmonaria 77
Pyracantha 39, 62, 80
- 'Watereri' 82

Q

Quecke 24, 15

R

Rainweide 145
Rasen 21, 42f, **42**, **43**, 46f, 72, 84

Rasenkrankheiten 72f
Rasenmäher 20, **42**, 43, **43**
Raubwanzen 60
Raupen 50f, **50**, 56
Rechen 20, **21**
Regenschaden 66f
Regenwurm 72
Regner 24, **24**
Rehe 70, **71**
Rhizome 24, 29, **29**
Rhododendron **39**, 52, 55, 64, 67, 76, 79, **79**, 166ff, **166**, **167**, **168**
Rhus typhnia **41**
Ringelblumen **34** (81)
Rittersporn 35, **35**, 52, 57, 116f, **116**
Rodgersia pinnata 'Superba' **77**
Rosa 52, 58, 61, 64, 82, 169ff, **169**, 172f
– *glauca* 169
– *hugonis* 169
– *multiflora* 173
– *rugosa* 169
– *spinosissima* 169
Rosengallwespe 172f
Rosenschere **26**
Rosenschnitt **171**
Rosentriebbohrer 173
Rost 56, 59f, 107f, 121, 126, 158, 168, 173, 180
Rudbeckie 35, **35**
Rückschnitt 26f, 38
Rüsselkäfer 55, 102, 110, 167
Rumex crispus 47
Rußtau 49, 59, 61, 172

S

Saatbeete 28, 33
Saatgut 28f, **28**
Säckelblume 67, 104, **104**
Salomonssiegel 50, 160, **160**
Salpiglossis 34
Salvia 78
Samen 13, 16, 28f, **28**, 33
Samenkeimung 28f
Sandbienen 73
Sanddorn 39
Santolina 78
Schaublatt 77
Schattenlagen 76, **76**
Scheinzypresse **80**
Schere **26**
Schildläuse 54f, **55**, 102, 123
Schlauch-Steckverbindung 24, **24**
Schleifenblume **33**, 78
Schlitzfolie 34
Schmetterlingsraupen 50, 98, 112, 115, 157, 173
Schmierläuse 54f
Schnecken **48**, 49, 56, 98, 105, 123, 128, 142, 161, 180
Schneeball **37**
Schneebruch 68
Schneeschimmel 68, 72
Schnellkäfer 54
Schnitt 26f, **27**, 37f
Schorf 153
Schriftfarn 123
Schubkarren 20, **20**
Schwalbenschwanzraupe 50
Schwarzdorn 39
Schwarzfleckenkrankheit 117, 132
Schwertlilie, japanische 137ff
Schwingel 72
Sedum 78, **78**
– *spurium* 83
Seerosen 156f
Sempervivum 78, **78**
Senecio vulgaris **47**
Solanum jasminoides 82
Sommerarbeiten 16
Sommeraster 101, **101**
Sonderschauen 11
Sonnenröschen 131, **131**
Spaten **21**
Spindelstrauch 122
Spinnmilben 51, **51**, 56, 61, 63, 93, 115, 134, 161, 172, 180
Spiraea **26**
Spitzendürre 100, 124, 164
Stauden **10**, 29ff, 35f
Staudenphlox 159
Staunässe 66f, **66**, 72, 73
Stechpalme 39, 53, 80, 136, **136**
Steckholz 28
Stecklinge 30f, **30**, **31**
Steinfederfarn 123
Stellaria media **47**
Stengelfäule 101, 180
Sternhyazinthe **32**
Sternmagnolie 151
Stickstoffmangel 64
Stiefmütterchen 52, 56, 180f, **180**
Stockrose 93f
Sträucher 9, 37f
Strauchveronica 130, **130**
Straußgras 72
Studentenblume 34
Stützen 35, **35**, 40, **40**, 117
Sturmschaden **66**
Stutzen 26
Sumach **41**
Sumpfdotterblume 77
Sumpfschachtelhalm **47**
Syringa 174f, **174**
– *microphylla* 174
– *vulgaris* 174, **174**

T

Tagetes patula 34
Taglilie 77
Tamariske 39, 58
Taubnessel 83
Tausendfüßler 52, 179
Taxus 39
Teichrose, Gelbe **156**
Teilung 29, **29**, 36
Teppichprimel 162
Thrips 53, **53**, 56
Thymian 83, 85
Thymus serpyllum 83, 85
Tomatenbronzefleckenkrankheit 63
Tränendes Herz 76
Trompetenblume 82
Trompetenlilie 146
Trompetenzunge 34
Tropaeolum 176f, **176**
Tropfschlauch 24
Tulipa 78, 178f, **178**, **179**
– *fosteriana* 178
– *kaufmanniana* 178
– *linifolia* 179
– *turkestanica* 179
Tulpenfeuer 179
Tulpenmosaikvirus 63

U

Überdüngung 72
Ulex europaeus 80
Umfallkrankheit 60
Umgraben 22, **22**
Umpflanzen 22f
Unkräuter 24ff, 33, 46f
Unkrautbekämpfung 46f

V

Veilchen 180f
Veilchenblattrollgallmücke 180
Verbänderung 117
Verbascum bombyciferum 81
Vergilbungskrankheit 118
Vermehrung 28ff
Veronica 78
Versandgärtnereien 13
Viburnum **37**, 80
– *opulus* **37**
Vinca 76, 83
– *major* 83
– *minor* 83
Viola 180f
– *cornuta* 180
– *odorata* **83**, 180
– *tricolor* **180**
– x *wittrockiana*-Hybriden 180
Viruskrankheiten 13, 62f, 102, 115, 155
Vitis coignetiae 82
Vögel 28, 33, 70, 71, 106, 113, 142
Vogelmiere **47**

W

Wässern 24
Waldrebe 110
Wasserpflanzen 77
Weichfäule 62
Weigelie **38**

Weinrebe 82
Weißbuche 39
Weißdorn 39, 58, 62, 112, **112**
„Weiße Fliege" **54**, 61
Weißfleckenkrankheit 142
Welkekrankheiten 101, 108, 110, 118, 124, 150
Wespen 56
Wicken 142f, **142**
Wiesenschaumkraut **47**
Wilder Wein **83**
Winde 25, **47**
Windschutz 8, 66, 80, **80**, 145
Winterarbeit 16
Winterblüte 79
Winterschutz 37
Wisteria 182, **182**
– *floribunda* 182
– *sinensis* 182
Witterungseinflüsse 66f, 115
Wolläuse 49, **49**, 54, 61, 102
Wühlmäuse 113
Wurzelbräune 142
Wurzelfäule 137, 147, 168
Wurzelmilben 147
Wurzelschnitt 22
Wurzelschnittling 31
Wurzelschößling 41
Wurzelstecklinge **31**
Wurzelstock 24, 29
Wurzelstockfäule 137

Y

Yucca 81

Z

Zaubernuß 64
Zierapfel 153
Zierkirsche 164f, **164**
Zierquitte 82, 106, **106**
Zikaden 172
Zimmerpflanzen 54f
Zinnia 183, **183**
– angustifolia 183
– *elegans* 183
Zistrose 67, 78
Zweigsterben 145, 168
Zweijahrespflanzen 28, 33f
Zwergmispel 62
Zwiebelgewächse 29, 32, **32**
Zwiebelfäule 137, 147, 179
Zwiebelpflanzen 32

Notizen

Notizen